APRÈS L'HISTOIRE

DU MÊME AUTEUR

Chant pluriel, roman, Gallimard, 1973
Jubila, roman, Le Seuil, 1976
Céline, Le Seuil, 1981, et Denoël, collection « Médiations », 1984
Le XIXe siècle à travers les âges, Denoël, 1984
Postérité, roman, Grasset, 1988
La Gloire de Rubens, Grasset, 1991
L'Empire du Bien, Les Belles Lettres, 1991 (1re éd.), 1998 (2e éd.)
On ferme, roman, Les Belles Lettres, 1997
Exorcismes spirituels I, Les Belles Lettres, 1997
Exorcismes spirituels II, Les Belles Lettres, 1998

PHILIPPE MURAY

APRÈS L'HISTOIRE

Essai

LES BELLES LETTRES

1999

*Tous droits de traduction, de reproduction et d'adaptation
réservés pour tous les pays.*

© *1999, Société d'édition Les Belles Lettres,
95, bd Raspail 75006 Paris.*

ISBN : 2-251-44142-5

Dans des investigations du genre de celle qui nous occupe, il ne faut pas tant se demander comment les choses se sont passées, qu'étudier en quoi elles se distinguent de tout ce qui est arrivé jusqu'à présent.

Edgar Allan Poe

Avant-propos

Ces chroniques sont parues, mais généralement sous une forme abrégée, dans la *Revue des deux mondes*, où elles ont, mois après mois, tenu lieu de « bloc-notes » en 1998.

Il s'agissait, en m'appuyant sur une succession d'anecdotes puisées dans l'actualité, et aussi à partir des commentaires médiatiques que ces anecdotes suscitaient, mais également à travers l'examen de multiples épisodes concrets de la vie quotidienne des êtres humains, et par le biais d'innombrables *choses vues* en ces dernières années du XXe siècle, de dresser un portrait aussi précis que possible de notre temps ; et, simultanément, d'entreprendre la théorie générale de ce moment particulier de la civilisation que j'appelle l'ère hyperfestive, pour autant que l'accumulation illimitée de fêtes en est devenue l'occupation la plus fervente, la consolation la plus quotidienne, donc le trait le plus saillant, le plus révoltant et le moins étudié.

Quant à l'individu inédit, homme ou femme, que cette civilisation est en train de façonner, il fallait de la même façon lui trouver un nom qui n'était encore jamais apparu nulle part : c'est la raison pour laquelle je l'ai baptisé Homo festivus. *Après l'Histoire* est le récit des aventures de ce personnage qui ne ressemble plus à rien de connu jusque-là. On y trouvera des aperçus étonnants sur son idéologie, son langage, ses habitudes, son comportement intime, sa morale publique, ses nouvelles méthodes pour faire régner l'ordre, et même, de plus en plus souvent, et de manière de plus en plus impunie, la terreur.

Pour espérer comprendre quelque chose à l'époque qui commence, il est maintenant indispensable de faire le pari que la métamorphose des hommes a *déjà eu lieu* ; et que leur mutation n'est envisageable qu'à partir de l'hypothèse d'une sortie définitive de la période historique, pour autant qu'Histoire et humanité étaient synonymes. *Après l'Histoire* veut donc dire aussi : après l'humain. Ce qui entraîne, bien entendu, un nombre infini de bouleversements qu'il convient d'étudier avec minutie pour les dépouiller de tous les mensonges réconfortants qui les environnent, comme de l'allure d'innocence sous laquelle ils se masquent, et enfin les apprécier à leur juste valeur.

Ce livre, d'où ont été écartés les vieux procédés de déchiffrement issus de l'ancien monde et qui ne servent plus à rien, est une première tentative pour rendre compte de ces immenses métamorphoses, et entreprendre une critique exhaustive de la nouvelle vie quotidienne ; où tout est à jeter.

Après l'apocalypse, le bilan continue.

Janvier 1999

JANVIER 1998

DE L'ÉPOQUE QUI COMMENCE

Un spectre hante la société actuelle : celui d'une critique à laquelle elle n'aurait pas pensé. Dans le but de se protéger de cette menace, elle ne cesse de sécréter ses propres contestataires et les pousse en avant : objecteurs de substitution, rebelles de remplacement, succédanés de perturbateurs, ersatz de subversifs, séditieux de synthèse, agitateurs honoraires, émeutiers postiches, vociférateurs de rechange, révoltés semi-officiels, provocateurs modérantistes, leveurs de tabous institutionnels, insurgés du juste milieu, fauteurs de troubles gouvernementaux, émancipateurs subventionnés, frondeurs bien tempérés, énergumènes ministériels. C'est avec ces supplétifs que l'époque qui commence a entrepris de mener la guerre contre la liberté.

D'une façon plus générale, la civilisation qui se développe sous nos yeux ne parvient à une parfaite maîtrise et un contrôle total qu'à condition d'inclure en elle l'ensemble de ce qui paraît la contredire. C'est elle, et elle seule désormais, qui encadre les levées de boucliers et les tollés de protestation. Elle s'est attribué le négatif, qu'elle fabrique en grande série, comme le reste, et dont elle sature le marché, mais c'est afin d'en interdire l'usage en dehors d'elle. L'« anticonformisme », la « déviance », la « transgression », l'« exil du dedans » et la « marginalité » ne sont plus depuis belle lurette que des produits domestiqués. Et les pires « mauvaises pensées » sont élevées comme du bétail dans la vaste zone de stabulation bétonnée de la Correction et du Consensus. Ainsi toute pensée véritable se retrouve-t-elle bannie par ses duplicatas. Au royaume de la malversation récupératrice, toute négation réelle doit être éliminée.

Mais ces trublions normalisés se révoltent en troupeau. La civilisation qui commence protège la « subversion » dans la mesure où elle la fait entrer dans la catégorie du quantitatif. Toutes les critiques qu'elle favorise se ressemblent, et c'est par là qu'il est possible de les distinguer de la vraie critique, toujours isolée.

Si je nomme hyperfestive cette civilisation où l'anarchiste est couronné et où tous les diadèmes sont libertaires, c'est qu'il faut des mots qui n'ont pas encore servi pour tenter d'étudier une vie quotidienne qui s'annonce sans précédent. À la réalité humaine nouvelle que l'on voit s'étendre partout, les formules courantes d'analyse ne peuvent plus avoir accès. Des procédés de déchiffrement eux-mêmes sans exemple sont nécessaires pour faire apparaître un objet d'étude aussi complexe à saisir que certain dans ses effets. Cette méthode expérimentale, parce qu'elle néglige d'avoir recours aux vieilles pensées spécialisées, apparaîtra sans doute d'abord comme démentielle, ou pour le moins bizarre, jusqu'à ce que les développements fatals de notre nouvel âge du monde lui aient apporté leur lot de confirmations suffisamment impressionnantes.

Hyperfestive, donc, peut être appelée cette civilisation, parce que la festivisation globalisée semble le *travail même* de notre époque et sa plus grande nouveauté. Cette festivisation intensive n'a plus que de lointains rapports avec le festif d'autrefois, et même avec la déjà vieille « civilisation des loisirs ». Le festif « classique » et localisé (les kermesses de jadis, le carnaval, etc.), comme le festif domestique assuré plus récemment par la télévision, sont désormais noyés dans le festif total, ou hyperfestif, dont l'activité infatigable modifie et transforme sans cesse les comportements et l'environnement. Dans le monde hyperfestif, la fête n'est plus en opposition, ou en contradiction, avec la vie quotidienne ; elle devient le quotidien même, tout le quotidien et rien que le quotidien. Elle ne peut plus en être distinguée (et tout le travail des vivants, à partir de là, consiste à entretenir indéfiniment une illusion de distinction). Les fêtes de plus en plus gigantesques de l'ère hyperfestive, la Gay Pride, la Fête de la musique, la Love Parade de Berlin, ne sont que des symptômes parmi d'autres de cette vaste évolution. L'approche de l'an 2000 nous promet encore de nouvelles surprises. Le catalogue burlesque des projets envisagés par la Mairie de Paris, à cette occasion, est d'une lecture plus réjouissante que ne le sera jamais, sans doute, le spectacle de leur accomplissement. Les stupidités les plus navrantes s'y bousculent, dans l'ivresse d'une impuissance euphorique et sénile. Un livre de quinze mètres de haut sera érigé devant l'Hôtel de Ville. De faux poissons multicolores décoreront la Seine. Un rassemblement géant de Harley Davidson (la *Harley World Pride*) sera organisé. Et, pour couronner le tout, une apothéose fantastique aura lieu : sur le coup de minuit, le 31 décembre 1999, la tour Eiffel accouchera d'un œuf gigantesque rempli de téléviseurs eux-mêmes scintillants d'images du monde entier ! On s'en voudrait de manquer cette parturition monstrueuse, ce Noël de l'enfer, cette abominable Nativité métallico-cathodique, cette crèche démoniaque, ce spectacle d'une tour de ferraille mettant bas, entre ses quatre pattes, une portée de télés gazouillantes de virtualité, babillantes de *communication*, déjà vagissantes de tout le capharnaüm de bêtise *simultanée* des émissions de l'univers.

Cela dit, l'une des meilleures façons de ne rien comprendre à la civilisation en train de se mettre en place est encore d'en dénoncer les aspects les plus vils et les plus visibles ; ses à-côtés économiques, par exemple. Toutes les indignations morales n'ont d'autre fonction que d'aider le citoyen de maintenant à vivre en douceur les lendemains honteux de la disparition du monde concret. Il est parfaitement vain, pour prendre encore un exemple dans le même domaine, de se plaindre du déferlement inédit d'Halloween en France et de sa récupération « par l'industrie et le commerce associés », comme l'écrivait *Libération* le 31 octobre dernier. De même qu'il serait bien trop tard pour déplorer cette festivité supplémentaire comme un indice parmi d'autres de l'américanisation des esprits. Le triomphe soudain en France de cette fête n'est intéressant que parce que justement elle ne correspond à rien dans la culture, comme on dit encore par paresse, des Français. Par là même elle participe donc en toute liberté à l'édification d'un nouvel univers privé de contenu dans lequel France Télécom peut se précipiter sans faire rire personne, et disposer des citrouilles ridicules dans les jardins du Trocadéro en annonçant la transformation de « ce lieu prestigieux en potager extraordinaire ».

Toutes les fêtes d'aujourd'hui se situent au-delà des fêtes. L'univers hyperfestif est très précisément celui où il n'y a plus de *jours de fête*. C'est aussi celui où disparaît cet abandon festif au principe de plaisir qu'était l'usage de l'humour, de la drôlerie, du mot d'esprit, du rire critique, du non-sens, des diverses formes de l'esprit de *problématisation*. L'univers hyperfestif est celui où toute plaisanterie se trouve plus que jamais guettée par le vautour vertueux. L'existence actuelle doit être aimée en tant que telle, et il devient même interdit de ricaner de soi. La société hyperfestive est une société où l'on ne rit pas parce que c'est un monde où l'on *combat*. Fièrement et sans relâche. Et l'on combat tellement de choses, en fin de compte, que l'on n'a même plus besoin de dire quoi ou pourquoi. « Lutter » et « combattre » sont des intransitifs heureux. Et des impératifs célibataires. Et des optatifs solitaires. Et des monades disciplinaires. Il ne leur manque rien ; ou ce qui leur manque, ils s'en passent très bien. Dans ce domaine comme dans tant d'autres, la finalité est une question que l'on ne saurait plus poser sans impertinence. Un jour, dans *Libération,* sous un titre puissamment significatif (« Le Possédé »), on a pu voir portraituré l'éminent directeur de la rédaction du *Monde.* « Il y croit », nous disait-on. À quoi ? Pas de réponse. Est-ce qu'il était besoin, d'ailleurs, de préciser ? « Son vocabulaire, nous expliquait-on aussi, est farci par un mot : *combat.* » Et on ne nous indiquait pas contre quoi. Enfin bref, il s'agissait de la description d'« un moine rouge plein de vertu et de fidélité ». Quant à l'humour, comme par hasard, ce personnage l'avait mis « au piquet », nous apprenait-on élogieusement pour terminer. Tout était parfait. La resacralisation tâtonnante du monde qu'opère l'âge hyperfestif, et la divinisation de l'être humain qui l'accompagne, s'accommodent mieux de la prêtrise que de la révélation de la comédie de l'existence, et de l'existence comme comédie. Si déglinguée qu'elle se présente, l'Église hyperfestive ne perd jamais le nord : elle ne supporte pas la profanation. Le régime qu'elle impose progressivement, la festivocratie, est une théocratie d'après l'agonie de l'âge démocratique et des derniers conflits. La fête de l'ère hyperfestive s'étend littéralement, et dans tous les sens, *post festum* : elle arrive après tout.

 Dans cet univers délâbré, où s'accumulent les catastrophes et où l'économie mondiale n'a presque plus besoin des hommes, l'humiliation et le désarroi sont devenus si grands, si alarmants, qu'il est urgent de les compenser par n'importe quel moyen. Le système hyperfestif est une alternative aux fléaux de l'époque parce qu'il se propose de restaurer le narcissisme collectif en grave déconfiture. Cette restauration s'appelle *reconnaissance*. La passion de la reconnaissance se manifeste par des déclarations de *fierté* à répétition. Cette fierté contemporaine flotte comme une brume de malheur au-dessus des ruines de la *souveraineté* des ères révolues ; et sur les débris calcinés depuis bien longtemps de ce qu'a pu être la *gloire* comme morale héroïque dans la nuit des âges. C'est une fierté rampante quantitative et collective, une affirmation du moi tribalisé, puis globalisé, universalisé enfin. C'est un orgueil de troupeau, une glorification grégaire, un narcissisme planétaire.

La fête de l'ère hyperfestive n'est plus une fête mais l'affirmation d'une fierté, donc aussi l'approbation du monde en tant que fête, et de la fête comme divinisation des humains contemporains en tant que désindividués. Dans ce sens, on n'a pas eu tellement tort, l'été dernier, lors des Journées mondiales de la Jeunesse, de parler de Catho Pride. Si l'Église et son histoire ont vraiment disparu, c'est peut-être durant cet épisode d'apparente euphorie. Tout cela s'est dissout dans la fierté d'être catholique, dans un contentement de soi unanime et carnavalesque d'où le concret humain (le désaccord avec le monde donné) s'était déjà retiré sans doute depuis longtemps. La messe s'est engloutie dans la kermesse ; et l'ancien catholicisme, comme tous les autres cultes, dans cette mystique des temps nouveaux qu'il faut désormais nommer *panfestivisme*. L'apparition de cette religion nouvelle se fait bien entendu aux dépens de toutes les autres, dont elle conserve d'ailleurs certains traits, tout en les privant de leur valeur essentielle (conflictuelle). À l'occasion de ces JMJ, l'Église n'a pas davantage renoué avec les masses qu'elle ne fait « l'apprentissage des médias » quand l'épiscopat décide de discuter d'Internet avec l'académicien séraphique Michel Serres, dispensateur suprême de la cyber-pommade des temps multimédias. Dans l'un et l'autre cas, cette espèce d'*aggiornamento* n'est que l'acte d'allégeance d'une institution deux fois millénaire au nouveau maître hyperfestif.

Quand tous ceux qui militent pour l'organisation, sur les rives de la Seine, d'une Parade techno aussi monumentale que la cauchemardesque Love Parade de Berlin, et promettent à travers les rues de Paris un million de personnes derrière des « camions avec son *sound-system* », pour finir par déclarer que « la techno doit s'afficher dans la rue », il faut comprendre que cet étonnant impératif catégorique d'affichage est le nouveau devoir d'état de l'honnête individu d'aujourd'hui, l'habitant (sans précédent lui non plus) de la nouvelle planète, celui que je nomme expérimentalement Homo festivus.

D'HOMO FESTIVUS ET DU FESTIVISME

Homo festivus est partout et nulle part. Il n'a plus grand-chose à voir avec les êtres humains des anciennes civilisations. C'est aussi bien n'importe quel *raver* de base, n'importe quel cadre moyen, n'importe quel Clinton, que le dénommé Bill Gates, l'un des personnages les puissants de ce monde en ruines, quelqu'un (nous apprenait récemment *Le Nouvel Observateur*) qui va bientôt « dominer tout le software de la vague Internet et des loisirs interactifs », mais qui, festiviquement, « préfère le jeans au costume Armani, la cannette de Coca au bordeaux et un tour de trampoline dans sa nouvelle maison à deux cent vingt millions de francs à des divertissements plus sophistiqués ». Homo festivus se regarde dans son époque et la remercie de l'avoir fait si grand. Mais personne, en vérité, ne peut être dit plus qu'un autre Homo festivus, parce que personne n'est plus autre chose qu'Homo festivus. À l'idéologie hyperfestive, ou festivisme, pourrait être appliqué ce que Borgès a écrit, un jour, du nominalisme : « Le nominalisme, jadis innovation de quelques-uns, embrasse aujourd'hui tout le monde ; sa victoire est si vaste et si fondamentale que son nom est devenu inutile. Personne ne se déclare nominaliste parce que personne n'est autre chose. » Sauf que le triomphe de l'hyperfestif, avec pour horizon le transgenre, donc l'effacement des individus, est celui précisément d'un « réalisme » (au sens de la vision antagoniste du nominalisme) néo-néo-platonicien et allégorique, un retour à l'abstraction contre lequel lutte en vain ce nominalisme (par qui, précise aussi Borgès, et l'on voit que tout se tient, *est advenu le roman*).

Ce retour à l'abstraction n'a même plus besoin d'être plaidé. Il est devenu le naturel même. Déjà plus rien ne peut être glorifié qu'à travers les fastes de l'hyperfestif. Dans *Libération* encore, je ne sais plus quel sociologue s'écriait il n'y a pas si longtemps : « Louons les nouveaux mouvements collectifs ! » Et cet expert de détailler les avantages des grandes ruées spontanées de mobilisation associative qui innovent « par l'animation de la rue et la théâtralisation des relations sociales ». Dans le même quotidien, on a pu voir Jack Lang, en octobre dernier, ramener sa fraise d'ancien ministre en cours de recyclage dans l'événementiel et faire justement l'apologie de la « techno française », cette techno si « créative », avec ses fêtes spécifiques dont la plus grande vertu semble de créer « un espace pluridisciplinaire ». Je ne repenserais pas à son intervention si je n'étais tombé, fin décembre, sur une sorte de télé-débat titanesque intitulé « Rave, techno, rap : foutez la paix aux jeunes ! ». On y apprenait que le jeune est un persécuté éternel, contraint d'écouter ses musiques favorites en cachette, dans des conditions périlleuses et traqué par les flics. M'efforçant, devant l'écran, de ne pas trop rire, ravalant une proposition qui me venait à l'esprit (puisque les jeunes sont si méchamment empêchés, dans les villes, de faire profiter tout le monde de leur vacarme, mais bon

Dieu qu'on leur donne une région ; qu'on leur offre un de ces départements déserts dont la France a le secret ; qu'on leur livre un causse, par exemple, en toute propriété, en toute liberté ; on pourrait même l'appeler le Causse du Peuple), refoulant donc ce genre d'impertinences, je me souvenais de cet article de Jack Lang, haut dignitaire techno, manitou de la Rave comme volonté et comme représentation, grosse légume en somme du monde hyperfestif. Les fêtes techno, plaidait-il donc dans cet article déjà vieux de deux mois, ont « favorisé l'essor de toute une génération de jeunes artistes, musiciens ou créateurs de mode, graphistes ou animateurs vidéo, acteurs de théâtre ou sculpteurs sur glace ». Que venaient faire là les sculpteurs sur glace ? Pourquoi pas les mouleurs en superglu ? Les ornemanistes sur PVC ? Les plasticiens ès-châteaux de sable et bonshommes de neige ? Je n'ai rien, bien entendu, contre les sculpteurs sur glace, mais je ne vois pas pourquoi l'ex-ministre de la Culture les privilégie. Enfin Jack Lang, ce jour-là, tenait à nous faire savoir qu'il protestait hautement contre la répression des *rave parties*. D'autant que dans ces soirées, disait encore le Chapelier fou du Pays des Merveilles numériques, « où les artistes restent souvent anonymes, les différences de sexe ou d'origine n'existent plus ». Ce qui constitue un atout de poids, on s'en doute, pour les décréter intouchables.

Les anciens éléments de différenciation (condition nécessaire, faut-il le rappeler, à l'exercice de la pensée critique la plus minimale) sont en effet absorbés dans la fête de l'ère hyperfestive. Et jusqu'au langage, comme le rappelait positivement, quelques semaines plus tard, une chroniqueuse du *Monde* qui revenait extasiée, elle aussi, d'une nuit de *rave* en grande banlieue. Ce touchant rassemblement s'était tenu au milieu des friches de l'ancien univers industriel, dans un immense entrepôt à l'abandon qui, pour la journaliste, « évoquait le parvis de Notre-Dame par une nuit du Moyen Âge ». Trois mille danseurs s'y « chauffaient aux vibrations du DJ, des " super vibes " universelles puisqu'elles n'ont pas besoin de mots ». Ne pas avoir besoin des mots, de nos jours, est une qualité. Il y a peu de temps encore, avant le triomphe du festivisme, on aurait peut-être vu, dans cet abandon de la parole vivante, une inquiétante esquisse de retour à l'animalité. Mais ce retour n'est déjà plus repérable : il est en cours d'accomplissement ; et il ne demeure criticable que pour quelques esprits de plus en plus isolés.

Le système hyperfestif, grand fabricateur de morale, se méfie du langage, toujours plus ou moins incontrôlable, susceptible de mensonges, ou du moins d'équivoques. Il est du plus haut intérêt que l'état festif soit annoncé comme paradisiaque parce qu'indifférenciant. Un nostalgique des temps « légendaires » du Palace évoquait récemment cet endroit comme mémorable parce qu'il avait fait « éclater les barrières sociales, sexuelles et raciales et inventé un nouveau critère d'appartenance ou de reconnaissance de cette société défétichisée ». La fête sert à noyer tous les poissons de la négativité comme de la dissemblance. L'hyperfestif constitue l'apothéose de la gémellité, le retour en force, *mais positivé à mort*, du mimétisme et de l'épidémique, le bain dans lequel viennent s'abolir les distances, les séparations, les individuations et les oppositions. Homo festivus est fier comme Artaban de se savoir plongé dans le flot homogène de l'idylle sans visages, dans un *continuum* cosmique de paix et d'amour dont la courte période *historique* de l'humanité ne nous aura, en fin de compte, que très provisoirement éloignés. C'est bien ce que l'involontaire comique Jack Lang indique pour terminer, en prônant l'organisation d'une parade techno à la française : « Cela pourrait marquer la naissance d'une universalité nouvelle, l'universalité de la poésie, de l'art, de la tolérance, qui se substituerait à l'universalité de la guerre, de la violence et de la répression. » Dans toute cette démagogie bavarde et blafarde, la chose que l'on perdrait vraiment son temps à rechercher, c'est la réalité. Les propagandistes de l'ère hyperfestive n'ont qu'une cause à plaider, celle de leur onirisme rentable, et ils la plaident sans relâche. Ils n'ont plus aucun argument concernant le réel ni l'homme concret. Ils ne s'étonnent pas de leur disparition. Ils ne peuvent, au contraire, que s'en féliciter. Comme de l'effacement d'une antique malfaisance.

Toutes ces conditions et quelques autres réclament l'élaboration d'une nouvelle pensée théorique et critique. Celle-ci n'en est encore qu'à ses balbutiements. Elle ne peut se créer qu'à travers l'analyse quotidienne d'une réalité devenue non réelle, d'un concret sans poids et d'un moment historique détaché de l'Histoire.

DE LA FALSIFICATION

Le festif a ses lois. Il a aussi ses mercenaires qui sillonnent le monde, surveillent les écarts, mesurent les réticences et sanctionnent les silences ou les « ambiguïtés » au nom d'un *correctisme* politique qui a survécu à la « fin » bien connue des idéologies, et qui est même le légitime remplaçant de celles-ci. Par tous les moyens possibles et imaginables, par l'intimidation, par la délation, et bien sûr principalement par la conspiration du silence, le mercenaire du monde nouveau traque à travers l'Europe, et bien plus loin encore, tout ce qui semblerait, d'une façon ou d'une autre, s'opposer à ce monde nouveau dont notre post-Europe radieuse est le modèle intouchable. L'une des missions d'Homo festivus, quand il déploie ses talents dans l'Espace Culture, consiste à dissimuler par tous les moyens l'hypothèse de la fin de l'Histoire, et surtout à interdire que puissent se développer de nouvelles pensées dangereuses qui prendraient appui sur une telle hypothèse. Ce travail paradoxal et comique (au nom d'une vision positive du monde, conserver l'Histoire comme mythe alors que le moteur de celle-ci a toujours été la négativité, c'est-à-dire la terreur de rechuter, par renoncement à la négativité, dans l'animalité) peut donner lieu à des tableaux de mœurs assez divertissants. Un soir d'octobre dernier, sur France 2, Günter Grass était longuement interviewé par Laure Adler. J'ignore ce que pense ce très grand romancier de la possibilité philosophique de la fin de l'Histoire ; encore que son admirable *Turbot*, cinq cents pages d'épopée sur le retour de la civilisation à ce qu'il ne cesse de nommer « l'anhistorique gynécocratie », semble en donner tout de même une petite idée. Mais qu'importe. Ayant enregistré cette émission, j'ai pu ensuite me la refilmer à loisir ; et tomber pile sur ce dialogue édifiant que je recopie sans en omettre une intonation.

Günter Grass, donc, parlant de son dernier roman, *Toute une histoire*, fait un long développement sur l'Allemagne d'aujourd'hui, qu'il dépeint comme de plus en plus invivable depuis la chute du Mur. Puis il poursuit, *via* le traducteur simultané :

« L'édit de tolérance du prince de Brandebourg a été en quelque sorte aboli. Le personnage [de *Toute une histoire*] comprend qu'il n'a plus sa place en Allemagne. Il est prêt à suivre sa petite-fille dans les Cévennes, à l'image de la fuite des huguenots de France... L'histoire à rebours, en quelque sorte... L'histoire en sens inverse... D'ailleurs, c'est intéressant : la fin de l'histoire est ouverte. Nous ne savons pas ce qu'il adviendra de Fonty et de sa petite-fille dans les Cévennes... Et pourquoi il n'y aurait pas un jeune écrivain français qui retrouverait Fonty et sa petite-fille dans les Cévennes et qui écrirait la suite de l'histoire ? En tant que lecteur, ça m'intéresserait... »

Laure Adler a capté le mot *histoire*. Elle le transforme en *Histoire*, et, profitant de ce que Grass ne comprend pas (ou comprend mal) le français, elle bondit sur l'occasion pour balancer sa sauce propagandiste :

« Vous voulez dire que l'Histoire peut continuer ? Donc elle ne bégaie pas ? Donc on peut être optimiste alors ? »

Grass hésite. Se tait. Attend qu'on lui transcrive dans l'oreillette l'embrigadant couplet que vient de lui chanter Adler. Je ne sais pas très bien ce qu'il saisit. En tout cas il reprend, imperturbable et toujours centré sur son propre ouvrage :

« C'est cela qui est extraordinaire dans la littérature. C'est d'ailleurs le cas de beaucoup de mes livres. Lorsque la fin est ouverte, l'histoire peut être prolongée. La littérature peut enchaîner sur la littérature, et commence ainsi un dialogue littéraire par-delà les frontières linguistiques... »

Employant le mot « histoire », Grass n'a donc strictement parlé que de l'intrigue de son roman ; et il a conclu sur la littérature. Mais Laure Adler tient beaucoup à sa falsification. On la comprend bien. Quelques minutes plus tard, d'ailleurs, pour ponctuer l'entretien et marquer une pause, un panneau apparaît sur l'écran. Il est censé résumer ce qui s'est déjà passé ; il ne fait qu'entériner un contresens intéressé :

« Günter Grass, portrait suite et fin.
Pour lui, l'histoire ne bégaie pas.
Pour lui, le deutschmark ne peut remplacer la pensée. »

Fraterniste, égalisateur, négateur par tous les moyens de la fin de l'Histoire, le catéchiste de l'ère hyperfestive est aussi férocement révisionniste. La critique de l'idéologie hyperfestive implique pour commencer la connaissance de la pression qu'elle exerce à chaque minute sur ceux qui pourraient être tentés de s'en écarter afin de la problématiser. Au XIXe siècle, les œuvres étaient jugées et condamnées au nom du bon goût, des critères esthétiques et de l'ordre moral du moment. Tout le monde se tient les côtes, de nos jours, en songeant aux jugements d'alors, à la façon dont on évaluait Emma Bovary, par exemple, et la considérait comme immorale. Nous sommes tous extrêmement fiers d'en avoir fini avec ce genre d'archaïsmes, avec ces répugnants *préjugés*. On ne nous y reprendra plus, n'est-ce pas ? *Il est interdit d'interdire*, n'est-ce pas ? Le seul ennui c'est que, cette forte parole à peine prononcée, les législations persécutrices ne cessent comme par hasard de proliférer. Les gardiens de la nouvelle orthodoxie sont ceux-là mêmes qui ont mis bas l'ancienne orthodoxie. Pas fous, ils tiennent à se poser en grands transgresseurs, en ennemis du « politiquement correct » ou de la « pensée unique ». Tout en diffusant le moralisme le plus hideux, chacun se veut immoral, libertin, héritier pétulant de Bataille, petit-fils de Sade, cousin des hurlements d'Artaud à la mode de Bretagne. Mais on peut se demander quelle différence il y a entre ce que disait l'abbé Bethléem dans son catalogue des *Romans à lire et à proscrire* (cent mille exemplaires de 1905 à 1922), destiné à protéger les lecteurs de l'« épouvantable intoxication » des « romans pornographiques et malfaisants » d'alors, et les dernières tendances de la critique littéraire d'aujourd'hui, notamment aux États-Unis où la frénésie déconstructionniste débouche sur une espèce de destruction généralisée. Et quand on ne fait pas passer les textes en procès, on les récupère, on leur accorde l'indulgence du jury, on essaie de montrer, en lisant entre les lignes, que l'auteur n'était pas si mauvais que ça. On déniche son féminisme, son antiracisme, son anti-exclusionnisme bien cachés. Dans les meilleurs des cas, on le « *queerise* » (de *queer*, pédé). Toute scène hétérosexuelle, dans un récit, est alors susceptible de devenir la face visible d'une homosexualité réprimée à mettre en valeur. Une mésaventure de ce genre vient d'arriver à Cervantès. En octobre toujours, dans *Le Nouvel Observateur*, sous un titre qui ressemblait à une plainte de gamin malmené dans une cour de récréation (« On m'a censuré ! »), Homo festivus (je veux dire, en l'occurrence, Dominique Fernandez) récriminait parce qu'on lui avait refusé sa préface pour une nouvelle traduction de *Don Quichotte*, un texte dans lequel il *queerisait* à fond le roman de Cervantès, lequel devenait sous sa plume une épopée camouflée de l'homosexualité.

Il se trouve qu'à deux pages de là, dans le même dossier consacré à l'ingénieux hidalgo, on pouvait lire un témoignage de Zoé Valdès, écrivain cubain. Celle-ci racontait que dans sa jeunesse l'un de ses profs, communiste bien sûr, lui imposait une analyse marxiste du livre : Sancho Pança c'était alors le prolétariat, les moulins à vent désignaient l'impérialisme yankee, et Don Quichotte lui-même devenait le Che ou Fidel. Tout cela, notait Zoé Valdès, lui avait paru « si plat, si stupide », qu'elle préféra sécher les cours et aller à la plage.

On applaudit très fort, évidemment. Et d'autant plus fort que c'est sans risques puisque le marxisme est aujourd'hui en miettes, avec le stalinisme, le jdanovisme et quelques autres erreurs des temps révolus. Ce misérable professeur castriste faisait de Cervantès un écrivain *militant,* un romancier adonné à soutenir une cause ? Rien ne nous paraît plus dérisoire, n'est-ce pas ?

Mais voilà que, deux pages plus loin, on peut lire le point de vue de Dominique Fernandez sur le même roman. Et que nous dit-il, Dominique Fernandez, de Don Quichotte ? Que ce personnage, somme toute, n'est intéressant que parce qu'il est errant. Ah oui ? Et où veut en venir notre commentateur ? À ceci pour commencer : « L'errance, la dérive, la marginalité, voilà les thèmes, modernissimes, du roman. » Bien sûr, concède-t-il, on pourrait à la rigueur soutenir que l'ingénieux hidalgo est une métaphore du juif ou du morisque. Mais l'ingénieux expert festiviste a une meilleure interprétation dans sa manche. « Je crois, écrit-il sans rire, que Cervantès visait d'abord une autre minorité, encore plus persécutée à son époque et l'obligeant à ne s'exprimer que par clandestines allusions et langage crypté. » Vient alors la conclusion : « *Don Quichotte* est une farcesque, subtile et admirable parabole de l'homosexualité, un pied de nez à l'interdiction majeure. » L'hidalgo errant aime-t-il Dulcinée ? Certainement pas : c'est un « pur mythe mental ». Elle est à Don Quichotte « ce qu'une Callas, une diva, adorée de loin, est aux gays d'aujourd'hui ». L'épouvante, d'ailleurs, ne saisit-elle pas le chevalier quand la fausse Dulcinée que lui présente Sancho lui souffle au nez son haleine chargée d'ail ? Certes, de cet épisode, n'importe quel lecteur ayant encore le sens de la comédie de l'existence pourrait déduire avec simplicité que Don Quichotte n'aime pas les femmes qui puent de la gueule. Mais Homo festivus n'a pas de ces naïvetés. Il en conclut, modernissimement, à la profonde répulsion du chevalier errant *pour tout le sexe féminin*. La bouffée d'ail cru n'est qu'une très « fine métaphore » de l'épouvante du chevalier envers la chair des femmes ; de même que les coups de fouet « sur le cul dénudé de Sancho » possèdent une « évidente connotation libidinale ».

Entre le réductionnisme de la lecture marxiste du malheureux professeur de Zoé Valdès et la *queerisation* fernandézienne, je ne vois, pour ma part, qu'une nuance, mais elle est de taille : le premier réductionnisme n'est plus soutenu par personne, il a perdu la partie, c'est un objet de moquerie et de dérision, il se retrouve dans une totale solitude historique et on peut taper dessus sans le moindre danger, c'est même conseillé ; tandis que le second triomphe, il est inattaquable, il est subversif ; et, dirait Fernandez, il est « modernissime » ; c'est-à-dire hyperfestif.

Quand elle voyait son professeur dénaturer Cervantès, Zoé Valdès partait à la plage et nous rigolons avec elle de ses mésaventures d'alors. Lorsque nous entendons

Fernandez dérailler dans le même style à peine rénové, nous sentons qu'il est conseillé de nous mettre au garde-à-vous. La terreur spécifique de l'époque qui commence est dans cette différence[1].

---

1. À quelques mois de là, et les marathoniens du révisionnisme esthétique n'ayant plus cessé de se multiplier, c'est avec l'assurance asphyxiante et la bonne conscience de bronze propres à de tels individus qu'on peut voir par exemple l'un des critiques assermentés de *Libération*, à l'occasion d'une « rétrospective » Gustave Moreau, diagnostiquer chez ce peintre un certain nombre de tares rétroactives absolument rédhibitoires, et conclure à sa mise en examen pour immaturité aggravée et misogynie avec intention de la donner. Les prétendues analyses de tableaux auxquelles procède ce journaliste pour asseoir cette double accusation gravissime relèvent, elles, de l'infantilisme moderniste le plus enkysté, de l'anachronisme démentiel et de la soumission enthousiaste aux « valeurs » de notre époque en ruines. Moreau n'aurait peint que des « femmes crampons », des « femmes castratrices » et des « femmes trop faibles » : le ridicule de telles puérilités ne doit même pas être mis en discussion. D'autant qu'on ne nous dit pas en quoi cette pendable misogynie pourrait, de quelque façon que ce soit, faire de Gustave Moreau un mauvais peintre (mais cela relève, en fait, des évidences contemporaines ; et poser cette question c'est déjà s'écarter de la droite et bonne ligne). Vers la fin de son article, et afin que nul n'en ignore, le journaliste laisse éclater sa satisfaction de vivre ici et maintenant, et c'est ce que ce Homais arrive à dire encore de plus fort : Heredia, Mallarmé, Huysmans, Proust et quelques autres, note-t-il, admirèrent « sans réserves » Gustave Moreau. Dieu merci, « les fins de siècle se suivent mais ne se ressemblent pas ». En effet : personne encore, avant nous, n'avait osé inventer de relire et de juger le passé aux mille lumières d'un temps plongé dans les ténèbres à la suite d'une panne générale d'intelligence critique (*octobre 1998*).

FÉVRIER 1998

DE LA VILLE FESTIVISÉE

Il n'y a plus de villes. La fête les a remplacées. Elles n'en sont pas devenues plus drôles pour autant. Une fois encore, ce ne sont pas tant les fêtes proprement dites que j'évoque, mais la festivisation progressive et totalitaire de la société. L'hyperfestif ne saurait se résumer à telle ou telle réjouissance partielle, même si la nette tendance au gigantisme de la plupart d'entre elles, l'espèce d'acromégalie galopante qui les frappe est aussi un bon syndrome à décortiquer. Par elle-même, aucune fête isolée ne permet d'accéder au concept d'hyperfestif. C'est seulement à travers l'étude systématique de la dissolution des êtres humains dans l'animalité festive, c'est uniquement par l'analyse de la réanimalisation très complexe et progressive de la société, que l'on peut espérer y parvenir. Cette réanimalisation, elle-même inséparable de l'hypothèse de la fin de l'Histoire, s'exhibe sous de multiples masques. Et si tout le monde ne constate pas le phénomène, c'est que le festif, peu à peu, s'est infiltré en chacun de nous ; il s'est glissé pour ainsi dire dans notre code génétique ; il a modifié l'ensemble de nos perceptions.

Il n'y a plus de villes parce que la séparation classique de la ville et de la fête s'est effondrée, comme s'effondrent la plupart des séparations, comme s'est écroulée au théâtre, naguère, la séparation de la scène et du public, ce qui a entraîné immédiatement la disparition du théâtre (mais pas du public, lequel, apparemment, ne s'est encore rendu compte de rien). Il n'y a plus de villes parce qu'il n'y a plus de réalité urbaine qui puisse être considérée comme autre chose qu'une activité touristique. Tout ce qui vit se précipite vers l'horizon hyperfestif. Ce n'est même plus la peine d'aller chercher, comme symptômes de la festivisation absolue, ces chômeurs de la métallurgie de Lorraine à qui on proposa, il y a quelques années, de se recycler en Schtroumpfs dans un parc de loisirs, avec de jolis bonnets sur la tête et des queues en pompon ; ou encore les employés infortunés de l'atroce Disneyland. La Lunaparkisation est si totale qu'elle effacera même, un jour, les parcs de loisirs : disparus pour cause de non-différence avec le reste du décor. Homo festivus n'a plus d'antagoniste. C'est lui qu'on voit partout, grimpé sur ses néo-patins, les *rollers on line*. Qui aurait pu imaginer, quand on s'est mis en tête de « reconquérir », sur les voitures envahissantes, l'espace piétonnier à coups de « mobilier urbain », que ce n'était pas aux piétons que l'on restituait l'espace, mais aux nouveaux figurants de la civilisation hyperfestive, à ces bandes idylliques chaque jour plus nombreuses de patineurs célestes ? Le voilà, Homo festivus, dans ses pompes comme dans ses œuvres. C'est lui, le planeur béat de l'ère post-historique. Il y a seulement une dizaine d'années, le spectacle nocturne de bandes de jeunes chaussés de rollers et filant entre les voitures dans un silence paranormal comme des lutins de science-fiction n'était qu'une curiosité américaine. Mais il est bien connu que tout ce qui s'invente de plus nuisible outre-Atlantique finit par traverser l'océan. Ainsi s'est-il vendu en France, d'après *L'Express* qui en exultait en janvier, trois millions de paires de néo-patins en moins de trois ans. « À mi-chemin de la chaussure de ski et du patin à glace », le roller a tout ce qu'il faut pour achever de transformer la ville en patinoire de rêve. Il n'y a pas que le portable dont les ventes explosent : tout ce qui contribue à effacer les antiques frontières, donc aussi bien sûr les conditions d'intelligibilité les plus élémentaires, se diffuse à tour de bras. Moins on comprend, mieux on se porte. Avec le téléphone cellulaire, c'est ce qui restait de distinction entre vie privée et espace public qui a subi en quelques mois une mise à mort foudroyante. Avec le roller, l'ex-humain fusionné, flexible, asexué et zéphyrisé, accède enfin à la dignité de flux. Il faudrait d'ailleurs changer le vocabulaire : on ne devrait plus parler de foules, ni de masses, mais simplement de flux. Civilisation de flux au lieu de civilisation de masse ; culture de flux au lieu de culture de masse. Par-dessus le marché (c'est toujours *L'Express* qui nous en informe), l'adepte du roller a une morale. Et cette morale est excellente, sinon il n'en serait pas question. Elle n'est même pas « dans la ligne », comme on s'exprimait autrefois, du temps où c'étaient les partis qui avaient une ligne ; elle est en ligne, tout simplement, comme les rollers eux-mêmes. Le mot préféré, nous apprend-on, des adeptes onctueux de la glisse est le poisseux mais traditionnel vocable « convivialité ». Ces angéliques se font, paraît-il, « le signe de la paix » quand ils se croisent sur les trottoirs. Comme quoi le patinage urbain est un humanisme. Et même un humanitarisme. La guerre à la guerre marche sur des roulettes. Dans le monde posthistorique, donc aussi postguerrier, la bataille est une fête et la fête une bataille. De si douces intentions achèvent, bien entendu, de rendre incontestables ceux qui les affichent.

L'individu, je veux parler de l'ancêtre d'Homo festivus, reconnaîtrait-il encore ses descendants lointains dans les groupes de jeunes mutés qui, chaque vendredi soir (c'est *Libération*, cette fois, qui en parle), glissent rituellement à travers Paris sur leurs *rollers on line* comme des bancs de poissons virtuels, et achèvent ainsi de *californiser* la ville, c'est-à-dire de l'effacer ? Il faut les avoir vus au moins une fois, un soir d'été, passer entre les voitures, immatériels et hallucinatoires comme les joueurs de tennis oniriques de la fin de *Blow up*, pour avoir une illustration assez fidèle et doucement comateuse de ce que Hegel appelait « la vie, mouvante en soi, de ce qui est mort ». De même qu'il est nécessaire, au moins une fois dans sa vie, d'avoir feuilleté les pages de prose laxative des Bobin, Coelho, Gaader, Delerm et autres anodins à gros tirages, spécialistes clonés de la poésie de proximité, pour savoir ce que réclame l'ère hyperfestive quand il s'agit de littérature. Toutes ces nouveautés sont contemporaines et roulent de conserve. « Deux cents fondus du patin dans les rues de Paris », proclame *Libération*, qui précise que l'amateur de patin en ligne a entre vingt et trente ans, qu'il est « harnaché de protections multiples, emmitouflé façon hockeyeur », et que sa « panoplie branchée comprend un pantalon de treillis et un sweat-shirt large à l'américaine ». Ainsi possède-t-on, pour la première fois à ma connaissance, un signalement vestimentaire complet d'Homo festivus, l'Ami public n° 1, le philonéiste qui vous veut du bien. Les joggers, par comparaison, prennent un méchant coup de vieux : une génération s'engloutit. Et à côté de cela, il y a des personnages malfaisants (en l'occurrence le président du groupe socialiste au Conseil de Paris, mais ce n'est qu'un exemple entre mille), qui mettent en tête de leur programme électoral l'idée mirobolante de « redonner une place centrale à l'enfant » dans Paris. Comme s'il ne l'avait pas déjà, l'enfant, la place centrale ; et comme si Paris, à cause de cela précisément, existait encore ; et comme si les adultes étaient encore autre chose, désormais, que des enfants[1].

Il est facile de savoir ce que sont les intentions criminelles d'Homo festivus, en période posthistorique, et en matière d'urbanisme. Il suffit de regarder ces panneaux désolants qui se multiplient, au coin des rues, où on annonce, avec le ton d'arrogance complice et de fanfaronnade si caractéristiques de cette époque de défaite en rase campagne, que « la ville réinvente ses quartiers ». Des petits croquis lamentables illustrent ce beau projet, et entendent décrire ce que sera la vie urbanistique des prochaines années. On y voit des chaussées qui ne sont plus en proie qu'à des voitures d'enfants, à des imbéciles hilares, à des mères de familles, à des patineurs non fumeurs et encore à d'autres catégories de mongoliens et mongoliennes satisfaits d'eux-mêmes. Plus de conflits, plus d'antagonismes. C'est ce dimanche de la vie dont parlait Hegel « qui égalise tout et qui éloigne toute idée du mal ». Parc d'attractions sans attraits, mais obligatoire et sans retour, sans extérieur. La mort, « mouvante en soi », mène son train d'enfer. C'est ce que l'on baptise aussi, d'une façon aussi admirable que symptomatique, l'opération « Paris-quartiers tranquilles ». Ici, enfin, on peut être sûr, en effet, que l'on sera tranquille et qu'il ne se passera rien. Et que jamais personne, dans l'avenir, n'aura plus aucune occasion d'écrire, comme Balzac dans le début inoubliable de

---

1. La même tyrannie méthodique s'applique avec de plus en plus de férocité au milieu rural, et il n'existe plus non plus aucune réalité agricole ou campagnarde qui pourrait relever d'autre chose que de l'activité festive. À quelques mois de là, on pouvait apprendre que les infatigables associations de persécution des chasseurs organisaient des pétitions pour interdire la chasse le mercredi et le dimanche, c'est-à-dire ces jours de grande terreur où, chaque semaine, l'enfant et l'adulte enfantifié tiennent partout le haut du pavé (*décembre 1998*).

La Fille aux yeux d'or : « Là, tout fume, tout brûle, tout brille, tout bouillonne, tout flambe, s'évapore, s'éteint, se rallume, étincelle, pétille et se consume. Jamais vie en aucun pays ne fut plus ardente, ni plus cuisante. » Dans ce Paris posthistorique, on promet « un nouveau partage de l'espace public pour une coexistence plus harmonieuse des fonctions de la ville » ; ou encore « une circulation moins intense à vitesse réduite » ; et aussi « un accès plus facile des riverains à leur immeuble ». Il est également question d'« itinéraires sécurisés », d'« aménagements ayant pour but de décourager la circulation de transit », de « mobilier en protection transversale », de « bordures de granit » et de « rampes en pavés ». Autant de belles promesses et de projets mirifiques dont il est facile de déduire l'anéantissement systématique des villes au profit d'une néo-population de morts-vivants ; et que personne ne dira plus de celles-ci, comme Marx jadis, que leur air *émancipe*. Giono, dans les années 20 ou 30, rêvait avec une certaine naïveté à la destruction de Paris, qu'il décrivait comme un monstre : « rongeur, grondant, fouisseur de terre, embué dans la puanteur de ses sueurs humaines comme une grosse fourmilière qui souffle son acide ». Il attendait impatiemment « le jour où les grands arbres crèveront les rues, où le poids des lianes fera crouler l'obélisque et courber la tour Eiffel ; où devant les guichets du Louvre on n'entendra plus que le léger bruit des cosses mûres qui s'ouvrent et des graines sauvages qui tombent ; le jour où, des cavernes du métro, des sangliers éblouis sortiront en tremblant de la queue ». Mais ce n'est pas le retour de la Nature qui a eu lieu, c'est le triomphe de la Culture ; et l'on ne voit plus, partout, que des rolleristes éblouis qui surgissent en frétillant des droits de l'homme.

La randonnée hebdomadaire des milices volantes du vertuisme à roulettes passe par des lieux prestigieux (Notre-Dame, le Pont-Neuf, la Concorde, etc.) que *Libération* énumère comme s'il s'agissait des monuments éternels d'une cité inchangée, alors qu'ils ont déjà subi le plus irréfutable des reformatages, la plus sanguinaire des « réhabilitations », la purification festive la plus draconienne. Il fallait bien cela pour les transformer en cadre habitable, c'est-à-dire en terrain de jeu pour Homo festivus. « Les sensations sont un peu comparables à celles du ski, confie l'un d'entre eux. Faire du ski dans Paris, c'est marrant, non ? »

C'est marrant, en effet. C'est aussi la raison pour laquelle il n'y a plus de villes ; et la meilleure illustration qui soit de l'achèvement de l'Histoire, c'est-à-dire de la disparition de la *dialectique réelle.*

« L'histoire s'arrête, écrit Kojève, quand l'Homme n'agit plus au sens fort du terme, c'est-à-dire ne nie plus, ne transforme plus le donné naturel et social par une Lutte sanglante et un Travail créateur. Et l'Homme ne le fait plus quand le Réel donné lui donne pleinement satisfaction, en réalisant pleinement son Désir (qui est chez l'Homme un Désir de reconnaissance universelle de sa personnalité unique au monde). Si l'Homme est vraiment et pleinement satisfait par ce qui *est,* il ne désire plus rien de réel et ne change donc plus la réalité, en cessant ainsi de changer réellement lui-même. »

DES CATASTROPHES

Quand il ne fait pas de ski à travers Paris, Homo festivus va se promener en moyenne montagne avec ses raquettes ; et déclenche une coulée de neige qui, dans un bruit de cauchemar, dégringole pour l'engloutir. Ou bien il participe, dans un petit port de pêche quelconque, à une Fête de la mer qui se termine en naufrage. Lorsque ce n'est pas son camping qui se retrouve noyé sous un torrent de boue. Toutes ces horreurs n'ont rien de drôle. Mais ce qui est singulier, c'est l'air de stupéfaction infinie, c'est l'expression de douloureuse surprise d'Homo festivus chaque fois que la Nature lui joue un de ses tours. La montagne serait méchante ? L'océan dangereux ? Les rivières peuvent grossir jusqu'à devenir des fleuves mortels ? Même la recherche systématique des responsabilités, les mises en examen, la traque des coupables, ne consoleront jamais Homo festivus de ce genre de trahison. Il n'y a qu'à voir, chaque hiver, lors de l'habituelle « vague de froid », qui se débrouille en général pour coïncider avec les vacances de février, tous ces gens bloqués sur les autoroutes, naufragés, coincés dans des trains arrêtés, et stigmatisant la négligence des autorités, pour comprendre qu'en fait, derrière toutes ces accusations, c'est la pensée magique qui est de retour, avec l'ère hyperfestive, même si les termes dans lesquels elle s'exprime ont un peu changé. On ne danse plus pour faire tomber la pluie ou la convaincre de cesser, mais on cherche les responsables s'il y a du verglas ; et on les lyncherait volontiers si on les avait sous la main (en janvier, après la catastrophe des Orres, on a mis en prison l'un des guides présumé coupable, et c'était « pour assurer sa sécurité »). Depuis que le concret n'existe plus, les décors naturels, devenus terrains de jeux, se sont rapprochés vertigineusement des Idées platoniciennes. On exige d'eux, en plus, la même transparence que des affaires de l'État et de la vie privée des vedettes en vue. Homo festivus croit dur comme fer que la montagne ou l'océan sont des synonymes du mot bonheur ; qu'ils n'ont été inventés que pour servir d'écrin à la perfection de son divertissement. Le moindre accident, dans ces conditions, devient un scandale ; et un coup de canif dans le contrat festif. Que la montagne ou la mer rappellent, de temps en temps, leur existence indépendante de la vision hyperfestive est une sorte de crime. Comme tous les enfants, Homo festivus prend son désir pour une réalité qui n'existe plus. Il ne veut pas envisager que la Nature puisse être tortueuse, vicieuse, compliquée.

Sa puérile religion est censée l'assurer contre le hasard et les accidents, ces résurgences d'Ancien Régime, ces spectres d'un temps où l'on n'avait pas encore inventé le *risque zéro*.

DE LA MODERNITÉ

Nos ancêtres les individus savaient que ce monde est irrespirable et ils n'en faisaient pas un plat. Ils essayaient de s'en arranger. Ils négociaient comme ils pouvaient avec le bien et le mal. Dans son existence privée, tout particulièrement, notre ancêtre l'individu possédait l'art de s'accommoder de la désolation de la vie quotidienne. Il le faisait à sa façon, en catimini, sans publicité. Il avait mis l'invisibilité de son côté, le secret dans son camp. Il ne croyait pas tellement au Bien absolu. S'il avait une religion, ce n'était pas celle de l'Idéal ; encore moins de cette Transparence antiérotique dont on sait, comme vient de le rappeler sévèrement *Libération* à propos des affaires extraconjugales de Bill Clinton, qu'elle est « au cœur des principes démocratiques ». Était-il *hypocrite*, alors, notre ancêtre ? Le mot semble faible. Il était sans doute, par-dessus le marché, bien d'autres choses encore : catholique sur les bords, sournois, « monarchiste » même (dans « les indulgences françaises » concernant la vie privée des hommes politiques, lit-on dans ce même journal à propos du scandale Clinton-Lewinsky, « se glissent de sournoises complaisances monarchistes » ; mais on peut faire confiance à nos libérateurs pour nous aider à en finir avec de tels démons). Notre ancêtre l'individu s'arrangeait furtivement avec le réel. Il n'était pas *moderne*. Pas davantage que Clinton, du moins si l'on en croit ce professeur à la Sorbonne qui, dans *Libération* encore, a jugé nécessaire de donner son avis à propos de la liaison de l'actuel président des États-Unis avec Monica

FÉVRIER 1998   35

Lewinsky. « Clinton a cessé d'être moderne », annonce le titre de son intervention. Bonne nouvelle, me dis-je illico : si Clinton n'est plus moderne, alors je vais pouvoir le trouver sympathique, enfin, le saxophoniste de la Maison-Blanche. En réalité, d'après ce que j'ai compris à la lecture de cet article qui se voulait en phase avec les dernières métamorphoses de la civilisation (qui tenait donc bien moins à les connaître qu'à les célébrer comme des faits accomplis), le tort de Clinton ne serait pas tant d'avoir trompé sa femme que d'avoir compromis sa « relation privilégiée » avec elle en trahissant la règle contemporaine du « respect de l'autre ». Coupable d'avoir entretenu une « relation durable » avec Monica Lewinsky, tout en continuant « à se montrer avec son épouse légitime », Clinton, pour tout dire, n'est plus « authentique ». Et l'expert de conclure du haut de ses valeurs : « Manquement fort à la morale de la modernité »[1].

1. À quelque temps de là, tandis que continuait de se développer l'affaire Clinton-Lewinsky, un chercheur interviewé par *Le Nouvel Observateur* semblait brusquement découvrir la lune, et, à travers mille prudences, circonlocutions, litotes, réserves tortillées, suggérait que ce lamentable « scandale » n'était peut-être, tout bien pesé, que le résultat « pervers » d'une coalition sans précédent, celle de l'« hyperjuridisme » américain et des mouvements de libération gay ou féministe, lesquels avaient lancé, « sans le vouloir » bien entendu, et pourtant tout animés de si bonnes intentions, « un processus d'érosion du droit à la vie privée qui aboutit à des manifestations étonnantes d'une nouvelle " police du sexe " ». Cependant, bien mal inspiré dans ses conclusions, il voyait encore dans tout ce phénomène comme une sorte de « paradoxe ». Quinze jours plus tard encore, cette affaire ridicule ayant connu de nouveaux rebondissements, et Clinton ayant été contraint de passer aux aveux, un éditorialiste de *Libération* remarqua que sa confession avait été faite dans cette salle des Cartes de la Maison blanche d'où Roosevelt, jadis, avait « suivi le déroulement de la Seconde Guerre mondiale ». Ce seul rapprochement sembla dégriser soudain l'éditorialiste en question, qui qualifia tout à coup de « dérisoire » la prestation de l'actuel président des États-

Où l'on peut constater une fois de plus qu'Homo festivus, malgré les apparences, ne rigole pas du tout. Et aussi que la « morale de la modernité », dans le mariage comme à la mer ou à la montagne, c'est le risque zéro, c'est-à-dire le bonheur par le couple et l'idéal obligatoire. La plupart des chroniqueurs, à l'occasion de cette affaire, se sont empressés d'affirmer que de pareilles choses ne pourraient arriver en France. La malencontreuse analyse que je viens d'évoquer démontre au contraire que cette bataille-là aussi est *déjà perdue* ; parce que la « morale de la modernité », c'est-à-dire celle du mutant compassionnel en *rollers on line*, ne se connaît plus d'alternative ; et que le mutant en question puise sa force dans l'inconscience où il est encore de sa mutation vertigineuse, ce qui lui permet de s'afficher comme le représentant sans réplique de l'humanité. Et, pour mieux mesurer encore le caractère irréversible de cette belle « morale de la modernité », il suffit de citer n'importe quel grand écrivain du passé, Baudelaire par exemple : « La volupté unique et suprême de l'amour gît dans la certitude de faire le *mal*. – Et l'homme et la femme savent de naissance que dans le mal se trouve toute la volupté. » Qu'une telle position soit devenue *implaidable* aujourd'hui montre parfaitement sur quelle pente, désormais, nous n'en finirons plus de tomber ; dans quelle soli-

---

Unis par rapport aux préoccupations de son prestigieux prédécesseur. Sous le coup de l'émotion, il découvrit que la démocratie américaine « s'amoindrissait à force de se complaire dans une pathologie de la transparence ». Ce malade qui se foutait de l'hôpital n'alla tout de même pas jusqu'à découvrir, dans le rapprochement Roosevelt-Clinton, un signe probant, parmi bien d'autres, de la fin de l'Histoire. Les commentateurs et pseudo analystes du lugubre Théâtre de la Transparence en sont en même temps les créateurs, les bonimenteurs et les détracteurs. Ils ne sauraient donc mettre en question que ses *excès*, de manière à conserver l'illusion qu'il existerait autre chose, en ce domaine, que des excès. Et la foire continue (*août 1998*).

tude se retrouve la notion de volupté ; et aussi que l'homme et la femme *actuels* ne *savent* plus rien de naissance ; donc qu'ils ne peuvent plus jouir. Un autre intervenant journalistique, il y a quelques semaines, se croyait en mesure de nous gratifier d'un avis critique sur *Short Cuts*, le chef-d'œuvre d'Altman : à l'occasion de sa diffusion sur je ne sais quelle chaîne, il déplorait que ce film, « absolument génial sur un plan formel », le soit beaucoup moins « quant au traitement réservé aux personnages ». En substance, *Short Cuts* manquait d'après lui de « compassion » ; et s'il méritait « un vingt sur vingt en virtuosité », on ne pouvait, hélas ! lui attribuer qu'« un zéro pointé en humanité ». Cette invocation de l'humanité, renvoyant à une essence éternelle et universelle de l'humain, sert partout à dissimuler le vœu pieux que la métamorphose de l'humain, ces derniers temps, n'ait pas été repérée ; et que de vieilles pensées puissent continuer à masquer, aussi longtemps que possible, ce changement considérable.

DE LA FÊTE QUI TOURNE MAL

Le festif est une fiction qui ne se discute pas. Cette fiction a pris la place du peu de réalité qui résistait encore après les ravages du « spectacle ». Le festif est le « messie » des temps spectaculaires désormais archaïques. Si ce « Royaume » a ses héros et ses images saintes, il a aussi ses délinquants nécessaires, ses fauteurs de troubles et ses rebelles particuliers. Les drames les plus intenses parlent la langue festive. Les chômeurs l'ont compris puisqu'ils ont choisi les fêtes de Noël pour attaquer leur mouvement. C'est au milieu des bacchanales rituelles de la fin de l'année qu'ils avaient les meilleures chances d'incarner l'autre face de l'hyperfestif, le destin qui menace toute festivité, plus généralement le déclin et la chute possibles de la société de réjouissance. Il n'y a déjà plus d'autre représentativité que festive ou antifestive. C'est ce que devinent aussi les gamins d'un peu partout qui se livrent quotidiennement au cérémonial du « caillassage » des autobus. C'est ce que pressentent, enfin, les gosses des quartiers dits sensibles de Strasbourg qui ont incendié tant de voitures dans la nuit de la Saint-Sylvestre. On les a soupçonnés de s'être livrés à une compétition systématique, de cité à cité, pour *sacrifier* le plus de bagnoles possibles et passer ainsi à TF1 ou à France 2. Comme d'habitude, le monde journalistique et télévisuel s'est interrogé bassement sur sa propre responsabilité dans ces désordres étranges. L'univers médiatique, qui est désormais l'œuf et la poule en même temps, le pyromane et le pompier, a fait semblant de pouvoir encore différencier les causes des conséquences et s'est demandé gravement s'il y avait corrélation entre les incendies de voitures et leur médiatisation. Au bout du compte, les médiateurs ont conclu que les jeunes incendiaires souffraient d'hystérie médiatique ; mais ils n'ont pas pensé un seul instant qu'ils avaient *de toute façon* besoin d'eux pour incarner l'une des plus vieilles figures de rhétorique du festif classique : la fête qui tourne mal. « À Strasbourg, les voitures brûlent comme à la fête », titrait d'ailleurs pertinemment *Libération* au lendemain de cette Saint-Sylvestre. Et il faut se souvenir aussi que la ville de Strasbourg, pas superstitieuse, s'était autoproclamée « capitale de Noël » ; ce qui était la meilleure façon, en somme, de tenter le diable[1].

---

1. Un an plus tard, ayant cru faire son autocritique, mais bien entendu incapable de renoncer à l'idée que la fête était la représentation à peu près absolue de la perfection et de la positivité sur cette terre, la ville de Strasbourg, cette mirobolante « capitale de Noël », ne devait reconnaître s'être trompée, l'année dernière, que sur un seul point : si elle avait eu tant de déboires avec sa jeunesse déshéritée, c'est qu'elle n'avait pas suffisamment étendu la fête ; et elle ne l'avait réservée qu'à son

Le festif est une fiction sans antagoniste. Bientôt, il n'y aura même plus de langage pour le définir parce que le langage tout entier sera passé de son côté. Il n'est déjà presque plus possible de raisonner autrement qu'en termes festifs. Même les plus sombres événements s'en trouvent modifiés. Il n'y a déjà pratiquement plus de catastrophes ou d'accidents du *travail* ; il n'y a plus de catastrophes, ou d'accidents, que du loisir : des affaires de camping tragique, des fêtes en mer qui tournent mal et des histoires de neige qui tue. Et lorsque soixante-huit personnes se font massacrer à Louxor, tout ce que déclenche cette boucherie ce sont des réflexions sur la chute du tourisme en Égypte. Parce qu'il n'y a plus de personnes ; et que l'on ne peut déjà plus, où que ce soit, massacrer que des touristes.

Des fastes morbides de la société hyperfestive et des sortilèges qu'elle s'efforce de déployer pour accompagner en douceur l'effacement de la civilisation, il est possible que Bernanos, dès 1946, dans une conférence prononcée à Genève, ait senti venir le vent lorsqu'il s'adressait de la façon suivante à ses auditeurs : « Les médecins de Molière

---

centre-ville au détriment des quartiers populaires. Dans l'espoir que ne se reproduisent pas les émeutes de l'an passé, et pour éviter que des dizaines de bagnoles ne soient à nouveau incendiées dans la nuit de la Saint-Sylvestre, elle n'a donc rien trouvé de mieux à inventer qu'une nouvelle extension du *sinistre festif*. C'est ainsi, comme on peut le lire dans *Libération*, qu'il a été gribouilleusement « décidé d'illuminer la périphérie, d'y installer quelques-uns de ces " marchés de Noël " dont l'Alsace se fait une réputation » et d'organiser « à destination des jeunes une semaine d'animations non-stop, baptisée " Mix Max " ». Ceci n'est qu'une preuve supplémentaire que l'époque qui commence ne peut plus connaître d'autres réponses à une misère réelle que celles qui lui sont offertes pour ainsi dire mécaniquement en puisant dans la pacotille de l'hyperfestif. Son accumulation ne sert de cache-misère que parce qu'on ne s'est pas encore rendu compte que l'hyperfestif était lui-même une plus grande misère encore (*décembre 1998*).

autour de l'agonie du monde, voilà ce que vous voyez tous les jours, et vous y êtes si habitués qu'il vous paraîtra peut-être, demain, naturel de mourir au milieu de ces guignols, comme un vieux monsieur cardiaque frappé à mort un soir de Mardi-Gras, dans les salons d'un mauvais lieu, et dont la dernière grimace se reflète de miroir en miroir sur la civière, à chaque marche de l'escalier. »

Le pire des malheurs n'est pas de mourir, en effet, ni même de mourir en plein Mardi-Gras, mais de ne même plus avoir les moyens de s'étonner de cette funeste conjonction parce qu'il est devenu impossible de la discerner. C'est alors qu'enfin l'expression « mourir volé » commence à prendre tout son sens. Et elle ne pouvait l'atteindre, ce sens, qu'avec l'ère hyperfestive.

DU FESTIVISME COMME LANGAGE ET COMME IDÉOLOGIE

L'ère hyperfestive et posthistorique a une idéologie, mais elle ne se montre pas. Il faut la chercher. Elle se dérobe même remarquablement à la nomination. Plus elle agit, plus elle efface ses propres traces. Il est nécessaire de s'emparer de certains signes et de les déchiffrer pour reconstituer une réalité aux trois quarts invisible. La première difficulté vient de la nature même du réel d'aujourd'hui, de sa « consistance » très particulière. Si notre époque est bien celle où le concret a cédé *comme un plancher s'écroule*, ce qui est dissimulé par le langage régnant c'est cet effondrement. La vision du monde d'Homo festivus est une fiction enveloppant ses propres intérêts de « classe dominante ». Par ses bavardages apparemment disjonctés, il ne poursuit qu'un but : il sert sa propre cause. L'idéologie, aux yeux de Marx, était un enchaînement de représentations destinées à faire croire à l'illusion d'un social éternel et anhistorique au sein même de la société historique. L'idéologie d'aujourd'hui consiste, au contraire, à faire croire à l'Histoire au sein d'une société qui en est concrètement sortie et qui vit de nouvelles aventures encore mal définissables. L'idéologie hyperfestive se livre à un perpétuel travail de dissimulation. Elle cherche à rendre illisible sa propre anhistoricité. Elle *planque la fin.* C'est son souci majeur.

Le festif a son langage, qu'il convient de décrire. Les académiciens, légèrement chagrinés de voir la langue française se coucher devant l'époque, ont émis dernièrement quelques modestes réserves concernant certaines modifications grammaticales, à commencer par la généralisation du terme « la ministre » pour caractériser quelques-unes des agentes d'ambiance de l'actuel gouvernement. Il est de bon ton de se moquer des initiatives de l'Académie. C'est d'un effet sûr, sans risques, comme de mettre en boîte les militaires ou les curés. On peut d'ailleurs aller encore plus loin : *Charlie Hebdo,* journal délicat, a traité pour l'occasion de « cadavres » ces académiciens trop insolents à son goût. Tous les petits fonctionnaires de l'« incorrection politique », tous les anarchistes institutionnels élevés dans la zone de stabulation bétonnée du Subversif applaudissent à deux sabots chaque fois qu'on se moque du *conformisme* de l'Académie. Ça permet de se serrer les coudes, ce genre de fronde, de se sentir plus au chaud entre modernistes aventureux. On a le vent en poupe, quand on brocarde l'Académie. On n'est pas comme tout le monde. On ne ressemble à personne. On est plusieurs millions, et même plusieurs dizaines de millions à ne ressembler à personne. Cinquante millions d'originaux contre quarante immortels, voilà à peu près le rapport de forces, et on voit le courage qu'il faut pour n'être que cinquante millions alors qu'eux sont quarante.

Personne, bien entendu, ne s'est soucié une seule seconde d'argumenter pour ou contre cette intervention.

L'époque hyperfestive a ceci de propre qu'elle permet de se passer de raisonner. Il y a ce qui va (festiviquement) de soi, et ce qui ne va pas. La dispute ou la controverse ont été remplacées par le *débat*, cet ersatz de dialogue en apesanteur, cette traduction infantilisée et télévisée de la discussion, où l'objet même de ce qui est en litige se dissout au fil de l'émission. Seule l'inconcevable Ségolène Royal est montée au créneau. Et qu'a-t-elle dit, Ségolène Royal, avec ce sourire circulaire qui ressemble au dérapage d'une scie électrique sur une plaque d'acier ? Elle a joué à merveille, il faut le reconnaître, son rôle de vociferatrice dans le sens du vent. Elle a répliqué, pour commencer, qu'« il faudra que les académiciens s'habituent » ; puis, très en verve, elle s'est lancée dans des considérations historiques qui l'ont amenée à comparer la protestation des immortels aux « interrogations du Concile de Trente qui se demandait si les femmes avaient une âme ». Proférées dans le moment même où Jospin, à l'Assemblée nationale, étalait son ignorance crasse de l'Histoire à propos de l'affaire Dreyfus et de l'abolition de l'esclavage, ces âneries calomnieuses (et symptomatiques de la civilisation hyperfestive pour laquelle l'Histoire n'existe plus, sinon comme prétexte à commémoration ou à jugement) sont passées inaperçues. Ce qui est parfaitement injuste et surtout féministement indéfendable. Quelqu'un aurait pu se dévouer pour lui révéler, à la philonéiste Ségolène Royal, que le Concile de Trente (1545-1563) n'a bien sûr jamais discuté de l'âme des femmes ; que l'Église ne pouvait *évidemment* douter, à aucune époque, que la femme ait une âme, c'eût été une hérésie ; et que s'il faut chercher une origine à cette vieille rumeur odieuse, mais si commode aux yeux des imbéciles, c'est en remontant beaucoup plus haut, jusqu'à Grégoire de Tours (né vers 544), qu'on a une chance de la trouver, dans un texte où est évoquée la différence entre les deux termes latins désignant l'homme : *vir*, le mâle, ou *homo*, l'être humain. Mais enfin qu'importe. Par la grâce de Ségolène Royal, le français est en marche et on ne l'arrêtera pas. Quelques jours plus tard, d'ailleurs, à l'occasion de la « Journée des femmes », Jospin faisait publier au *Journal officiel* une circulaire enjoignant ministères et secrétariats d'État de « recourir aux appellations féminines pour les noms de métier, de fonction, de grade ou de titre ». Voilà donc une affaire bien rondement et ministériellement conduite, et on ne s'étonne pas que *Libération* s'en montre enchanté : « Jospin abroge la langue machiste », titrait le jour même ce quotidien tout retroussé d'aise, et en admiration devant un combattant aussi échevelé. Suivaient quelques propos de l'échevelé en question :

« J'ai beaucoup de respect pour la langue française, commentait ce bon garçon si parfaitement reformaté, mais il me paraît opportun de corriger des inégalités grammaticales qui ne sont que les traces d'une société disparue. »

Il se gardait bien de préciser que cette « société disparue » n'avait pas encore, à l'heure où nous mettons sous presse, pu être remplacée par quoi que ce soit de viable.

Si la langue a quelque chose à voir avec le monde concret, il est logique qu'elle suive celui-ci dans ses évolutions. Ce qui signifie, en l'occurrence, qu'elle doit s'adapter tant bien que mal à son complet effondrement. La linguistique étudie les relations de dénotation qui peuvent exister entre les mots et les objets réels, encore nommés référents. Le référent, de nos jours, a connu des métamorphoses. On attend de la langue qu'elle s'y résigne. Il n'y a pas que les centres-villes que l'on « réhabilite », les jardins que l'on massacre pour les baptiser « espaces arborés », et les anciens quartiers que l'on « normalise ». D'après *Le Monde* (qui se gaussait aussi, comme il se doit, des récriminations académiques), certains dictionnaires de pointe se sont déjà mis au goût du jour. Non seulement ils acceptent l'irrésistible féminisation de la grammaire, mais par-dessus le marché ils ne recensent même plus les genres de certains mots ; comme s'ils admettaient enfin « leur usage bisexué, autrement dit neutre ». On savait déjà grâce à Jack Lang, Lièvre de Mars sur Internet, que les *rave parties* sont sacrées parce que les « différences de sexe ou d'origine » en sont bannies. De nos jours, pour vendre quelque chose, il faut en chanter la neutralité libidinale. Ce qui me ramène une dernière fois à Ségolène Royal. Cette tête à claques, pour finir, a invité les académiciens à laisser tomber leur combat perdu d'avance et à sauter gaiement dans le XXIe siècle en s'occupant d'ores et déjà de « la prochaine étape de l'évolution grammaticale » : *l'éradication de la règle du masculin l'emportant sur le féminin.*

Toutes ces foutaises concernant la modernisation de la langue ou la féminisation des titres et des fonctions n'ont évidemment pas à être combattues. La bataille serait perdue d'avance. Il ne s'agit même plus, désormais, de faire coïncider le langage avec la division des sexes, mais avec leur effacement désiré. Et ce n'est même plus la « victoire » des femmes que cette offensive entérine, mais celle du *neutre* comme conséquence obligatoire, jusque dans la grammaire, de la créolisation généralisée du monde. Cette grotesque affaire de « parité linguistique » n'est, en toute logique, qu'un pas de plus dans la marche vers la neutralisation des êtres humains et conduit, à l'insu même de tous les bons apôtres qui en chantent les vertus, vers l'éradication de ceux-ci, tous sexes confondus. Ainsi cette éradication de l'altérité, menée tambour battant par toutes les forces « progressistes », réalise-t-elle finalement (et même dépasse) les buts du racisme que ces forces ne cessent de dénoncer.

Mais notre temps enregistre encore bien d'autres disparitions. Je ne m'attarderai même pas sur la manie des titres travestis, sur le détournement devenu routine et sur les pénibles calembours institutionnels dont la presse déborde (ceux de *Libération*, dans ce domaine, crèvent à tel point l'écran qu'on ne les remarque même plus ; ils ne sont pourtant que les signes pathétiques de l'état de décontraction formidable dans lequel Homo festivus, le patineur fou, veut faire croire qu'il évolue). Quant au galimatias euphémistique, sous prétexte de philanthropie, il accumule frénétiquement les litotes, et ce sont autant de procédures de destruction, de dissimulation, d'escamotage du monde réel. Le plus étonnant étant que ceux que l'on efface de cette manière puissent s'en montrer si satisfaits ; et même, ils en redemandent. C'est la surprise des temps nouveaux. Les aveugles applaudissent à leur propre anéantissement en tant qu'aveugles sous le nom de « malvoyants » ; les nains semblent ravis d'être suicidés en tant que nains (donc en tant qu'êtres humains) lorsqu'ils deviennent des « personnes de petite taille » ; les infirmes, déréalisés sous le nom d'« handicapés moteurs », applaudissent à l'évaporation de leur dignité d'infirmes. Ce n'est pas seulement le passé que l'on liquide en épurant le langage (le passé comme déploiement d'une méchanceté dont l'évocation est proclamée insupportable, même à titre de traces dans les mots), c'est avant tout le présent. Homo festivus est imbattable dans ce domaine particulier de la prestidigitation. Quand il transforme en sigles les chômeurs (RMIstes), et quand les victimes de la misère ne sont plus qualifiables que par trois lettres (SDF), c'est le chômage, c'est la misère elle-même et ses victimes qu'il invite gentiment, avec les meilleures intentions du monde, à s'éclipser dans une autre dimension. Aux tragédies de la vie réelle (ou de ce qui en reste), Homo festivus a trouvé une solution : le néologisme. Il dissimule le concret sous ses mots à lui, comme on planque la poussière, à coups de balai, en la poussant sous les lits. Il a de bonnes raisons pour cela : une grande servitude, une servitude d'une ampleur inconnue de toutes les autres civilisations, attend l'humanité ; autant l'apprivoiser dès aujourd'hui sous le nom de « flexibilité » ; et, par la même occasion, sous l'excellent prétexte d'en finir avec les « discriminations », jeter l'esprit critique, donc la pensée discriminante (action de discerner, de distinguer l'un de l'autre deux objets concrets) dans la plus profonde des poubelles d'opprobre de la post-Histoire.

La longue marche de l'humanité vers le neutre (donc aussi vers la suppression du désir), ce renoncement volontaire et unanime à la dernière *distinction*, cette abolition de l'ultime privilège délicieusement conflictuel, de la seule véritable *dissonance* que les hommes et les femmes avaient *en commun*, cette nuit du 4 Août annoncée par les dictionnaires progressistes, les commentateurs de l'affaire Clinton et la frétillante Ségolène Royal, cette dissolution de ce qui pouvait rester de plaisir par la dissolution des sexes entraîne encore, dans le langage quotidien, quelques conséquences supplémentaires. Tous les énoncés dominants de l'ère hyperfestive se présentent comme contradictoires ; mais les contradictions internes sans lesquelles ils ne peuvent, pour ainsi dire, voir le jour, ne sont nullement prometteuses d'une décomposition de l'idéologie qu'elles expriment, ni d'un échec de son action. Certes, entre les discours et les pratiques réelles, il existe des fossés qui ressemblent à des gouffres ; mais il n'y a plus de réel par rapport auquel de tels hiatus puissent se révéler. L'hyperfestif est donc en mesure d'absorber comme une éponge les anciennes divisions (travail/loisir, principe de réalité/principe de plaisir, différence des sexes, etc.) ; et de faire un usage abusivement constant et inconscient de cette figure de rhétorique connue sous le nom d'*oxymore* ou *oxymoron* (antithèse dans laquelle sont joints des mots contradictoires) qui pourrait bien être la forme essentielle, le noyau dur, la cellule expressive majeure de l'époque qui commence. L'utilisation lyrique et somnambulique de l'oxymore par Homo festivus lui sert en même temps à tout récupérer, à se protéger du démenti, à interdire tout contre-discours, et finalement à déboucher sur le paradis *du bisexué, autrement dit du neutre*. Au royaume de l'onirisme hyperfestif, il n'y a plus d'oppositions. Il n'y a plus de sexes non plus. Et plus de conflits. On peut donc, comme dans *Le Monde* au mois d'août dernier, faire le portrait admiratif d'une Hollandaise qui, « par passion pour Internet », accomplit dans l'ombre une tâche ingrate (chasser les pédophiles du réseau), et titrer sans sourciller cet article : « La Vigile libertaire ». Et pourquoi pas la fliquette anarchiste ? La barbouze subversive ? La bigote mal-pensante ? La dévote sans foi ni loi ? Quelques semaines plus tard, Lady Diana mourait. Et se retrouvait aussitôt transfigurée au goût du temps, donc oxymorisée : « princesse rebelle », « princesse du peuple », etc. Ainsi se réalise, mais sous une forme sinistrement cocasse, une sorte d'idéal hégélien de résolution des contradictions (y compris de la contradiction des contradictions, le sexe), ou de dépassement de la dialectique, c'est-à-dire aussi bien, à travers le langage, un franchissement décisif, quoique carnavalesque, des anciennes *nécessités* historiques. De telles figures relèvent aussi de ce que Freud décrivait sous le nom de *processus primaires* (« Des pensées contradictoires non seulement ne se distinguent pas, mais encore se juxtaposent, se condensent et forment un compromis que nous n'admettrions jamais dans la pensée normale »). Dans la société hyperfestive, qui est le retournement, la conclusion et l'effacement de toutes les sociétés qui l'ont précédé, le principe de plaisir devient le *post-scriptum triomphant* du principe de réalité. Les processus qui y dominent n'obéissent plus à aucune de ces lois d'ancien régime qui sont celles de la pensée logique. « Le principe de contradiction n'y existe pas. On n'y trouve rien qui puisse être comparé à la négation. » L'époque hyperfestive a d'ores et déjà gagné sa guerre contre la vie comme multiplicité des contradictions. Et c'est ainsi qu'apparaît enfin la véritable langue que parle Homo festivus : l'*hermaphrodite*.

Le naturel, la norme, le sens commun, tout ce qui se veut hors des tribulations de l'Histoire, et qui a été si longtemps synonyme de conservateur ou de réactionnaire, fusionne de nos jours avec le *subversif,* le *rebelle,* le *dérangeant.* La subversion, qui était liée à l'Histoire, a gagné par ce mariage des galons dans l'ordre de l'éternel et de l'immatériel. Il existe désormais une subversivité spontanée, pour ainsi dire de droit divin. Libérée miraculeusement de toute datation, émancipée de toute vérification dans l'univers concret, cette subversivité est en train de trouver, comme le reste, son régime de croisière. L'Histoire évaporée, ne demeure qu'une forme indiscutable, autour de laquelle on monte sévèrement la garde pour que personne ne risque d'en interroger le vide. S'y aventurerait-on, d'ailleurs, que l'on se retrouverait aussitôt confondu avec les forces régressives les plus dégoûtantes. Les imbéciles attaques de ces forces contre les hauts lieux de la subversivité officielle ne font, jour après jour, que rendre cette dernière un peu plus sacrée.

MARS 1998

HOMO FESTIVUS DEVANT SES ENNEMIS

Cette société si évidemment compatissante, et même amicale, envers la plupart de ceux qui ne la contestent que parce qu'ils ont grandi en son sein et qu'ils lui ressemblent, se révèle néanmoins d'une sévérité à toute épreuve face à certaines catégories de revendicateurs. Si tous les festivistes sont égaux, certains le sont évidemment beaucoup moins que d'autres. Ce n'est pas avec la même sympathie, avec le même respect, la même déférence que l'on accueillera une Fête de la musique ou une Love Parade d'un côté, et une manifestation de chasseurs de l'autre. De l'avoir vu passer justement, il y a quelques semaines, sur le boulevard du Montparnasse, ce fameux défilé des chasseurs, entre deux haies d'hostilité vibrante, m'a laissé rêveur. Cette promenade protestataire se déroulait dans un climat de lynchage matriarcal à blanc qui éclairait merveilleusement ce qu'Homo festivus a décidé de ne plus du tout tolérer. Une certaine forme de rébellion confuse, ou d'insoumission énigmatique, parce qu'elle fait ressurgir un passé qui, en tant que tel, ne lui semble chargé que de mauvais souvenirs et de résidus de barbarie, lui apparaît comme la chose la plus écœurante qui soit. « Jadis tout le monde était fou », dit le dernier homme de Nietzsche ; et c'est bien la chasse en tant que « jadis », donc en tant que folie, c'est la chasse en tant qu'« autrefois » insensé, aberrant, psychopathologique, en tant que résurgence délirante et inadmissible des longues ères d'obscurantisme, et de l'androcentricité bien sûr inséparable de cet obscurantisme, que le dernier homme, alias Homo festivus, veut expulser au nom d'un avenir fémininement pacifié où l'abolition de tous les processus différenciateurs doit culminer, comme de juste, dans l'application du principe d'égalité intégrale aux êtres humains et au monde animal.

De ce point de vue, il est logique que les chasseurs apparaissent comme des espèces de monstres. Pour mesurer à quel point ils étaient déplacés, il suffisait de les regarder processionner, de là où j'étais, avec, en surimpression, sur la façade de l'église Notre-Dame-des-Champs, cette grande banderole ahurissante et ridicule qui s'y étale depuis quelques mois et qui est signée René Char. Dominant le parvis abandonné aux amateurs de planches à roulettes, flamboyante d'une prétention obtuse, c'est-à-dire poétiquement correcte, donc *new age*, elle proclame sombrement et majestueusement quelque chose d'incompréhensible : « Le réel parfois désaltère l'espérance. C'est pourquoi, contre toute attente, l'espérance survit. » Pour savoir comment le réel, lui, ne survit plus du tout, et à rebours de toute cette prosodie sans cartilages, il suffisait d'être là, justement, au milieu de la foule.

Aucune argumentation, aucune défense de la chasse ne prévaudront jamais contre ceux qui ont décidé de la proscrire, comme ils sont résolus à éliminer les corridas, le pouvoir masculin, la carie dentaire, les fumeurs de cigarettes, la notion de vie privée et quelques autres résidus, d'ailleurs heureusement de plus en plus rares, des temps antiques, c'est-à-dire de la réalité. Ces « traces d'une société disparue », pour citer encore une fois le moderniste albinos Jospin. Homo festivus a défini une éthique festiviste, et tout ce qui n'est pas festif sera marginalisé. Avant d'être euthanasié. Cette éthique unit les festivocrates dans une bonne conscience infracassable. Elle leur donne une légitimation existentielle des plus flatteuses.

C'est en vain que l'on essaie parfois de faire l'éloge de la chasse ou de la corrida comme mise en scène de la canalisation puis de la soumission par l'homme des forces de la Nature. Homo festivus reste de marbre devant de telles explications. Le chaos tortueux et contradictoire de la Nature, pour commencer, ne le concerne plus que comme espace touristique à visiter en toute sécurité. Le paysage lui-même est retravaillé et reformaté. Il y a déjà un certain temps, un article bien instructif de *L'Événement du jeudi* annonçait dans une allégresse symptomatique la fin de l'*agrosphère*, autrement dit de la source d'inspiration d'un nombre considérable de romanciers comme Giono ou Faulkner, au profit de la *technosphère*, paysage monnayable, c'est-à-dire touristique, promu au rang de *culture visuelle*, et où les vaches elles-mêmes, dans les champs, deviennent des « externalités positives » (on souhaite du plaisir au jeune romancier qui ambitionnera de faire quelque chose de captivant avec les externalités positives). Terminés les panoramas des campagnes françaises qui sentaient la sueur des hommes et leur antique labeur ; vive les parcs à thème et les « bulles de verdure » qui ne sentent rien du tout que le parfum de la Vertu, c'est-à-dire de la Technique. Et surtout pas de nostalgie, pas de haine du nouveau, pas de misonéisme : le paysage tel qu'osent encore l'aimer quelques passéistes n'avait été créé que « dans le feu et la violence ». Qui oserait le regretter ? La beauté des champs ou des villages n'était que le résultat de l'aliénation et de l'écrasement des cultivateurs : « Le paysage d'hier était un scandale : il portait les stigmates d'une grande injustice, celle de la propriété que certains s'étaient accaparée. »

Ainsi parle Homo festivus ; mais ce n'est pas seulement le paysage d'hier, à ses yeux, qui est un scandale ; c'est hier tout entier, autrement dit l'Histoire, donc l'humanité, donc le champ de bataille concret où Éros et Thanatos n'en finissaient pas de se crêper le chignon.

Le progrès, dans la post-Histoire qui ne veut pas dire son nom, c'est le remplacement du réel par le cliché réconfortant.

Personne n'a jamais mieux évoqué que Baudelaire la bestiale admiration des hommes modernes envers le *nouveau* ; admiration qu'il assimile en toute logique à la stupidité innée des tout-petits. Quand cet « œil fixe et animalement extatique des enfants devant le nouveau » est devenu aussi l'œil des adultes, alors une mutation s'est accomplie, une chute ou une rechute ont eu lieu ; mais elles sont claironnées comme des conquêtes, ou du moins comme des avancées honorables de la civilisation.

Notre ancêtre l'individu avait eu longtemps quelques adversaires simplistes et tenaces : l'Allemand pour le Français, ou l'Anglais, ou encore l'« ennemi de classe ». À l'ère posthistorique, il n'y a plus d'ennemis, mais ils se multiplient. Homo festivus est en conflit ouvert et permanent avec les acariens, l'amiante, les pédophiles, le radon, la violence à la télé, le tabagisme, les pics de pollution, la xénophobie, le machisme, l'homophobie, le harcèlement sexuel, la Josacine empoisonnée. Et, bien sûr, avec les chasseurs. Qui s'abusent considérablement s'ils croient encore que leurs revendications catégorielles s'inscrivent ailleurs que dans l'histoire des mœurs contemporaines, c'est-à-dire dans les aventures du festivisme. Si Homo festivus veut chasser les chasseurs, c'est parce qu'ils lui rappellent de vieilles anecdotes d'âges farouches qui ne sont plus du tout de son goût. Dans ces conditions, cette Hunting Pride, ou cette Cynégétic Parade, même si elle a mobilisé quelque cent cinquante mille personnes avec meute de chiens et sonneurs de cor, ne pouvait être aussi bien accueillie que tant d'autres *Prides*. Elle venait troubler la paix des ménages, c'est-à-dire la quiétude du village festif. Copieusement et préventivement stigmatisés dès le matin même par *Libération,* tous ces gens ont effectué leur tour de cirque à travers Paris comme des « visiteurs » maudits remontés d'une autre époque, et parfaitement indésirables. *Le Nouvel Observateur,* qui n'aurait jamais osé parler ainsi des conséquences d'une manifestation de fonctionnaires ou d'un défilé de chars techno, a même comptabilisé pour l'occasion les dommages causés à l'environnement et les « offenses » que cent ciquante mille personnes convoyées dans deux mille cinq cents cars et vingt-cinq mille voitures particulières, avaient pu causer à l'air de Paris en pulvérisant « le plafond de dioxyde d'azote » et en déclenchant « l'alerte de niveau 2 d'Airparif pour la première fois un samedi après-midi ». Quand on sait ce que c'est qu'un samedi après-midi dans les rues parisiennes, avec toutes ces voitures de Franciliens venus se ravitailler en marchandises affligeantes, on mesure en effet l'ampleur de l'affront. On mesure l'outrecuidance de ces manifestants qui avaient le grand tort, en somme, de représenter le passé de l'urbain contemporain ; et d'être les moutons noirs du nouveau troupeau[1].

---

1. L'abjection festive, partout ailleurs célébrée comme un bienfait du ciel, n'a plus du tout la sympathie des médias quand il s'agit d'évoquer l'atmosphère de fête qui entoure depuis la nuit des temps les rencontres de chasse ; et sans doute parce que cette atmosphère de fête-là n'est pas née d'hier, qu'elle n'a pas été fabriquée par Jack Lang de toutes pièces, et qu'elle commet le crime de n'avoir rien d'interculturel, d'intergénérationnel et de transfrontalier. À quelques mois de là, et après que la France, par le biais de ses parlementaires, eut osé *désobéir* aux cauchemardesques fonctionnaires de Bruxelles sur la question du calendrier de la chasse au gibier d'eau (rien n'est plus beau qu'une violation flagrante, même inutile, des lois européennes), le magazine *Le Point* fustigeait avec une grande sévérité cette ambiance « festive », devenue brusquement et sélectivement coupable dès lors qu'il s'agissait

Quant aux blanches brebis, elles se trouvaient sur les trottoirs.

Ou dans les souterrains du métro puisque, à peu près même moment, et pour accompagner l'ouverture du Salon de l'Agriculture, une ferme y était reconstituée près de l'Opéra, dans les sous-sols de la station Auber, avec des vaches, mais oui, de vraies vaches vivantes et ruminantes comme si vous y étiez, donc de véritables « externalités positives » dont la présence était destinée à inciter les Parisiens à *renouer avec leurs origines paysannes* ; et même, s'ils le désiraient, à apprendre la traite desdites « externalités ». Ce qui pourrait, si nous avions encore le cœur à rire, nous amener à une conclusion festivique sous forme de slogan, quelque chose dans le genre : « Métro, boulot, lolo ».

Mais c'est sur ses « ancêtres », tout le long du parcours de la Hunting Pride, c'est sur ses vraies « racines » rebutantes et sanglantes qu'Homo festivus a craché discrètement. Pour qu'il existe, lui, le Neutre incarné, il faut que

des chasseurs ; et qu'il s'agissait, en face d'eux, de manifester avec éloquence sa servitude envers les nouveaux maîtres festifs : Bruxelles, les écologistes et toute l'infatigable armada de défenseurs de la nature groupés en associations persécutrices. Il était urgent de rappeler que les directives scélérates de la Grosse Commission de Bruxelles avaient vocation totalitaire, et devaient donc s'appliquer dans les moindres recoins de l'hospice européen. La plupart des esclaves médiatiques détestent voir désobéir à leurs maîtres communs d'autres catégories d'inféodés. Mais il y a aussi autre chose : chaque dimanche de chasse prive les marchands de merde hyperfestive, et notamment ceux de la télévision, de plusieurs dizaines de milliers de victimes. Tous ces gens qui sont *autre part*, plutôt que de subir passivement leur séance d'envoûtement aux nouvelles « valeurs », sont en somme des traîtres au grand projet commun d'indifférenciation généralisée, des insoumis qu'il faut redresser, des déserteurs qu'il faut ramener au bercail reformaté et mondialisé (*juin 1998*).

tout cela crève. Et qu'on n'en parle plus, si ce n'est dans le métro[1].

VALEUR ET FONCTION DE « ON » EN LITTÉRATURE PAR TEMPS FESTIF

Dans leur tentative incessante de recomposer, à partir de matériaux de récupération hétéroclites, tout ce qui a été perdu à jamais, et dans leur volonté farouche d'interdire que l'on puisse s'apercevoir de ces disparitions, les janissaires de l'ère hyperfestive déploient une énergie qui aurait sans doute pu être mieux employée en d'autres époques. Ils ne s'évertuent qu'à cacher des gouffres avec du parpaing ; et il faut bien sûr, c'est leur lot, qu'ils s'y évertuent à chaque instant de chaque jour et de chaque nuit.

Les agents d'ambiance employés à l'heure actuelle dans la section Littérature de l'Espace Culture sont ainsi chargés de découvrir régulièrement, dans les ruines irrémédiables de celle-ci, de prétendus nouveaux mouvements collectifs,

---

[1]. Revenant, à quelques mois de là, sur cette manifestation de chasseurs, et se félicitant de ce que l'Europe fasse, avec une infatigable férocité, « la chasse aux chasseurs », l'éditorialiste du *Monde* déplorait que les chasseurs en question aient réussi, en février dernier, à travers les rues de Paris, « une démonstration de force d'assez mauvais goût ». Il est plaisant que l'on puisse se croire qualifié pour juger du bon ou du mauvais goût de quoi que ce soit, en matière de défilés à travers Paris, dans les colonnes d'un journal qui ne semble jamais avoir trouvé le moindre soupçon de mauvais goût dans le retour chaque année la Fête de la musique ou de la Gay Pride, et maintenant de la Techno Parade. Que la chasse tombe désormais du côté de ce qu'il serait vulgaire d'apprécier, au moment même où il est conseillé de s'agenouiller devant les foutaises barrissantes de la Techno-cratie, n'est qu'une preuve de plus de la mutation complète des êtres humains ; et du renversement festif du peu de capacités de jugement qu'ils possédaient (*décembre 1998*).

ou courants esthétiques, dont l'existence semblerait suffisamment attestée par eux-mêmes pour faire croire à la survivance possible d'un milieu littéraire par temps hyperfestif.

Il y a quelques mois, on a pu voir de cette façon une petite revue vide, *Perpendiculaire*, soudain promotionnée en tant que *littérature de demain*, et les membres de son « équipe », par la magie d'une *photo de groupe*, assurés d'une notoriété qui ne fut bien entendu que communautaire, mais qui a au moins duré huit grands jours.

Plus récemment, et sous l'appellation symptomatique de « moins-que-rien », quelques écrivains de province se sont retrouvés propulsés par la *Nouvelle Revue française* au premier rang du désert de la post-actualité, et immédiatement célébrés par les marchands de sable médiatiques du néant parisien pour l'inénarrable parfum de vieux bois, d'herbier discret, de meubles anciens, d'anecdotes modiques et de campagnes résignées qui s'échappait de leurs humbles mais sympathiques proses. On a félicité, en somme, ces littérateurs de proximité, de ne jamais parler de rien de ce qui peut être actuellement constaté ; mais d'évoquer en revanche, et avec quelle ferveur, leurs lectures d'enfance (*Spirou*, *Le Club des cinq*, le Lagarde et Michard), l'épicier du coin, le café du Port, la mélancolie des soirs d'octobre, un croissant chaud, ou encore les rides des femmes qui ont beaucoup ri (mais on aimerait savoir *de quoi* elles riaient, et ce n'est jamais dit ; et c'est pourtant là que commenceraient, bien sûr, les choses intéressantes).

Le lyrisme rural et minimal de cette « bande d'irréductibles », comme l'écrit *Le Nouvel Observateur* avec l'intrépidité mécanique qui fait le sel notre temps, toujours avide de s'illustrer par de nouvelles « transgressions » aussi valorisantes qu'inoffensives, pourrait en somme rappeler ce que disait Hegel de ces tableaux d'intérieurs hollandais suscités par une population qui, après les grandes guerres de l'Histoire, voulut célébrer sa sortie de celle-ci en jouissant « une seconde fois » du spectacle de sa propre condition apaisée et aseptisée :

« C'est le dimanche de la vie qui égalise tout et qui éloigne toute idée du mal. »

Il ne s'agit, en effet, que du *dimanche de la vie* qui *égalise tout* et qui *éloigne toute idée du mal.* Et il ne s'agira plus jamais de rien d'autre. Dans cette phrase admirable, où se trouvent réunis, empaquetés, mariés, l'au-delà des temps historiques, l'égalisation réalisée et la défaite du Mal, résident aussi les motifs pour lesquels de tels littérateurs, pourtant spécialisés dans l'évocation du *bon vieux temps*, ne se retrouvent jamais pénalisés, comme tant d'autres, jamais stigmatisés en tant que réactionnaires, nostalgiques ou conservateurs par tous les aboyeurs sentimentaux, par tous les sicaires de la Vertu, enfin par l'innombrable horde des harkis néolâtres de la Nouvelle Société Correcte : leur incontestable qualité consiste à se situer spontanément hors du Mal, c'est-à-dire hors des malentendus lumineux qui firent la vie sexuelle adulte, désormais révolue. Ils ne remettent rien en cause non plus, bien entendu, du monde radieux que les « élites » européennes mijotent, et auquel elles interdisent absolument que l'on touche si peu que ce soit. Plus généralement, ils ne sont plus en désaccord avec le monde donné ; et c'est précisément à l'instant où commence l'accord avec le monde donné que l'Histoire, qui n'avançait que par négations de ce monde donné et par « révolutions » permanentes, s'arrête. Ce sont les écrivains d'après cet arrêt.

La réconfortante neutralité libidinale de ce qu'ils écrivent se manifeste jusque dans leur bizarre obstination à utiliser systématiquement le pronom personnel indéfini de la troisième personne *on* ; et, par cet usage obsédant, se programment dans chacune de leurs phrases la désuétude de toute identité, l'obsolescence du désir, l'abandon de toute prétention à la singularité et, plus amplement, la dégradation vertigineuse de l'ancien monde sexué. « On se contenterait de la maison du gardien » ; « On est là, tout engoncé dans le fauteuil » ; « Alors on saisit le stylo entre le pouce et l'index » (Philippe Delerm). « Toujours on en revient à cette petite musique nostalgique de la dynamo du vélo » (Pierre Autin-Grenier). « Au début on suivait avec l'index, pour marquer les syllabes » ; « On attendait son tour. On en choisissait un sur la table basse » (François de Cornière). « C'est qu'on ne plaisante pas : on va au brochet » ; « On se rend compte, avec retard, que le jour est parfaitement levé » (Éric Holder).

Ils disent « on » comme ils respirent. Ils dodelinent du « on ». Et, par ce pronom indéfini (dont il est instructif de se souvenir que, d'origine romane, il est la forme *inaccentuée* que présentait le mot *homme* en ancien français) qui désigne tout ce qui est indésignable, tout ce qui est indéterminé, non pas l'homme bien sûr, puisqu'il n'y en a plus, mais les hommes en général, les femmes et les hommes mélangés, vous, moi, le voisin, autrui, personne, tout un chacun, l'opinion publique, la collectivité contrôlée, la communauté réduite au brouillage piétinant du troupeau, ils accèdent à cet universel asexué dont l'effroyable présence se fait sentir derrière le rideau de *petites choses concrètes* qu'ils ne cessent néanmoins de tisser et dont on leur fait passagèrement tant de gloire.

Tous ces « moins-que-rien » célébrés par la *NRF* de janvier sont aussi des littérateurs du *on* au sens du *das Man* heideggerien, c'est-à-dire de l'immédiate banalité, de la chute radicale au plus bas degré de la liberté, et de l'envahissement du neutre totalitaire. Ce sont les Associés Anonymes de l'Androgynat. Ou les Abonnés Absents de l'Art Anhistorique. Et le *on*, bien entendu, s'oppose au *non* de toutes ses forces coalisées. Sur ce plan, et malgré les apparences, leur littérature ne se distingue en rien, essentiellement, de ces *rave parties* dont nous savons déjà qu'elles sont intouchables parce que les « différences de sexe ou d'origine » en sont exclues ; et qui ne tirent leur supposée excellence morale que de cette qualité. Ce *on* est la quatrième personne « littéraire » en laquelle s'incarne Homo festivus quand il œuvre comme agent de scripture de l'Espace Culture, département minimaliste. Cette quatrième personne remplace le *il* et le *je* qui ne sont plus justifiés d'être. Ces auteurs sont des *onistes* ; ou des *onographes*.

L'Histoire aussi, cela va sans dire, et pour les mêmes raisons, ne figure pas dans le cahier des charges de ces braves écrivains du silence noueux, de la paix des chaumières et de la lacune connivente. Il n'est même plus possible, à propos de cette École du On, et de tous ces plumitifs exigus de l'Égalité, d'évoquer le parrainage timide de Jules Renard, encore moins celui du grand Francis Ponge. Ils ne sont à la littérature que ce que la technosphère est à l'agrosphère ; ou les « bulles de verdure » aux anciens champs labourés ; et les « externalités positives » aux vaches ancestrales. Leurs livres arides ne sont que des marques parmi bien d'autres du retour à l'enfance de l'art, ou de la nécessaire retombée en enfance (donc sous l'ordre du mutisme autant que sous celui du sacré) de tout le monde par temps posthistorique (retombée préparée d'ailleurs il y a longtemps par toutes les formes de gauchismes qui honnissaient la raison sous l'appellation de *logocentrisme*) ; et il est dans la logique qu'une vaste population de lecteurs célèbre à travers eux son propre assoupissement ; et s'y *reconnaisse.*

Comme il est logique, sur un autre plan, que tant de pitoyables âmes pieuses de notre temps se soient reconnues, il y a deux ans, dans cet autre livre symptomatique, *Truismes*, ce roman si vainement lu en général par les critiques, et qui ne faisait en somme qu'illustrer à sa façon, sans le savoir, l'universel redevenir-animal actuel de toute notre civilisation, inséparable de la chute de l'ère chrétienne, de la disparition de l'Histoire et de la progressive mise en place du matriarcat. Personne ne semble avoir compris de quel fond hégélien bien sûr non analysé montait la niaiserie galvanisante de cette histoire grotesque mais significative. Tout le babillage contemporain tendant à bien nous enfoncer dans la tête que très peu de choses distinguent l'humain des autres vivants, et notamment des bêtes, n'est qu'une préparation parmi bien d'autres à cette retombée générale dans l'animalité ; retombée d'ailleurs déjà presque aux deux tiers accomplie à l'heure actuelle. Pour se débarrasser de Dieu, il avait d'abord fallu que l'humanité de ces derniers siècles *anthropomorphise* celui-ci. La civilisation nouvelle, pour se débarrasser de l'humanité, s'emploie activement à l'*hermaphroditiser* ; puis à la *zoologiser*. Après la fin de l'Histoire, croyait encore Hegel, c'est-à-dire après le moment où l'homme cesserait de *nier* activement, et ainsi de transformer le donné, l'homme lui-même ne redeviendrait pas à proprement parler un animal parce qu'il continuerait à user de la parole. On a déjà vu que cette prévision est maintenant largement dépassée : l'éloge continuel de la « communication non verbale », c'est-à-dire de l'incivilité musicale, ou plutôt de la bestialité décibélique, et de la muflerie mélomaniaque, en apporte chaque jour de nouveaux indices. Rien ou presque ne distingue plus, en effet, l'homme de l'animal, c'est-à-dire de ce vivant qui *épuise dans la procréation l'ensemble de ses possibilités existentielles, et qui ne les épuise que là*. Dans *L'Identité* de Kundera, la très belle vision des jeunes hommes d'aujourd'hui « papaïsés », transformés en papas, et, pire que ça encore, en « arbres à enfants », et s'accomplissant tout entiers avec allégresse dans cette métamorphose, est l'image la plus exacte de cette situation. Ceux-là n'écrivent même plus *on* ; ils sont *on*. Ce ne sont pas des *onographes*, ce sont des *onêtres*.

Et, comme le dit Zarathoustra :

« Chez eux peu de virilité ; raison pour laquelle leurs femmes se font hommes. Car seul qui est assez homme peut dans la femme *racheter – la femme*. »

Mais il faut avoir entendu, un soir, à la télévision, la funèbre Martine Aubry faire l'éloge de ses mirobolantes « trente-cinq heures », et vanter leurs prestiges en expliquant que « grâce à cette réforme les hommes rentreront plus tôt à la maison, ils auront donc plus de temps pour s'occuper de leurs enfants », pour savoir que tout est perdu ; et que ce qui faisait le propre de l'homme, même marié, même heureux, même père de famille, jusqu'à une date récente (c'est-à-dire s'efforcer de rentrer chez soi le plus tard possible pour justement *ne pas* s'occuper des enfants), est un plaisir envolé ; mais que l'on peut définir généralement l'homme de maintenant comme quelqu'un qui a été convaincu que les arguments des femmes étaient bons *également pour lui*.

Presque toute la littérature contemporaine est aussi une littérature qui rentre plus tôt à la maison.

« Le socialisme – *tyrannie* extrême des médiocres et des sots, c'est-à-dire des esprits superficiels, des jaloux, de ceux qui sont aux trois quarts des comédiens – est en réalité la conséquence des idées modernes et de leur anarchisme latent, écrivait encore Nietzsche en 1885 ; mais dans l'atmosphère tiède du bien-être démocratique, la faculté de conclure, d'*achever,* se relâche. On suit, sans prévoir les suites. Aussi le socialisme est-il, somme toute, une chose aigrie et sans avenir ; et rien n'est plus risible que la contradiction entre les visages venimeux et désespérés de nos socialistes, – et de quels lamentables sentiments d'écrasement leur style même ne rend-il pas témoignage ! – et la jovialité moutonnière et anodine de leurs espérances et de leurs rêves. Toutefois, il reste possible qu'en divers lieux de l'Europe ils déclenchent de temps à autre des coups de main et des surprises ; le siècle prochain connaîtra de temps à autre de violentes crises intestines, et la Commune de Paris, qui a même en Allemagne ses défenseurs et ses apologistes (par ex. dans la personne de ce pitre philosophique, de ce ver de vase Eugen Dühring à Berlin), n'a peut-être été qu'une légère indigestion en comparaison de ce qui viendra. Cependant, il y aura toujours trop de possédants pour que le socialisme puisse signifier plus qu'une crise morbide ; et ces possédants croient d'une seule âme à cet unique credo qu'" il faut posséder quelque chose pour *être* quelque chose ". Mais c'est là le plus ancien des instincts, et le plus salutaire : j'ajoute qu'il " faut vouloir avoir plus que l'on n'a, afin de *devenir* plus que l'on n'est ". C'est la doctrine que la vie elle-même prêche au vivant, la doctrine de l'évolution. Avoir, vouloir avoir encore, *croître*, en un mot – c'est la vie même. La doctrine socialiste dissimule mal la " volonté de nier la Vie " ; ce sont des déshérités, hommes ou races, qui ont dû inventer pareille théorie. En fait, je souhaiterais qu'il fût démontré par quelques grandes expériences que dans une société socialiste la vie se nie elle-même, tranche ses propres racines. La terre est assez vaste et l'homme a encore assez de ressources pour que je ne me prive pas de souhaiter cette leçon de choses, cette démonstration par l'absurde, dût-elle être conquise et payée au prix d'une énorme dépense de vies humaines. Toutefois le socialisme peut jouer de façon utile et salutaire son rôle de taupe subversive dans une société adonnée à la bêtise ; il retarde l'avènement de la " paix sur la terre " et du caractère débonnaire de la bête de troupeau démocratique ; il oblige l'Européen à garder de l'esprit, c'est-à-dire de la ruse et de la prudence, à ne pas abjurer toutes ses vertus viriles et martiales et à conserver un reste d'esprit, de clarté, de froideur et de sécheresse intellectuelles – il protège provisoirement l'Europe du *marasmus feminismus* menaçant. »

Il n'en protège plus.

DE L'ART CONTEMPORAIN

Les défenseurs de l'art contemporain traitent de haut ses détracteurs, un peu à la façon dont, il y a quelques années, on a vu l'« élite » fustiger des masses réticentes, quand il s'agissait de faire voter celles-ci pour Maastricht sous le knout médiatique et les rafales d'insultes des « intellectuels » éclairés. La même arrogance, détrempée de bonne conscience et de dévotion superstitieuse envers un « nouveau » toujours présenté comme inéluctablement gagnant, se retrouve dans les deux cas : ce qui est reproché au public, c'est de ne pas vouloir comprendre où se place son intérêt. Le plus comique étant que, dans les deux cas aussi, c'est la classe « supérieure » qui est à l'avant-garde, et les masses que l'on traite de réactionnaires. Ici encore, comme partout ailleurs dans cette société hyperfestive qui se révèle comme le développement à l'infini du principe antique de la Fête des fous, l'anarchiste est couronné, l'« anticonformiste » s'exhibe doré sur tranche, les « déviants » se reconnaissent à ce qu'ils sont institutionnels, l'« exilé du dedans » occupe le haut du panier de crabes. Et c'est lui aussi, ce « rebelle » de profession, qui ne cesse d'opprimer le citoyen de base et de lui donner des leçons de savoir-vivre, d'esthétique ou de morale. Pour la première fois, les dominateurs sont ceux qui parlent la langue de la transgression parce qu'ils veulent conserver ce qui est et qu'ils croient que ce qui a pu être vrai (la victoire perpétuellement remportée par l'innovation sur la tradition) le sera encore demain. Pour la première fois aussi, la transgression est le moyen essentiel de la domination. On pourrait même dire que l'univers de la transgression a pris la place de celui de la production : le consommateur y est méprisé et surveillé comme le travailleur était méprisé et surveillé dans l'ancien univers. Ses goûts régressifs sont stigmatisés, sa rééducation forcée est en cours d'accomplissement.

Les défenseurs de l'art contemporain n'oublient jamais de se présenter comme des persécutés : non seulement ils doivent faire face à la baisse des subventions, à la crise du marché de l'art, et même aux prémices d'une « déréglementation », mais en plus ils sont en butte, comme gémissait *Le Monde* dit « des livres » il y a quelques mois, aux « dénonciations péremptoires » des antimodernistes : c'est vraiment trop de malheur et d'ingratitude. Dieu merci, ils ont l'avenir pour eux puisque Picasso et Matisse, paraît-il, « continuent d'exaspérer les bien-pensants » ; ce qui est, on l'avouera, une consolation et même une excellente nouvelle : il subsisterait donc d'autres bien-pensants que les défenseurs de l'art contemporain.

Ici encore, il s'agit de faire croire à la poursuite d'une histoire au moment même où l'insubstantialité de celle-ci devient flagrante. Insister, à l'inverse, sur l'hypothèse de la fin de l'art, ce n'est pas se réjouir de cette fin, encore moins faire preuve de nihilisme esthétique ; c'est étudier la manière dont se referme ce qui n'a peut-être été qu'une période entre deux parenthèses ; et percevoir les cris d'orfraie de ceux qui se retrouvent coincés au moment de cette fermeture comme s'ils avaient laissé traîner leurs doigts dans un portillon automatique. La disparition de l'art est un événement qui attend son sens, mais on peut douter qu'il le trouve jamais. Évoquer cette fin comme une éventualité sérieuse ne signifie pas qu'aucun individu, dorénavant, ne se dira plus artiste ; ni même qu'il n'y aura pas encore dans l'avenir de grands artistes. L'hypothèse de la fin de l'art ne concerne que l'hypothèse de la fin de l'histoire de l'art, c'est-à-dire le moment où les dernières possibilités de l'art ont été épuisées, et l'ont été par les artistes eux-mêmes (Picasso, Duchamp) ; et où ne se pose donc plus, du point de vue des artistes, que la redoutable question de la *désirabilité* de l'art en tant que survivance, inscrite désormais dans une tout autre histoire encore inconsciente.

Si cette fin est vraie, vouloir que l'art continue, et le vouloir à coups d'anathèmes contre ceux qui mettent en doute sa nécessité aujourd'hui en les traitant de conservateurs ou de réactionnaires, est la plus efficace manière de se priver d'une ultime possibilité : celle de penser cette fin, donc d'avoir encore un contact, par la méditation, avec le secret de cette histoire. Avec Picasso comme avec Duchamp, mais aussi avec tous ceux qui, bien avant les détracteurs actuels de l'art, avaient calmement signé son acte de décès : je pense à Baudelaire parlant à Manet de la « décrépitude » de la peinture ; à Hegel concluant que l'art est « une chose du passé » (quelque chose qui ne peut plus affirmer aucune « nécessité effective ») ; aux situationnistes qui avaient repéré très tôt la malfaisante existence du « dadaïsme d'État » ; à Debord qui constatait en 1985 que « depuis 1954 on n'a jamais plus vu paraître, où que ce soit, un seul artiste auquel on aurait pu reconnaître un véritable intérêt ». Mais je repense surtout à Nietzsche et à sa féroce prophétie d'*Aurore* : « L'art des artistes doit un jour disparaître, entièrement absorbé dans le besoin de fête des hommes : l'artiste retiré à l'écart et exposant ses œuvres aura disparu. » La civilisation du festif sans rivages est précisément l'époque de la dissolution de l'art et des artistes, irradiés par l'impératif d'épanouissement généralisé. L'hyperfestif est le moment du *dépassement* fatal et absolu de l'art. Tout le monde doit s'éclater. Tout le monde doit être artiste. *Tout le monde doit être tout le monde.* La fête est ce qui donne congé au concret, et chacun se doit d'être à même, comme le décrétait, dès 1981, l'ex-ministre Jack Lang, postillonneur numérique, tout frémissant d'inanité souriante, de développer sans relâche ses « capacités d'inventer et de créer ». Phrase sombrement imbécile à laquelle Kafka, dans l'ultime chapitre de *L'Amérique* où apparaît ce « Grand Théâtre de la Nature » d'Oklahoma grâce auquel tous les êtres sont destinés à s'épanouir dans un monde de compréhension réciproque, de légitimation créative, d'épanouissement festif, d'exercice du libre arbitre et de droit au bonheur, semble avoir donné par avance un admirable écho comique. « Rêvez-vous de devenir artiste ? questionne une affiche que lit Karl, le personnage principal du roman. Venez ! Notre théâtre emploie tout le monde et met chacun à sa place. » Des commentateurs bien pauvrement avisés ont cru pouvoir donner de cet épisode une interprétation mystique ou utopique ; alors qu'il s'agit de quelque chose de bien plus effroyablement réel, mais qui n'a trouvé sa vraie figure qu'avec Lang, et avec les épouvantables *penseurs* de l'art contemporain ; et qui ne pouvait la trouver que lorsque la civilisation serait enfin descendue jusqu'à ces caves.

Le magma de la Culture absorbe l'art et les artistes comme il a tout absorbé, dans un système infini de consommation mutuelle, d'interactivité, de communication, de créativité et de spontanéité où les dernières significations disparaissent. Tout se dissout dans l'effervescence de la fête, c'est-à-dire dans l'étalage d'une « fierté » unanime d'où les individualités sont euphoriquement abolies. Ici comme ailleurs, Homo festivus s'en donne à cœur joie ; mais ici plus qu'ailleurs, et bien que nul ne doute de ses bonnes intentions démocratiques, il se croit en droit de revendiquer encore un privilège hérité des temps héroïques : celui d'être considéré, malgré tout, comme un grand homme, comme un individu supérieur, un mage, un éclaireur de masses, un phare de l'humanité. Illusion d'ancien régime, et même abus flagrant, qui ne font que rendre encore un peu plus confuse cette affaire esthétique.

Les représentants de l'« élite savante » ne savent pas grand-chose, hormis qu'il serait dangereux de laisser poser la question de l'art contemporain en termes d'histoire, au risque de voir prises au sérieux l'inconvenance de Hegel, la brutalité de Nietzsche ou la lucidité de Baudelaire. C'est pourquoi la plupart de ceux qui ont débattu récemment de l'art contemporain ont soigneusement laissé de côté l'éventualité de la fin de l'art. Comme ils ne disposent d'aucune théorie pour rendre compte de cette fin, ils dépensent toute leur vie à la mettre en doute. Ce dont ils ne peuvent donner aucune explication, ils ne veulent absolument pas que d'autres en parlent. Ils nient ce qu'ils ne peuvent comprendre. Et ils traitent de tous les noms ceux qui ont eu le malheur d'en déchiffrer plus qu'eux. Leur obscurantisme triomphant est très particulier. Il est l'exact ennemi de la liberté.

Toute cette querelle postiche s'est déroulée dans l'atmosphère d'euphorie anhistorique et de complicité dans la dénégation du réel qui sont spécifiques de l'ère hyperfestive. Les champions de l'art actuel ont épuisé leurs dernières cartouches en accusant ceux qui le dénigrent d'être aussi obtus que les spectateurs du siècle passé lorsqu'ils riaient de Monet ou de Cézanne, et s'opposaient à l'érection du *Balzac* de Rodin. Ils n'ont fait que poursuivre une opération de chantage et d'intimidation qui commence à sentir le renfermé. Quant aux avant-gardistes d'autrefois (de l'époque maintenant antédiluvienne où cette notion avait un sens), s'ils ont été dénoncés comme suspects de ne pas toujours avoir été là où ils devaient être, c'est-à-dire à la pointe du progrès et de la lutte pour l'émancipation, c'est que ceux qui s'occupent des avant-gardes d'aujourd'hui sont d'abord et surtout à la pointe du pouvoir. Progressistes dans le vide, émancipateurs sans risque, avant-gardistes connivents, tous les sourcilleux examinateurs de la « récupération » des mouvements révolutionnaires de jadis sont des récupérés de naissance ou de vocation dont le travail consiste à camoufler sans cesse cette récupération. Les souteneurs de l'art contemporain mènent une nouvelle guerre de l'opium pour faire accepter comme œuvres d'art la pacotille que bricolent depuis près de cinquante ans des hommes et des femmes qui ne s'intitulent artistes que par désœuvrement. Mais toute cette propagande est dirigée vers un public dont la réticence croît. Ce sont des tentatives de *transplants* ; et, comme telles, elles sont menacées par des rejets massifs.

Il n'y a, évidemment, pas de *haine de l'art*. Il y en a bien moins, en tout cas, chez ceux qui contestent l'art contemporain dans sa pertinence même que chez ceux qui veulent absolument faire semblant de croire que l'art de la période posthistorique est encore de l'art. Qui veut la mort de ces malheureux artistes que rien ne parvient plus à faire sortir de leur misère, hormis le plus froid des monstres froids d'aujourd'hui, l'État, dont le soutien culturel a été l'un des spectacles les plus obscènes qu'il y ait eu à subir depuis une vingtaine d'années ? Personne. Et on souhaite encore moins leur martyre. On désirerait seulement qu'ils cessent de se dire artistes, comme avaient pu l'être Michel-Ange, Degas ou Giotto durant la période historique ; et qu'ils arrêtent de s'affirmer leurs héritiers (on connaît le couplet habituel de ces maîtres-chanteurs : « Ceux qui crachent sur mon œuvre sont les descendants de ceux qui crachaient sur Manet »). Pour désigner leurs activités dans l'Espace Art, on ne saurait trop leur conseiller de trouver des mots nouveaux. L'inimitable style dans lequel ont été proposés les « emplois jeunes » de Martine Aubry pourrait les inspirer : on les verrait assez bien s'intitulant agents d'ambiance symbolique, coordinateurs-peinture ou médiateurs plasticiens. Mais la vérité est qu'ils n'entrent en art que comme on entrait en religion jadis : parce qu'on n'avait aucun espoir d'hériter de qui que ce soit. Le dépeuplement des campagnes, puis la montée du chômage, sont les causes prosaïquement désolantes et sociologiques de cette inflation d'artistes, après-guerre, tout enfiévrés de leur apostolat poético-magique venu de nulle part et transfiguré en mission créatrice. Encore les fameuses « trente glorieuses », où il y avait du travail pour presque tout le monde, nous ont-elles sans doute épargné quelques vocations artistiques supplémentaires, heureusement détournées en leur temps vers des professions plus honnêtes. Cette époque, hélas, est bien terminée. Sur le terreau de l'« exclusion » et du chômage galopant, les artistes prolifèrent ; et ils se nourrissent en circuit fermé de toute cette misère dont ils sont les parasites.

Se sachant sans justification, ils tentent de se légitimer en affichant une bonté, une compassion, un dévouement aux intérêts des plus démunis par lesquels ils tentent de désarmer une hostilité qui grandit. C'est toujours quand on sort de l'Histoire qu'on invoque la morale, par laquelle on espère encore donner au présent une apparence d'éternité. Dans le jargon de notre temps, l'art contemporain sera loué parce qu'il est « éclectique et hybride », ou parce qu'il « met en œuvre un pluralisme impur ». Ce qui signifie qu'il a d'emblée son label indispensable, multiculturel et métisseur. Devenu une sorte de médecine parallèle, au même titre que la phytothérapie, l'homéopathie, l'acupuncture, l'auriculothérapie, la lithothérapie, l'aromathérapie ou l'herbalisme, l'art vante les vertus miraculeuses de ses plantes médicinales dans le traitement ou la prévention des maladies sociales. À partir de là, qui oserait jeter un regard critique ou désinvolte sur les chromos néo-sulpiciens qu'il peut prodiguer ? D'autant que ces chromos revendiquent, tout en restant chromos, un statut d'œuvres révolutionnaires : ils veulent se faire accepter *en même temps* comme des « provocations » et comme des bienfaits. Ils entendent être reçus par le public à la fois comme des « chocs » et des médications. Il y a quelques mois, *Libération* questionnait des artistes : « De quoi, de qui vous sentez-vous contemporain ? » leur demandait-on. « Du multiculturalisme, de la victoire de la gauche aux élections, des sans-papiers », leur a répondu un de ces bons apôtres. « De mes collègues, aborigènes ou non », a répliqué un autre. « De la famille du monde », a renchéri un troisième. Autant de boniments qui rendent presque rafraîchissants, *a posteriori*, l'engagement prolétarien du peintre réaliste-socialiste Fougeron et ses tableaux sombrement militants qui représentaient des accidentés du travail. Autant de professions de foi, surtout, qu'il suffit d'imaginer dans la bouche de Rubens, Cézanne, Renoir, Vélasquez ou Delacroix pour se rouler par terre.

Il n'y a plus de différence entre le discours des artistes, celui de l'élite éclairée et ceux de la classe politique. Ici aussi, la fusion s'est opérée, la division sexuelle s'est effacée, les discriminants ont disparu, tout est noyé dans une même interminable et pitoyable homélie sur la nécessité de la tolérance, l'abjection du racisme, la suavité de la liberté d'expression, l'aplatissement devant les « valeurs » d'un temps démoli. Il n'y a pas de différence non plus entre les artistes et ce qui représente aujourd'hui l'extrémisme festif le plus antipathique. C'est ainsi que dans *Beaux-Arts*, magasin de confiserie de la bonne conscience d'avant-garde en déconfiture, on peut découvrir les liens bouleversants que les « arts visuels » entretiennent avec le crétinisme festivissime de la « culture techno » ; laquelle, nous dit-on, et c'est très rassurant, « construit les modes de vie de demain ». Cette union de deux « arts » aussi immangeables l'un que l'autre, mais tous deux rigoureusement *citoyens*, ne peut que réjouir le connaisseur : ils étaient faits pour se marier. On leur souhaite d'être heureux, et de finir leurs jours ensemble, à condition que ce soit le plus vite possible.

Par la récitation d'un catéchisme qui ne coûte rien, les belles âmes renouvellent sans cesse leur droit à évoluer dans les sphères supérieures. L'art contemporain est aussi un *charity-business*. La représentation que la société hyperfestive se donne de son unité passe par l'exhibition d'un tissu social déchiré. Ces déchirements exhibés sont des blessures qui doivent être soignées. Ces blessures justifient la défense de plus en plus fébrile de certains phénomènes supposés capables de les cicatriser : le sport qui favorise l'intégration et résorbe la violence, la musique comme langage universel, l'art contemporain qui n'a plus pour légitimation que de combattre les « fractures ». À la faveur de ces croisades, Homo festivus consolide toutes les dénégations par lesquelles il règne (dénégation du non-monde, dénégation de la fin de l'Histoire, dénégation de l'ensemble des différences encore existantes malgré tout). Cette société qui ne connaît pas son nom, et qui ne sait plus du tout où elle va, se dépêche d'assigner des missions à ce qu'elle juge indispensable de conserver. Ce qu'elle n'est plus en mesure de faire, elle exige que certaines instances s'en occupent à sa place. Ainsi l'art se retrouve-t-il en charge du travail caritatif et des émois compassionnels. On lui demande d'être *en lutte*, lui aussi, comme tout le monde (en lutte contre le sida, contre la fracture sociale, etc.). Quelque chose d'imperceptible et de fragile l'avait jusque-là protégé de se voir assigner une pareille mission. Cette protection tenait tout entière dans la distinction, acceptée par presque tous, entre le réel et le symbolique, ou entre l'œuvre et l'existence. Parmi les « manifestations des temps modernes » (la technique, la science, le dépouillement des dieux, etc.), Heidegger rangeait l'entrée de l'art dans l'horizon de l'esthétique ; et désignait comme une nouveauté que *l'art passe désormais pour une expression de la vie humaine*. Mais c'est plutôt comme interprètes de tout le pathos de la vie quotidienne que les artistes se présentent aujourd'hui. On aurait encore fait bien rire n'importe quel amateur des années soixante-dix si on lui avait raconté que l'art aurait un jour pour devoir d'assumer le chaos de la détresse sociale. Les modernistes actuels, qui s'attribuent sans consulter personne la qualité de continuateurs des deux ou trois dernières générations de véritables modernistes, s'empressent d'oublier *au nom* de quelle négativité radicale et amorale les réalisations de la modernité d'alors étaient célébrées. Pour ne prendre qu'un exemple, il est amusant de rappeler ce que Barthes, en 1973, dans *Le Plaisir du texte*, avait la franchise de dire à propos de « ces productions de l'art contemporain, qui épuisent leur nécessité aussitôt qu'on les a vues (car les voir, c'est immédiatement comprendre à quelle fin destructive elles sont exposées : il n'y a plus en elles aucune durée contemplative ou délectative) ». Ces mots sont déjà vieux de vingt-cinq ans, et si l'on veut mesurer le *désastre* que tentent de conserver les modernistes actuels quand ils défendent l'art contemporain contre les méchantes attaques des réactionnaires, il suffit de les comparer avec les déclarations de l'ultramoderniste Douste-Blazy, ex-ministre de la Culture aujourd'hui passé par profits et pertes, mais qui brilla un instant de tous ses feux de paille quand il défendait l'art en tant que minorité persécutée : « Nous devons aider les créateurs parce que c'est la seule réponse collective et individuelle que nous puissions apporter aujourd'hui au désarroi social »[1]. C'est à lui aussi que l'on doit ce rapprochement fulgurant et mémorable, lors d'une télésoirée de lutte contre le sida : « Il faut aujourd'hui de nouveaux alliés à la médecine, ce sont les valeurs de culture et de civilisation. » Dans le même registre édifiant, je ne sais plus quel chroniqueur du *Monde* évoquait ces « musiciens, acteurs,

---

1. À quelques mois de là, et comme pour permettre de vérifier que l'unification des territoires du crétinisme n'est pas un mythe, l'insoutenable Trautmann, ministre des Stéréotypes, faisait comme il se doit l'éloge de l'art contemporain parce qu'« il participe à la notion de citoyenneté ». On ne saurait mieux dire. Et elle poursuivait : « L'art contemporain est un art qui innove, déstabilise, subvertit les formes esthétiques généralement acceptées. » Ce qui, dans tout cela, ne risque en tout cas pas d'être déstabilisé ni subverti, ce sont les lieux communs, les clichés et les poncifs de la modernité, une fois de plus radotés avec une aussi adipeuse platitude (*novembre 1998*).

metteurs en scène, chorégraphes, danseurs, écrivains, plasticiens, qui n'ont de cesse de décrire, de dénoncer et de combattre toutes les " fractures " de l'activité des hommes – les inégalités sociales évidemment, mais aussi le repli sur soi, la violence, la résurgence des nationalismes et des intégrismes, les conflits armés, les famines – , autant de souffrances qui sont l'essence même de la création artistique dans un pays démocratique. » Plus récemment, on a pu lire dans *Le Nouvel Observateur* le panégyrique d'une chorégraphe qui a donné « une nouvelle preuve de son engagement en s'installant dans une HLM » de la banlieue de Lyon. Elle y a loué vingt-huit logements destinés à accueillir un Centre chorégraphique. Son objectif ? « Contribuer à faire revivre la cité par la danse ». Mais il est bien évident que c'est le contraire, et que tout ce qu'elle essaie de faire revivre, c'est son art mort, la danse, en lui transfusant un peu du sang frais des cités en difficulté. Le nouveau réalisme-dolorisme se veut l'ami de toutes les détresses et on ne saurait l'en blâmer. L'hyperfestif inclut l'humanitaire et le caritatif ; et l'art ne peut s'en écarter s'il veut continuer à se donner l'illusion de perdurer. Il n'aura plus, de toute façon, que cette illusion.

Le retournement de l'art (qui n'avait sa finalité que dans la négation et qui n'évoluait que par elle) en organisme de bienfaisance, en agent des droits de l'homme, quand ce n'est pas en héros anti-spectaculaire (il existe des professionnels du « subversif » et du « dérangeant » qui avancent l'argument que l'art moderne est contre les médias, que l'arsenal d'images et de techniques qui le compose est un rempart contre la bêtise spectaculaire), représente un effacement bien plus fatal et mortel que toutes les attaques qu'il a pu subir. L'Histoire, c'est-à-dire le processus de « la transformation de la nature en homme » (Marx), n'a pas toujours existé. Il n'y a aucune garantie que la négativité qui est à sa source, et qui en est restée le moteur si longtemps, soit immortelle. Cette négativité n'est inépuisable, et inépuisablement créatrice, que tant que subsiste chez l'humain la peur de rechuter, sans elle, dans l'animalité. Il est probable que l'art, dans son déroulement historique, procède tout entier de cette terreur. Les œuvres des grands peintres à travers les siècles sont les voix de cette angoisse : elles sont la négativité même se transformant en qualité. Mais quand cette négativité ne trouve plus où s'illustrer, quand les grands affrontements (les « guerres à mort pour la reconnaissance ») ont disparu, quand la réalisation de l'égalité, la recherche de la satisfaction des besoins et la quête de la sécurité sont devenues les soucis uniques du vivant, le moins qu'on puisse dire est que cela ne crée pas un milieu très favorable pour la poursuite de la création artistique. Nietzsche était persuadé que toute grande création procédait du désir de se faire connaître comme supérieur aux autres. Si la négation disparaît (« l'action niant le donné »), alors les hommes retrouvent l'animalité (une animalité toute nouvelle) ; et l'art comme réalisation de la négativité devient en effet une chose du passé.

Le seul exercice critique possible, alors, le seul usage libre de la négativité se ramène peut-être à constater et à étudier cette situation *de l'extérieur*. Ce qu'essaient d'interdire, bien entendu, les défenseurs de l'art. Eux qui s'affirment préoccupés par le destin de l'art vivant sont maintenant les pires ennemis de toute pensée critique, donc vivante. Ils sont devenus les conservateurs d'une survivance qui a même oublié qu'elle avait été vivante quand elle était négation. C'est en ne s'apercevant pas qu'ils ont changé d'époque, de vocabulaire et de système de références qu'ils trahissent encore le mieux ce qu'ils prétendent sauvegarder. Leur style lui-même n'est plus que celui du consentement le plus servile. Comme le dit encore un plumitif de *Beaux-Arts* : « Nous vivons une époque formidable et d'une créativité inouïe. Et ceci n'est que le début d'une longue aventure. » Leur langue morte n'est plus que celle de la ratification et de l'acquiescement ; celle des esclaves enchaînés et satisfaits de l'être.

Mais il en va de l'art comme il en a été, naguère, de l'existence de Dieu : dès le moment où cette existence est problématisée, tout est déjà fini et la cause est perdue ; même le sens commun l'a abandonnée.

AVRIL 1998

DES ÉVÉNEMENTS

Le minuscule épisode de la seconde non-guerre du Golfe, bruyamment annoncée, puis tout aussi vite oubliée, roulée dans le linceul où dorment les péripéties mortes avant même d'avoir existé, trahit si ouvertement le secret de la civilisation hyperfestive qu'il est possible d'y voir la clé de son cynisme essentiel et de son allégresse participative. Désormais, pour m'exprimer d'une façon quelque peu triviale, mais assez adaptée, il me semble, à l'objet évoqué, plus personne ne se cache de prendre les gens pour des cons, et ces derniers ne se formalisent pas outre mesure d'un pareil traitement.

Bien au contraire, c'est dans une atmosphère de franche gaieté, de cohésion festive et d'interactivité fraternelle, c'est dans une ambiance de bonne humeur familiale et télévisuelle que s'est déroulée cette non-opération. Une indéniable euphorie réciproque est passée des organisateurs et des commentateurs du faux événement à ceux qui en consommaient les préparatifs illusoires. Tout le monde a vaillamment collaboré, fait semblant d'être captivé, de retenir son souffle, et de voir approcher quelque chose (« l'Histoire en marche », comme on a pu lire !) là où il n'y avait jamais eu que du vent qui ne se cachait même pas d'être du vent[1].

Cette touchante émulation de quelques jours, cette complicité dans la préservation d'un phénomène irréel, cette conspiration spontanée par-dessus la réalité, comme on scelle une alliance par-dessus la tête de quelqu'un, indiquent qu'existe désormais, à l'état fluide, non exprimé, quelque chose que l'on pourrait appeler un pacte festif généralisé. Les populations ont communié presque religieusement dans l'attente de rien, d'un rien coloré à figure de *suspense* sans contenu. Homo festivus, l'individu sans histoire, se sent chez lui à merveille dans la durée posthistorique, remplie d'ersatz d'événements dépourvus de conséquences. Mais cette fois, par-dessus le marché, et à l'inverse de ce qui s'était passé lors du précédent épisode, celui de la première supposée guerre du Golfe, on a même réussi à faire l'économie d'un début de soupçon de réel, et personne ne s'est fatigué un seul instant à croire et à laisser croire qu'il pouvait s'agir d'autre chose que d'un événement immatériel. Dans l'univers hyperfestif, l'« avant-guerre » et l'« après-guerre » peuvent très bien se passer de la guerre ; à la façon dont tant de choses peuvent désormais se passer de référent ; comme on peut se passer du négatif, de la part maudite, d'Éros et de Thanatos ; comme les discussions sur la « crise » de l'art contemporain peuvent se passer d'art contemporain ; comme les effets peuvent se passer de causes, ou les causes d'effets ; et comme, en fin

---

[1]. À quelques mois de là, et comme dans l'espoir de démentir ces analyses, Clinton déclenchait enfin une véritable non-guerre contre l'Irak. Mais les mêmes commentateurs qui s'étaient enthousiasmés, au printemps, pour les préparatifs du simulacre d'un autre simulacre, n'avaient plus de mots assez durs pour stigmatiser la réalisation tardive de celui-ci. C'est qu'entre-temps l'affaire Lewinsky avait rompu le charme (*décembre 1998*).

de compte, dans l'histoire de l'humanité, l'existence de Dieu puis sa mort ont pu constituer des « réalités » dominantes sans que personne aie jamais vu l'Intéressé (en dehors de quelques élus dont on ne sait toujours pas ce qu'ils ont vu exactement). Il serait difficile, en tout cas, de composer à partir d'une telle inexistence l'équivalent actuel d'un roman comme *Le Sursis*, où s'entremêlaient des aventures de personnages imaginaires et d'hommes politiques réels durant les quelques jours précédant la signature des accords de Munich. C'est à ce genre de comparaison que peuvent se mesurer les difficultés du romancier d'aujourd'hui, contraint, à l'inverse de ses prédécesseurs, de tailler ses intrigues dans une matière première qui a la consistance des nuages, en même temps qu'il est obligé de tâtonner dans le labyrinthe sans lumière des bonnes intentions les plus comminatoires, et de faire semblant de rendre sans cesse hommage à ces dieux tout-puissants.

DES PROFESSEURS DE VERTU

Dans le même registre des choses qui n'apparaissent que pour un divertissement de quelques heures, avant d'être promptement oubliées et remplacées par de nouvelles préoccupations tout aussi aberrantes, l'affaire dite « des frégates » de Roland Dumas, qui avait l'avantage d'être d'abord et avant tout une pittoresque histoire de pompes à onze mille francs, a permis une fois de plus aux donneurs de leçons de la société festiviste d'étaler leur foi citoyenne sans trop de risque d'être contredits. À peine apparu, ce scandale a suscité, de la part d'un chroniqueur de *Libération*, un commentaire présenté comme « philosophique », mais qui ne pouvait relever bien entendu, et comme toujours, que du catéchisme le plus pitoyable. « En ces temps de mondialisation, proclamait-on ainsi bravement, c'est une entreprise mondiale de moralisation qui s'impose ». Et, après avoir rappelé que les États-Unis se sont lancés les premiers dans cette vaste « croisade », on déplorait le retard de la France en ce domaine comme dans tant d'autres : « La France n'en est pas là, elle qui ne goûte pas le puritanisme et préfère, dans une optique très latine, voir les choses comme elles sont. » On savait depuis longtemps déjà (et on en a eu confirmation, une nouvelle fois, dès le début des problèmes extraconjugaux de Bill Clinton) que la Transparence est « au cœur des principes démocratiques », et que rien n'est moins *moderne*, donc moins moral, que de tromper sa femme. Mais nous pouvons faire un pas de plus, aujourd'hui, dans l'exploration des pénibles dédales de l'éthique festiviste grâce aux propos du chroniqueur-citoyen que je viens d'évoquer, et à ses amères considérations sur cette France arriérée qui « ne goûte pas le puritanisme et préfère, dans une optique très latine, voir les choses comme elles sont. »

Chacun de ces mots vaut son pesant d'or. Si je comprends bien cette prose inspirée, et surtout la chaîne d'équivalences qui la sous-tend, le « réalisme » (voir les choses comme elles sont) s'oppose dans la vision du catéchiste contemporain au puritanisme, de la même façon que la « latinité » s'oppose à la Vertu juridiquement assistée. Refuser de prendre ses désirs pour autre chose que des illusions d'optique serait donc une sorte de crime. Tout regard un peu lucide sur l'univers concret serait d'ores et déjà une preuve de dépravation, un signe de débauche. Avoir de bons yeux, et surtout un esprit capable de jugements, d'hypothèses, de problématisations, serait un grave délit. Inutile de dire qu'à ce compte-là, les implacables conclusions de Balzac, de Flaubert et de tant d'autres sur les êtres humains deviennent des indices de corruption sans remède. La critique elle-même est considérée implicitement comme une forfaiture. Et la pensée, toute pensée, tout exercice libre de la pensée, peuvent être regardés comme de sombres écarts envers la morale ; et de coupables *manquements à la modernité*.

La festivologie, dont je tente ici de livrer, au hasard de l'actualité, quelques résultats analytiques, n'a certes pas la moindre prétention d'apparaître comme une science ; au mieux pourrait-elle devenir une sorte de discipline se donnant pour but d'explorer les phénomènes de plus en plus extravagants qui caractérisent notre époque, et les déréglements inouïs, mais le plus souvent *inaperçus* (sciemment brouillés qu'ils sont jour après jour par les « analystes » des médias, que l'on rétribue en fonction de l'efficacité de leur brouillage), dont témoignent tant de gestes, tant de propos, tant de discours tenus par tant d'« acteurs », plus ou moins respectés, de la vie dite « publique ». En régime hyperfestif, on peut donc noter que le fictif c'est ce qui est moral, et que le moral c'est le fictif. Le charitable c'est l'irréel. L'hallucinatoire c'est le Bien. Si « voir les choses comme elles sont » (à supposer que cela ait un sens), c'est par définition s'écarter du consensus de guimauve et de la Transparence cadavérique dont les impératifs constituent l'unique programme de survie de tous ceux qui se sont arrogé, en même temps que le droit à la parole, celui d'indiquer ce qui est bon et de museler ce qui est mauvais, alors l'utopie, le leurre, le trompe-l'œil, le rêve, les mirages, les effets spéciaux représentent tout le contenu de l'idéologie aujourd'hui acceptable. L'illusoire c'est la Vertu. La conscience morale est en guerre ouverte avec le réalisme. Tout ce qui n'est pas du domaine des chimères doit être éradiqué. La préservation de la démocratie est à ce prix. Mais le chroniqueur dont je parlais ne se rend même pas compte qu'il installe son idéal démocratique dans la région périlleuse des choses immatérielles lorsque, notant que la France a tort de s'entêter aussi perversement dans le réalisme, il écrit qu'au fil des révélations sur les *affaires*, « c'est l'image même de la démocratie qui s'effrite. » Et, d'un air aussi tragique qu'entendu, il laisse tomber sa conclusion qui tient en un seul mot : « Danger... » Les trois points de suspension n'étant là, on s'en doute, que pour évoquer sans la nommer la Bête immonde dont les grognements de porc historique n'en finissent pas de monter à notre horizon, gonflés précisément de toutes ces « affaires » et de tout ce réalisme dont notre « latinité » a le secret : grâce à ce rappel constant et providentiel, Homo festivus renforce sans répit la merveilleuse homogénéité de son monde, qui n'existerait pas sans l'instrumentation d'agents maléfiques (l'intolérance, le racisme, la xénophobie) chargés de représenter l'antisociété ; et dont la menace présente cet avantage de rendre ses opérations et malversations de plus en plus inattaquables. Au terme du long voyage qu'aura été l'Histoire, la démocratie n'est plus défendue que comme conte de fées, en tant que conte de fées, et seulement parce qu'il s'agit d'un conte de fées. Les avocats modernes de cette valeur précieuse entre toutes n'ont pas d'autre argument que ceux qu'ils puisent dans l'arsenal de l'irréel puéril. Il faut *y croire*, disent-ils, comme il faut croire au Père Noël.

LE PÈRE NOËL ET LE PÈRE PÉNAL

Mais la vérité est peut-être pire encore. Ce n'est même pas dans le Père Noël qu'Homo festivus veut que nous ayons foi : c'est dans les enfants qui croient au Père Noël. Car le festivocrate est d'abord infantophile. Et il a si bien réussi à se persuader que la vérité sort de la bouche des enfants qu'il ne peut même plus entendre d'autres sons de cloche. Cette confiance, qui le rend favorable aux plus beaux lynchages, se manifeste jour après jour, et les anecdotes qui l'illustrent sont si éloquentes qu'elles n'ont même plus besoin d'être commentées ; il suffit de les exposer dans leur horreur nue. Tout récemment, dans une école quelconque, on se livrait au rituel désormais banal consistant à mettre en garde des élèves de maternelle contre la menace d'« agressions pédophiles ». Ainsi endoctrinés, c'est-à-dire, comme toujours, poussés au crime avec les meilleures intentions du monde, les élèves en question ont fait illico ce qu'on les induisait à faire : ils se sont mis à *dénoncer*, laissant entendre qu'un de leurs profs, l'année précédente, leur avait infligé ces sévices, justement, à propos desquels on venait de les mettre en garde. Le soir même, interrogé par la télévision, le directeur de l'école à qui l'on demandait s'il n'était pas perplexe, malgré tout, et tenté de mettre en doute la parole des écoliers, protestait avec indignation : « Mais non, pas un instant, c'est impossible ! Croire ce que disent les enfants est un devoir citoyen ! »

L'époque qui commence croit à la parole des enfants comme, en d'autres périodes, on a cru aux Évangiles. Notre époque croit à la parole de l'enfant en tant que victime. L'effervescence médiatique autour de la pédophilie n'est qu'un épisode posthume parmi bien d'autres de l'histoire de la mort du père. Cette histoire terminée se dissémine en prolongements et épilogues multiples. Le mâle, encore en état de survie précaire, ne peut plus jamais être qu'un suspect qu'il convient de faire avouer, un bourreau aberrant et préhistorique. À la façon dont les dieux d'une religion morte deviennent des démons dans la suivante, l'homme, c'est-à-dire l'être qui a dominé toute la période historique, et qui lui a donné son sens, devient un coupable, et même un monstre, quand cette période est terminée ; et que le non-sens lui succède ; et que ce non-sens, pour perdurer, a besoin d'imposer l'existence d'un épouvantail qui ne cesserait de le menacer. Et finalement cette culpabilité concerne son existence même, ou plutôt sa survivance : c'est d'être encore là, même à titre provisoire, sur cette planète où il n'a strictement plus rien à faire, qu'il est surtout coupable. L'enfant qui l'accuse d'actes incestueux ne sait pas qu'il le fait *d'abord* sur commande, et parce que la voix du monde actuel (les médias) lui en a donné l'ordre. Ce dont un policier de la Brigade des mineurs, interviewé récemment dans *Le Nouvel Observateur,* se félicitait en ces termes : « Aujourd'hui, disait-il, le phénomène fait surface parce que les enfants sont de plus en plus informés. Ils regardent la télévision, écoutent la radio, alors ils parlent. » Le monde hyperfestif a non seulement oublié le rôle des enfants délateurs dans toutes les dictatures (du nazisme à la Chine des « gardes rouges » en passant par l'Union soviétique ou encore par le Cambodge du sympathique Pol Pot), mais il s'est empressé, par-dessus le marché, d'en finir avec Freud, sans doute grandement coupable en son temps, lui aussi, d'avoir un peu trop vu les choses comme elles étaient et non comme elles voulaient paraître. Les conséquences folles d'une telle situation commencent à surgir avec de plus en plus de netteté. Croire aveuglément ce que disent les enfants est un « devoir citoyen », à la façon dont, aux États-Unis, les tribunaux acceptent de prendre en compte le mythe de la « mémoire récupérée », la fable des « personnalités multiples », et encore mille autres calembredaines néfastes (voir l'excellente *Amérique qui fait peur* d'Edward Behr). C'est parce que la réalité a disparu que des hommes peuvent être condamnés *sans preuves* pour inceste, viol de mineurs, et même pour « velléité de viol », ou encore internés à vie pour des crimes qui relèvent en général de l'onirisme le plus puéril (messes noires, massacres de nouveau-nés, cannibalisme rituel). De la même façon, quoique à l'inverse, c'est parce que l'illusion règne sans plus jamais être démentie que l'on peut acquitter O. J. Simpson ou Lorena Bobbett et accueillir ces décisions avec des cris de joie. Le déconstructionnisme universitaire, qui est la *méthode* du post-réel, n'a pas davantage besoin de preuves pour dénicher des indices, bien entendu criminels, d'« eurocentrisme », de « phallocratisme » ou d'« androcentricité » dans les textes qu'il fait mine d'étudier alors qu'il les inculpe.

Un frénétique désir de législation gagne les habitants de la planète festive. L'envie du pénal ne cesse de dévorer chaque jour un peu plus Homo festivus, l'être rendu fou par cette affirmation de sa propre « fierté » qu'il semble plus que jamais interdit d'analyser comme une surestimation délirante de soi-même reposant sur une organisation paranoïaque typique. Ce que nos chroniqueurs mutants appellent la « morale de la modernité » est d'abord un désir de renforcement perpétuel des contraintes et des lois. C'est toujours par la morale que l'on met fin au bonheur des individus (au bonheur d'être un individu), et sans que personne y trouve rien à redire. La morale est l'arme fatale de tous les idéaux de survie en commun. Il y a quelque temps, on a pu lire dans la page « débats » d'un quotidien un article étonnant signé par une avocate et qui traitait de l'inceste : elle réclamait que ce crime soit déclaré imprescriptible, à l'instar du crime contre l'humanité. Ce qui présenterait l'avantage de permettre à un sexagénaire, par exemple, de poursuivre en justice son vieux père de quatre-vingt-cinq ans si celui-ci avait le malheur d'être encore en vie ; ou sa mère pour complicité si le père était mort. Le lendemain même, un autre individu allait plus loin encore. Se présentant comme « ancien élève de l'École normale supérieure de Saint-Cloud et agrégé de philosophie », ce personnage dangereux évoquait la décision de la cour d'appel d'ordonner l'exhumation d'Yves Montand pour pratiquer une expertise d'ADN et lever tous les doutes, *post mortem*, sur une paternité qu'il n'avait, ouvertement et définitivement, pas voulue de son vivant ; et il l'approuvait. En opposition avec la plupart de ceux qui s'étaient exprimés jusqu'ici à propos de cette affaire, l'ancien élève de l'École normale supérieure de Saint-Cloud se félicitait, lui, de cet écœurant tripotage de cadavre, expliquant qu'il ne s'agissait pas « seulement de déterrer un mort, mais de contrer une stratégie de fuite ». Admirable expression quand on sait que le « fuyard » est un cadavre déjà vieux de sept ans. Et quelle était, au fait, cette « stratégie de fuite » qu'il paraissait si urgent de contrer ? « La tentative de se soustraire au devoir de filiation ». Le problème, ajoutait-on, « est avant tout juridique » ; et on glissait, de la dénonciation de l'acteur « irresponsable » dans ses « vagabondages sexuels » à un diagnostic sans surprise : la loi, dans ce domaine, était scandaleuse (elle protège « l'arbitraire liberté sexuelle des hommes ») autant qu'incohérente (elle affirme l'égalité des enfants naturels et des enfants légitimes, mais autorise un homme à refuser une enquête en paternité) : « il faut donc changer la loi ». Et troubler sans scrupules le repos des défunts pour les châtier sans fin ; pour les faire parler ; pour les faire avouer ; pour leur faire cracher le morceau.

Où l'on voit que la Vertu antilatine et la profanation de cadavres ne sont nullement incompatibles. Elles ont au contraire un avenir commun. Et nul ne saurait troubler cet avenir sans prendre de très gros risques[1].

---

1. À quelques mois de là, en juin, les experts mandatés par la Cour d'appel de Paris révélaient leurs conclusions à propos de cette écœurante recherche posthume en paternité. Elles étaient, comme on le sait, négatives. Il n'en reste pas moins qu'elles ont été rendues possibles ; et que cette abjecte tentative juridique *pour transformer un mort en père* a semblé naturelle, parfaitement justifiée à beaucoup de bons esprits. Le très heureux dénouement de cette sinistre affaire n'efface en rien la longue tentative de viol et de persécution (*ante* puis *post mortem*) qu'elle a représentée. Elle est néanmoins logique à l'ère hyperfestive, négation radicale de la civilisation, laquelle ne prenait assise que sur la fonction paternelle ; qui elle-même ne reposait, comme on sait, dans la réalité, que sur le *doute* (et ce doute lui-même, il est amusant de le rappeler de façon rétrospective, ne pouvait jamais être levé qu'à condition de faire

Les plus vibrants dénonciateurs de la *political correctness* définissent généralement celle-ci comme un nouveau maccarthysme de gauche, ce qui ne présente qu'un intérêt limité. C'est, en fait, comme déni militant de réalité que le terrorisme « PC » se développe et nuit efficacement. C'est même en tant que remplaçant légitime de la réalité, ou en substitut, en héritier de celle-ci, qu'il exerce son pouvoir. C'est *à la place* de la réalité et du concret qu'il impose son vrai et son faux, qui dès lors n'ont même plus à être vérifiés. En ce sens, on peut dire qu'il est la police politique du régime festif, et que nul citoyen, devant cette autorité, ne bénéficie plus de la moindre garantie juridique puisque c'est cette police qui décide qui sera désigné comme « incestueux » et qui ne le sera pas, qui aura participé à des séances de « cannibalisme rituel » et qui présentera les caractéristiques d'un « violeur » en puissance, ou encore de pendables symptômes d'« androcentricité ».

Freud, vers la fin du XIXe siècle, à force d'écouter ses patientes lui dire qu'elles avaient toutes été violées par leur père, avait fini par mettre en doute leurs récits et par se demander si elles ne mentaient pas sans même s'en rendre compte. C'est en relativisant leurs discours, et finalement en cessant de les croire sur parole (en cessant d'abord de s'imaginer qu'il avait été lui-même séduit par son père dans son jeune âge, puis qu'il avait séduit sa propre fille aînée), qu'il a élaboré sa théorie analytique. C'est en considérant que la séduction de l'enfant par l'adulte appartenait fort rarement à l'ordre des « événements » (mais qu'elle était généralement là, bien au contraire, pour masquer un désir

---

confiance à la parole de la femme ; parole à laquelle on a aujourd'hui choisi de substituer le « verdict » de l'analyse scientifique). La barbarie hyperfestive, en matière de paternité, c'est donc l'effacement de ce doute, et jusque par-delà le tombeau, avec les moyens des techniques les plus récentes (*juin 1998*).

de séduction de l'adulte par l'enfant) qu'il a construit son œuvre ; et provoqué une « révolution » de l'entendement qui, comme tous les vrais bouleversements, est fondée sur une redéfinition de l'enfance. Ce bouleversement, aujourd'hui, est à son tour bouleversé (et on trouve à la base de ce bouleversement, comme de juste, une nouvelle définition de l'enfance) ; et l'œuvre de Freud peut être facilement réfutée, désormais, par n'importe quel imbécile : les médias ont découvert qu'elle ne leur servirait plus à rien.

La situation est d'autant plus favorable aux nouveaux oppresseurs qu'elle leur permet de se comporter exactement comme ceux qu'ils dénoncent (les fascistes brûleurs de livres), mais sans jamais être soupçonnés des mêmes tares : récemment, on a pu voir une femme substitut du procureur, et *en lutte contre les pédophiles*, se déclarer favorable à la « police de la pensée » (« si c'est le prix à payer pour que les enfants retrouvent leur liberté »), puis avouer candidement qu'elle « enverrait sans honte au pilon Gide, Sade, etc. » si ça ne dépendait que d'elle. Ici c'est la littérature, toute la littérature, et pas seulement celle des prétendus écrivains « pédophiles », que l'on envisage de liquider pour que s'épanouisse une civilisation où l'on ne trouvera plus, à chaque coin de rue, que des Fnac-Junior, des aménagements urbains pour jeunes en rollers et des néo-échoppes impunies de coiffeurs pour enfants ; lesquels, bien entendu, se prénommeront tous Arthur ou Oscar (il y aurait une nouvelle onomastique à fonder, si cela en valait la peine, qui se pencherait sur l'espèce de lugubre dandysme de masse d'Homo festivus dans sa recherche pour ses rejetons de prénoms jugés sans doute par lui *drôles, distanciés, légers, décontractés,* en somme festivisés). Mais la pédophilie a ceci d'admirable qu'elle peut servir à éliminer tout ce qui paraît déplaisant aux exquises « sensibilités » contemporaines. Elle peut même contribuer à achever de détruire dans la liesse générale une religion vieille de deux mille ans comme l'Église catholique. En Autriche, il a suffi qu'un cardinal soit accusé d'attouchements, *des années après*, par des séminaristes, pour que les fidèles affolés demandent des réformes, à commencer par la fin du célibat des prêtres, condition *sine qua non* (tous ses ennemis le savent, et ils rôdent sans cesse comme des chacals autour de cette délectable perspective) de la disparition de l'Église. L'épidémie récente de découvertes de cas d'incestes est accueillie comme un progrès de la civilisation. D'autant qu'il s'agit en même temps d'un nouveau pas en avant dans l'anéantissement triomphal de ce qui pouvait subsister de vie privée. Il y a près de deux ans, un fait divers aussi vite monté en épingle qu'oublié (une famille entière mise en prison, depuis les grands-parents jusqu'aux filles et fils aînés, pour abus sexuels sur les plus jeunes enfants) suscitait de la part d'un expert des réflexions qui, en d'autres époques, auraient au moins fait dresser quelques cheveux sur quelques têtes. La société, se réjouissait l'expert en question, « s'est enfin octroyé le droit de pénétrer dans le champ familial. Dieu merci, l'enfant a cessé d'appartenir exclusivement à ses parents. C'est désormais à la fois une personne privée et publique. » On n'en disait pas beaucoup plus sous Hitler ou Mao. Et un autre expert lui faisait écho : « Nous nous réveillons enfin, s'écriait-il, mais avec des années de retard sur les Anglo-Saxons. » Des années de retard sur les Anglo-Saxons.

Ce même policier de la Brigade des mineurs que j'évoquais plus haut s'indignait lui aussi que l'on ose encore parfois suspecter la parole sacrée des tout-petits : « Il faut cesser de penser que les enfants fabulent. Quand une fillette de sept ou huit ans nous parle, il est évident, hélas, qu'elle ne peut inventer ce qu'elle raconte. » C'est d'autant plus évident que ce qu'elle raconte l'a déjà été, en surabondance, par les préposés des médias. Et qui oserait mettre en doute la parole des préposés des médias quand, par-dessus le marché, elle est relayée et approuvée par les policiers, puis répétée par une chorale de petites filles martyres ? Une si miraculeuse conjonction de points de vue ne peut être que fêtée. Comme le faisait d'ailleurs remarquer un journaliste commentant une émission de télévision où l'on pouvait voir des fonctionnaires, précisément, de la Brigade des mineurs en train de confronter des pères forcément coupables et leurs filles sincères forcément : ces histoires d'agressions sexuelles, concluait le journaliste, bien sûr « c'est sordide, mais au moins la télé regarde les choses en face. » Mais qu'est-ce que la télé, cette nouvelle Mère autiste et technologique dont la toute-puissance a grandi sur les ruines maintenant englouties du vieux patriarcat, pourrait bien regarder en face, si ce n'est la télé ?

Il est certain que la psychanalyse n'aurait jamais vu le jour sans cette intuition que les enfants sont des menteurs. On peut dire aussi qu'elle disparaît quand cette intuition n'est même plus avouable sans être immédiatement passible d'une citation à comparaître pour manquement à la *foi citoyenne*.

DE L'ÉVÉNEMENTIEL

En régime hyperfestif, on ne peut même plus prétendre, à la façon de Marx jadis, que l'Histoire se déroule une fois en tragédie et une fois en farce. C'est continuellement, désormais, qu'elle tâtonne en aveugle sous le signe de l'événementiel, qui est aux événements d'autrefois ce que la Culture est aux arts séparés ; ou les attristantes « pelles » de Starck, ces panneaux didactiques ridiculement plantés un peu partout dans Paris, à la véritable histoire effacée des villes.

L'événementiel est précisément ce qui est là, maintenant, pour empêcher que l'on voie que l'Histoire ne se déroule plus ni en tragédie ni en farce, ni en rien du tout. L'événementiel sert à consoler du deuil des événements qui n'ont même pas eu lieu. Le regret que quelque chose ne se soit pas produit n'existe même plus. La terreur que quelque chose n'arrive pas est elle-même obsolète. Le célèbre poème de Cavafy sur l'attente redoutable et désirable des Barbares (« Pourquoi cette inquiétude tout d'un coup / et cet émoi ? / Pourquoi les rues, les places se vident-elles si vite ? / Pourquoi chacun reste-t-il chez lui la mine soucieuse ? / Parce que le jour s'achève et que les Barbares ne sont / pas venus ») est d'un autre temps. Quant à sa terrible et belle conclusion (« À présent, qu'allons-nous devenir sans Barbares ? / Ces gens-là, c'était une espèce de solution »), elle n'aurait plus de sens aujourd'hui. Pas plus que n'aurait de sens le Giovanni Drogo du *Désert des Tartares*, et son attente existentielle des envahisseurs. Le monde contemporain a vidé de sa substance la « solution » des Tartares ou celle des Barbares puisque, dans ce domaine comme dans tant d'autres, une meilleure solution a été trouvée : la question des événements étant une chose trop sérieuse pour être laissée au hasard, elle est confiée désormais aux entrepreneurs d'événements.

DE QUELQUES ANTICIPATIONS MAGNIFIQUES

D'une façon générale, l'appel aux écrivains d'autrefois pour comprendre ce qui se déroule sous nos yeux est un recours qu'il faut laisser aux escrocs de la Culture. L'époque qui commence rend problématique l'utilisation de la littérature du passé, même très proche, pour éclairer le présent. Le meilleur hommage que l'on puisse témoigner aux génies d'hier est de ne pas trop les mêler au travail d'interprétation du moment actuel. Les bouleversement des mœurs, et les immenses changements de l'humanité, ne sont guère pensables dans les termes par lesquels on a pu s'exprimer tant que la réalité ne s'était pas encore totalement dérobée. Il demeure néanmoins d'admirables anticipations. Celles de Bernanos, par exemple, quand il entreprend d'examiner, vers les dernières années de sa vie, le monde tel qu'il se transforme. Cette grande époque de fureur et de découvertes, qui s'étend de la fin des années 30 à sa mort en 1948, est comprise généralement sous l'angle politique, mais elle est d'abord et avant tout anthropologique. La mutation de l'espèce humaine, qu'il appelle *déspiritualisation*, lui apparaît très vite comme le résultat d'une fusion en cours, d'un mariage non contradictoire des totalitarismes et de la démocratie. Sans cesse, il répète que le « régime des trusts » ne s'oppose qu'en apparence au « collectivisme d'État », et que si le « Moloch Technique » a réussi à poser « solidement les bases de sa future tyrannie » sans jamais déclencher de révoltes majeures, c'est parce qu'il savait couvrir « du vocabulaire libéral ses innombrables usurpations ». Dès la fin de la guerre, dans une anticipation prodigieuse, il annonce la métamorphose du Loup totalitaire en Agneau totalitaire, et ce sont déjà toutes les belles âmes actuelles de l'élite vertueuse, tous nos pétitionnaires à bonne conscience et nos politiciens à face de celluloïd (dont l'un des prototypes les plus odieux pourrait être le virginal François Hollande), dont on a l'impression qu'il subodore la lointaine approche : la « Révolution Totalitaire Universelle », écrit-il, est en train de se résigner à la paix ; demain, « elle habillera les loups en bergers, les militaires en législateurs, les anciens bourreaux en prédicateurs et en moralistes. Elle sacrifiera ses centres d'espionnage, organisés pour la guerre, elle les remplacera par des centres de défense sociale et de secours aux victimes des bombardements. » À ces phrases, qui ouvrent directement sur notre ère d'assistance fatale, de « devoir d'ingérence » et de convois humanitaires, il faut encore ajouter cette description prémonitoire du futur asservissement par la joie festive de l'humanité accablée : « Je crois aussi ce monde désespéré, mais il regorge d'optimisme. Et le mot regorger est bien ici celui qu'il faut, car la propagande officieuse et officielle l'en gorge, elle l'en gave comme on gave une oie de Noël. S'il est vrai que l'opération du gavage des oies est dégoûtante à regarder, les éleveurs d'oies n'ont du moins pas la cruauté de gaver les oies malades... Gaver d'optimisme un monde désespéré est une besogne vraiment peu honorable pour personne. » Mais il n'y a rien de plus frappant, me semble-t-il, que cette observation qu'il fait, à la fin des années 40, sur le désir grandissant du genre humain de retomber en enfance : « L'affreux instrument d'abêtissement égalitaire, d'universel nivellement de l'esprit que sont les Propagandes, multiplie les idées simplistes aux dépens des idées simples, les deux termes n'étant pas plus synonymes que ceux d'infantile et d'enfantin. Hélas ! tout le diabolisme du monde moderne est infantile et simpliste à faire crever de rire les Mauvais Anges. La Civilisation Mécanique finira par promener autour de la Terre, dans un fauteuil roulant, une Humanité gâteuse et baveuse, retombée en enfance et torchée par les Robots. »

DES ÉVÉNEMENTIALISTES

Les « robots » qui se chargent de torcher l'humanité sont aujourd'hui légion, et les individus retombés en enfance ne demandent qu'à ce qu'on les divertisse avec des contes de fées pendant que les tours opérateurs les promènent autour du globe dans des fauteuils roulants. Certes, ces événements que l'on prépare et qui n'existent pas ont un côté anti-art ou anti-théâtre assez avantgardiste ; mais personne n'a jamais adhéré pleinement aux inventions des avant-gardes ; tandis que la plupart des gens se montrent tout disposés à « jouer » avec les entrepreneurs d'événements actuels et à faire un bout de chemin avec eux chaque fois qu'ils le leur proposent. Ainsi les non-événements d'aujourd'hui se présentent-ils sous l'aspect de fêtes sans consistance, sans causes, sans conséquences et surtout sans suite. La préparation de la seconde non-guerre du Golfe, pour revenir sur cet exemple insignifiant, et parce que justement il est insignifiant, aura été exemplaire de ce point de vue. Mais il n'y a pas qu'elle. Toutes les absences sont bonnes à prendre. Comme cette brève affaire de l'astéroïde XF11, dont on nous annonce un jour qu'il va percuter la planète Terre dans une trentaine d'années et qu'il y déclenchera une apocalypse inimaginable, et dont on nous dit le lendemain, tout aussi allégrement, qu'il passera en réalité à un million de kilomètres. Là encore, les entrepreneurs d'événements ont frappé. Et « les événements vont vite quand il n'y en a plus », ainsi que le remarque un personnage de Ionesco.

L'événementiel se développe sur le tombeau des événements. Il croît et embellit sur leur effondrement. Il est la mise en scène de leur absence. Et aussi la tentative de les recréer *in abstracto*. Il est aux événements ce que l'Europe imaginaire des « élites » unanimes, des castes néfastes et dirigeantes à euro entre les dents, est à la vieille Europe merveilleusement bouleversée de conflits et striée d'œuvres d'art. On a pu découvrir, l'été dernier, tout un édifiant dossier du *Monde* sur les entrepreneurs d'événements : « Des intermittents du spectacle dans l'entreprise ». Les *entités non culturelles*, y apprenait-on, font désormais appel « à des professionnels pour assurer l'événementiel ». Et tout le monde y trouve son compte : « Confrontés aux difficultés du marché de l'emploi et à la diminution des subventions affectées à la culture, d'une part, et au développement de l'événementiel d'autre part, les intermittents ont progressivement élargi leurs activités au-delà du champ culturel *stricto sensu*, qu'il s'agisse de participer au lancement d'un nouveau produit, d'animer l'arbre de Noël d'un comité d'entreprise, d'égayer un dîner ou un séminaire entre cadres dirigeants. Ou bien encore de " créer une ambiance dans les rues du centre-ville à l'approche des fêtes de fin d'année ". » Un marchand de chaussures-citoyen qui réalise des animations, le mercredi ou le samedi, avec le concours d'artistes variés (musiciens, jongleurs, équilibristes), proclamait que ses magasins « doivent être autre chose que des usines à vendre ». Le marché reste malgré tout éclaté, concluait-on : « On est dans l'événementiel, donc le conjoncturel. Les entreprises ne s'engagent pas encore sur des stratégies de long terme. » Ce qui ne voulait pas dire que l'horizon était bouché : restent en effet « les collectivités publiques, qui réclament de plus en plus d'interventions dans les quartiers en difficulté. Sans oublier les associations, antiracistes par exemple, qui font appel à un groupe de rap ou de hip-hop pour donner un air de fête à une manifestation ».

Si l'étrange nihilisme événementiel pouvait être rapproché de quelque chose, ce serait assurément des opérations de la théologie dite négative, avec son cheminement vers la transcendance par le biais d'une succession de propositions qui sont autant de retranchements ou de soustractions, et où toutes les déterminations, toutes les tentatives de concrétiser la Divinité indicible sont considérées comme des diminutions de celle-ci qui doivent être rejetées. Mais il n'y a aucune visée mystique (et encore moins cognitive) dans l'événementialisme négatif de notre époque. Le rien y est approuvé comme la seule positivité à notre portée. L'acceptation de tout ce qui apparaît (tout ce qui est « nouveau » est bien) est un des traits caractéristiques d'Homo festivus, dont le saint patron pourrait être en effet le Pangloss de *Candide*. Son adhésion non critique, inconditionnelle, aux inventions de la « modernité », le révèle (mais est-ce une surprise ?) comme tout à fait étranger à Hegel et au rôle essentiellement positif que ce dernier attribuait à la négation, par laquelle le donné se trouve sans cesse détruit pour laisser place à la réalisation de possibilités nouvelles. Le donné étant également du néant, on ne voit plus très bien ce que l'on pourrait désirer y modifier. Pour en terminer avec cette seconde non-guerre du Golfe, et insister sur la non-croyance complice et fervente qui, pour cette nouvelle occasion, a uni spectateurs et commentateurs, il est amusant de remarquer que les seuls à avoir manifesté une certaine crédulité à propos de l'imminence postiche de ce non-événement sont justement les apparatchiks planétaires de l'hyperfestif : je pense au gouvernement japonais et au Comité international olympique qui ont solennellement demandé aux États-Unis de ne pas attaquer l'Irak pendant les jeux d'hiver de Nagano. Il y avait là, en effet, un conflit exemplaire, et finalement le seul : entre le sport devenu aujourd'hui l'unique métaphore acceptable des anciennes guerres (dont il canalise la violence, qu'il met au service de la restauration du « vivre-ensemble » et de la recréation du « lien collectif »), et la guerre dématérialisée (mais publicitairement vendue comme une menace réelle) qui risquait de lui faire concurrence. Que les responsables du festif sportif aient été les seuls adversaires (les seuls dupes) de ce pseudo-néo-conflit, est finalement moral : les promoteurs des microscopiques et insupportables guerres à blanc du sport n'ont pas de pire ennemi que le réel en tant qu'accident.

Mais ils ont eu bien tort de s'alarmer : les progagandistes de la nouvelle non-guerre du Golfe ne parlaient, eux aussi, que d'une guerre à blanc.

À mesure qu'achèvent de se dissoudre, dans l'indifférence générale, la plupart des éléments de la réalité d'autrefois, se multiplient dans les mêmes proportions les entreprises précipitées de reconstruction de cette réalité à partir de ses propres débris. C'est le cas de ces anciens quartiers que l'on normalise, de ces rues que l'on a rendues au public sous forme de voies piétonnes congelées, et de ces bons vieux endroits quelconques de jadis qui deviennent des « zones d'activités » ou encore des « espaces ». C'est l'ensemble de la réalité récemment sinistrée qui devient l'objet de tentatives unanimes pour la relever, la rebâtir, la redresser tant bien que mal. Et « voir les choses comme elles sont », dans ces conditions, c'est voir précisément comme elles ont été transformées par ceux qui ne veulent pas qu'on voie ces transformations. Mais ce bricolage universel crée quelques emplois. La vie sociale elle-même, saccagée de fond en comble, est reconstruite de toutes pièces contre espèces sonnantes et trébuchantes. Dans *Topaze*, Pagnol évoquait un escroc appelé Ménétrier : « On lui a donné une très belle chaîne de montagnes du côté de Tananarive. Il est allé là-bas pour la vendre aux gens qui l'habitent », dit de lui un des personnages de la pièce. L'entrepreneur d'événements vend indifféremment aux populations actuelles catastrophes, accidents, incidents, coup de théâtre et réjouissances, toutes choses dont elles disposaient très bien sans lui, ou qu'elles étaient parfaitement capables de se procurer par leurs propres moyens, avant que la condition même d'existence de ces choses (le hasard) n'ait été éradiquée. On peut ainsi, de nos jours, rencontrer des socio-réparateurs dans tous les domaines. J'en ai même connu dont l'étonnant métier consistait à prendre contact avec des propriétaires d'appartements de luxe et leur louer ceux-ci au profit d'autres personnes désireuses d'y organiser un dîner, une soirée, enfin d'y recevoir des gens *comme chez eux*. Où l'on peut constater que la vie quotidienne a aussi tendance à entrer dans la catégorie de la reconstitution historique. Privé de toute substance, désincarné, éternisé, le rituel du dîner chic passe avec le reste de l'autre côté de l'Histoire, dans cette région où tout sonne creux, mais où tout se poursuit et se poursuivra sans nécessité, sans objet, parce que c'est comme ça et parce qu'il le faut. À chacun des niveaux d'activités humaines, la tentative de relever ce qui a été mis par terre, de rebricoler quelque chose avec les moellons du concret effondré, prend les allures d'une œuvre de longue haleine. Ce sera le travail du troisième millénaire. Toutes les activités « spontanées » ou « naturelles » de l'être humain ne vont plus de soi. Elles nécessitent, comme on dit dans les partis politiques en débâcle, d'être « refondées ». Et, bien entendu, quand elles le sont, elles n'ont pas davantage de sens, ni d'avenir, que les « refondations » politiques en question.

L'événementiel, en même temps qu'il cessait d'être un adjectif pour devenir un nom, a cessé de désigner des faits, des actes, des accidents, des incidents marquants. La seule chose qui n'existe plus dans le monde des entrepreneurs d'événements (mais comment les appeler ? événementialistes ? aventuriens ? péripétistes ? accidentiers ?), ce sont les événements : l'aventure qui survient sans être attendue. Le hasard, aujourd'hui, n'a pas du tout bonne presse. Il n'est plus dans le camp du monde qui gagne. L'imprévisible est une gêne. C'est le point noir, la hantise du marchand d'événements. Se produirait-il, quelques semaines avant l'an 2000, une péripétie inopinée, c'est-à-dire à l'ancienne, qu'elle apparaîtrait comme un scandale, et même comme un affront mortel, aux organisateurs de l'an 2000 ; lesquels se sont arrogé pour cette époque-là, plus encore que pour tout autre, le monopole de l'événement. Mais il y a peu de risque (ou peu de chance) que soient ainsi menacées les imbécillités bucoliques et les obscénités malpropres prévues pour saluer le nouveau millénaire (une ligne d'« arbres de la liberté » de Dunkerque à l'Espagne[1], un « Périphérock géant », des « Concerts pour 2000 », la « mise en lumière » du Pont du Gard, la « sonorisation » de Paris, etc.). La pacotille de l'événementiel ne croît et embellit que sur l'irréversibilité garantie du non-retour des événements.

Ce qui n'existe pas s'énonce promptement, et les organisations de fêtes requièrent aujourd'hui une éloquence si spéciale qu'il faut en donner, pour finir, un échantillon. Sous forme de déclaration d'intention poétique, il s'agit du programme d'animation d'une petite ville de la banlieue parisienne. On verra que la niaise rhétorique jubilante d'Homo festivus, créateur et recréateur du quotidien village Potemkine qu'est devenue la société, y ronronne à merveille et s'en donne à cœur joie :

« Toute une population à la hauteur !

Un événement fédérateur tenant du gigantesque et de l'élévation !

Une fête au service du hors mesure !

Créer un événement que les citoyens puissent s'approprier et qui contribue à l'histoire de leur ville.

L'urbanisme sera le cadre de scène de cette fête tout en hauteur ; son détournement et l'habillage de son architecture en seront les outils de travail et de création.

De la périphérie au centre, la fête occupera progressivement l'ensemble de la cité, jusqu'à son explosion ultime et son envol final.

---

1. Baptisée depuis « Méridienne verte », et définie oxymoriquement par l'un des malfaiteurs chargés de préparer les festivités de l'an 2000 comme un « grand monument modeste destiné à réunir tous les Français », cette rangée de dix mille arbres qui doit courir de Dunkerque à Barcelone a été inaugurée en novembre par la plantation, en présence de l'inqualifiable Trautmann, d'un chêne dans le Val-d'Oise. À l'ombre de cette crétinisante « Méridienne verte », tous les Français sont invités, le 14 juillet 2000, à « partager un banquet monstre » (*novembre 1998*).

Des ossatures plantées, des éléments perturbateurs feront irruption dans le quotidien, le modifieront, lui donneront un nouveau rythme, des formes changeantes et des couleurs plus chatoyantes.

La fête prendra corps, le vendredi, sur les places, dans les squares, les jardins publics.

Le jeu consistera à prendre progressivement possession de la ville. Des petites formes spectaculaires, campées sur des estrades à différents points de la ville, se donneront à voir.

Pour ce premier jour, l'implication des forces vives de la ville est essentielle. Des ateliers amateurs encadrés par des professionnels travailleront dans un sens commun autour du thème précis de " l'Envol ".

Le deuxième jour sera impulsé par le premier et par les associations de la ville. Les formes spectaculaires s'amplifieront et les défilés se recentreront. Du fantastique au grandiose, de l'irréel au superbe, tout désignera le centre-ville comme point de convergence et lieu festif.

Des élastonautes, des échassiers, des voltigeurs, des chanteurs à haut risque, des performances artistiques verticales, des bonimenteurs de haute trempe agrémenteront par leur brio les festivités. Ces professionnels donneront la couleur de la fête.

Au troisième jour, sonnera l'élévation. Des jets aériens, des événements en plein air, pyrotechniques, ou artifices sur cerf-volant, des lanceurs de ballons, des envols de mongolfières...

Puis la fête s'échappera et finira par disparaître. »

C'est toute la grâce qu'on lui souhaite.

MAI 1998

MEURTRE AU TAMAGOSHI

Dans ce monde sans esprit, il arrive que l'esprit vienne aux objets ; ou du moins qu'ils imitent le hasard qui partout s'est éclipsé. Tant bien que mal, et à leur façon, ils recréent alors ces « conditions défavorables » que le pouvoir autocratique de la Sécurité a fait disparaître, pour le plus grand malheur des hommes, même si on a généralement réussi à les persuader que tout cela était réalisé pour leur félicité. Ils recomposent cette « jungle » dont Nietzsche disait que l'absence rend « malades » certains individus, qu'elle transforme alors en « criminels ».

Partout célébrés, approuvés, claironnés comme des conquêtes fondamentales de l'époque qui commence, les phénomènes virtuels eux-mêmes se mettent à produire des effets visibles. S'ils ne doivent leur succès qu'à l'aspect festif qu'ils présentent d'emblée (c'est-à-dire dépourvu d'origines, de références, de dimensions historiques, de risques conflictuels et de contradictions), les phénomènes virtuels peuvent malgré tout, entre certaines mains quelque peu inhabiles encore, donc humaines, devenir autre chose que ce qu'ils étaient destinés à rester, et se retourner *dialectiquement* contre leurs utilisateurs, lesquels s'imaginaient, sur la foi des dépliants publicitaires et touristiques qui en vantent les qualités, n'avoir jamais qu'à en jouir sans contrepartie. Quand Homo festivus, l'être non problématique, triomphe et envahit la planète, ce sont les choses dont il se sert qui s'autonomisent et se rebellent pour le mettre en procès (ou même l'aliéner, comme on aurait dit autrefois). Ainsi lui est-il encore donné de connaître quelques pauvres aventures, et certaines catastrophes qui lui procurent l'impression que rien n'a changé au royaume de l'irréalité programmée.

Parmi tant d'autres inventions de notre époque féconde en trouvailles aberrantes, parmi tant de pacotilles bricolées dans la liesse et adoptées par tous avec une bonne humeur également remarquable, le « tamagoshi » paraît spécialement riche de signification. Créé au Japon, baptisé « tamagoshi » en raison de sa forme ovoïde (littéralement « adorable petit œuf »), ce gadget ridicule fait aussi fureur en France depuis quelques mois. Exploitant les dernières trouvailles de la technique électronique, il s'agit d'un minuscule objet à l'intérieur duquel « vit » un petit personnage, un bébé dinosaure, un poussin ou même un humain au berceau que son propriétaire se doit d'entretenir, d'élever, de nourrir, qu'il a le devoir de langer, mettre au lit et dorloter comme s'il avait entre les mains le destin d'un véritable nouveau-né.

Conçu d'abord comme un jouet réservé aux petites filles, sans doute parce que l'on s'obstine à leur supposer des penchants maternels particuliers, il a tout de suite connu un aussi vif succès auprès des jeunes garçons, ce qui démontre que les petits mâles sont désormais des mamans comme les autres. Mais il a plus encore séduit les adultes, ce qui prouve bien que ceux-ci sont également des enfants comme tout le monde. Ayant ainsi parcouru l'ensemble du champ de l'indifférenciation contemporaine, c'est-à-dire le territoire proprement acosmique où circule librement Homo festivus, et où il entend bien ne pas être dérangé dans ses opérations diverses qui ne se ramènent jamais qu'à des activités touristiques, les « tamagoshis » subjuguent la planète à titre de bébés de remplacement. Et ce n'est pas par hasard que ces « adorables petits œufs » triomphent alors même que l'enfance connaît une mutation sans précédent. Ce n'est pas par hasard s'ils apparaissent dans le moment où la procréation se trouve au centre d'un ensemble de métamorphoses extraordinaires (que l'on s'empresse de camoufler sous une sacralisation de la naissance elle-même sans exemple par le passé) ; dans le moment où les familles « éclatées » tentent de se recomposer autour d'enfants qui n'en sont plus vraiment ; et où les médias font monter en puissance autant qu'en épingle le fléau « pédophile », dont ils tendent les noirs prestiges comme un paravent destiné à soustraire aux yeux de tous la débâcle historique des différences sexuelles, et à rendre impossible l'analyse critique de cette débâcle comme de ses conséquences dans tous les domaines.

C'est de la mise en vedette de ses ennemis qu'Homo festivus tire la plus belle part de son pouvoir, et la plus durable. En festivosphère, c'est-à-dire dans cet Empire qui a perdu son Autre, son opposé, ses opposants, ses antagonistes, ses contradicteurs, et où même les vieilles notions de distance, d'écart, d'éloignement n'ont plus guère de signification, les discordances doivent être recréées comme le reste. Elles doivent être reconstruites de toutes pièces, puis conservées précieusement à titre de *dangers protégés*, parce que cet Empire a besoin de repoussoirs pour qu'on l'apprécie à sa juste valeur ; et de marges assez sordides pour dissuader quiconque d'avoir la tentation de le critiquer *de l'extérieur* : seule la critique interne, solidaire du « système », lui paraît encourageable. Grâce aux pédophiles (entre autres), et par contraste avec ceux-ci, Homo festivus peut être assuré qu'on le trouvera, lui, toujours plus désirable, ce qui n'est pas très difficile ; et surtout qu'on ne s'apercevra pas qu'il règne sur un système en proie à la plus virulente, à la plus odieuse des pédophilies : face à l'étalage des sinistres crimes d'un pervers quelconque, qui songerait à s'interroger sur la perversion *légale* des publicitaires, par exemple, et sur celle des marchands penchés avec gourmandise sur le phénomène délectable des *bébés prescripteurs* (ces intolérables néo-enfants qui, de plus en plus nombreux, décident de ce que leurs parents doivent acheter, depuis les pots de bouillie qu'avant même de savoir parler ils montrent de la main à leur mère dans les rayonnages des supermarchés, jusqu'à la marque de la voiture qui devra être choisie) ? Le monde hyperfestif est d'abord un royaume dont Bébé est le roi[1].

Il arrive également qu'il en devienne le cauchemar. Aux enfants prescripteurs, font alors écho les *babies killers*, ces tueurs en culotte courte que les États-Unis, semble-t-il, ont

---

1. Ce roi, bien entendu, est comme tous les rois entouré de bouffons. Mais la raison d'être de ceux-ci n'a rien de contestataire, à l'inverse de la fonction qu'occupaient ordinairement les bouffons de jadis. Les bouffons du nouveau roi, généralement chercheurs, professeurs, salariés du CNRS ou d'ailleurs, n'ont plus d'énergie que pour multiplier les interventions approbatrices. Ils couvrent les journaux de « tribunes » enthousiastes qui n'ont d'autre but que d'*applaudir à ce qui vient*. C'est ainsi que dans *Le Monde* un directeur de Centre de recherches en sociologie de la famille, après avoir critiqué vertement les derniers nostalgiques de la famille à l'ancienne, soumise à une autorité paternelle centrale, rappelait que le groupe familial, somme toute, n'a jamais d'autre utilité que de préparer aujourd'hui les enfants à évoluer dans la société de demain. « Or, poursuivait-il, toutes les prévisions nous annoncent que le monde de demain demandera des individus autonomes, capables de faire preuve de *flexibilité*. » Il semblait donc urgent à ce directeur de Centre de recherches d'inciter les familles à privilégier l'éclosion de ce nouvel individu flexible, de ce merveilleux homme-caoutchouc, de ce personnage élastique, malléable et pliable, auquel ne sera bien évidemment laissée la qualité d'« individu » que comme prix de consolation ; et à titre purement symbolique (*août 1998*).

vu naître, mais qui maintenant se répandent un peu partout. Le principe de réalité s'étant effondré (c'était le monde adulte), l'enfant mutant n'a plus aucune raison d'essayer de se dégager du principe de plaisir, qui lui-même n'est plus un moment du réel, comme autrefois, mais un univers cohérent et permanent, un vaste domaine autonome, enchanté, que l'on peut légitimement habiter à sa guise aussi longtemps qu'on le voudra. D'où pourrait venir une réfutation ? De quel lieu étranger au pays des merveilles de notre *pédosphère* ? Quelques romans, autrefois, ont mis en scène des enfants livrés à eux-mêmes sur des îles perdues : *Sa Majesté des Mouches*, ou *Deux ans de vacances*. Sans oublier, plus récemment, le cruel épisode de « l'île des enfants » dans *Le Livre du rire et de l'oubli* de Kundera. Mais le phénomène de la République des enfants, avec ses conséquences généralement dramatiques, n'est plus localisable, ni même peut-être racontable, puisqu'il n'y a plus rien pour en diverger. À l'enfant que sacralisent comme jamais les faux adultes d'aujourd'hui, après l'avoir d'ailleurs fabriqué selon des techniques toutes nouvelles, l'enfant criminel répond coup par coup, désormais, comme le berger à la bergère, et dans une espèce d'escalade mutuelle euphorique qui relève elle aussi du carnavalesque, même si celui-ci est sanglant. Il y a eu l'adolescent de Cuers, qui assassina trois de ses proches et quatorze autres personnes prises au hasard dans les rues. Puis Véronique et Sébastien, les fameux « tueurs-nés » de Gournay-sur-Marne. Et bien d'autres encore, comme ce lycéen de Bar-le-Duc, brillant et même surdoué, lecteur de Nietzsche et de Rimbaud, qui avait prévu de liquider toute sa famille mais qui s'est finalement limité à ses deux jeunes frères de treize et neuf ans qu'il a massacrés à l'aide d'un hachoir et d'un couteau de cuisine, avant d'aller trouver sa « psy » et de lui demander de prévenir la police.

L'enfant a changé de substance, de nature, de psychologie ; mais comme l'adulte en a changé aussi, et dans les mêmes proportions, il ne s'est pas aperçu de grand-chose. Ce qui fait que tout le monde continue de parler d'« enfants » et d'« adultes » sans s'aviser que ces appellations ne renvoient plus à rien de connu ; et que l'Occident, avec la nouvelle forme d'arrogance imbécile qui lui est propre, s'acharne à vouloir exporter son « modèle » d'enfant (désormais par définition criminel, ne serait-ce que dans les ignobles conditions publicitaires de sa survie actuelle) à travers toute la planète ; et, du haut de son désastre général, à donner des leçons, en tentant de les boycotter, aux pays dans lesquels existe encore le « travail des enfants » (voir la grotesque campagne récente « Libère tes fringues », dans certaines grandes surfaces, accompagnée d'un sinistre slogan : « Mettez de l'éthique sur l'étiquette »), sans oublier bien sûr la tarte à la crème du « tourisme sexuel ».

Au fur et à mesure que l'enfant se transformait, la conception que les adultes se faisaient des enfants se métamorphosait au même rythme. Dans le monde de la disparition de la réalité, dans le monde du non-apprentissage de la vie concrète, le droit à l'enfant relève également du principe de plaisir. Et *le bébé est un combat,* comme le proclamait une émission de télé il y a quelques mois ; ce qui prouve une fois de plus que nous en avons vraiment fini avec l'Histoire, le combat, les grandes « luttes à mort pour la reconnaissance » (en festivosphère, les combats aussi doivent être recréés de toutes pièces). Et s'il y a désormais un *droit à l'enfant* pour l'adulte, il existe réciproquement des *droits de l'enfant,* dont l'hilarante Déclaration a été concoctée par l'ONU. Dans ces circonstances, ce qui disparaît c'est le temps lui-même et son déploiement : la maturation ni le vieillissement n'ont plus lieu d'exister. L'ère hyperfestive est celle d'un temps sans temps. Cette immatérialité supplémentaire est favorable, comme les autres, à la perpétuité du principe de plaisir, que le principe de réalité ne vient plus entraver. Et l'enfant qui tue ses parents ou massacre ses petits frères manifeste, à sa façon, que le principe de réalité s'est effondré, qu'il n'y a plus de dissension entre le rêve (être orphelin) et le réel (s'adapter). À quoi le pédophile, qui réalise lui aussi un rêve (posséder l'objet de son désir) et ignore la loi (y compris celle du temps), ne fait peut-être que renchérir en criminalité.

C'est dans ce climat général d'irréalisation sans limites qu'apparaît le « tamagoshi », comme révélateur de ce qu'est aujourd'hui n'importe quel enfant concret aux yeux d'un adulte (aux yeux de quelqu'un d'auto-annulé en tant qu'adulte), et comme symptôme de ce que *font* réellement les ersatz d'adultes de maintenant quand ils font des enfants. C'est aussi dans ces conditions particulières qu'il peut arriver à ce jouet virtuel de produire, « dans le réel », des effets que le réel lui-même, désinfecté de toute menace de négatif, en proie à l'asepsie radicale, serait bien en peine d'inventer. On peut désormais, à condition de fréquenter des locaux d'entreprises, voir des employés quitter précipitamment l'écran devant lequel ils travaillaient, et, l'air soucieux, se ruer dans un coin pour y nourrir en catastrophe leur « adorable petit œuf » parce que celui-ci vient de se rappeler à leur bon souvenir en lançant des bip-bip déchirants. En de tels moments, il serait illusoire de faire remarquer au sauveteur angoissé qu'il n'a entre les mains qu'un vulgaire gadget dépourvu de toute existence, une chimère électronique privée de vie, d'identité, et bien sûr de destin. Dans notre monde en cours de pacification, s'il n'y a plus guère de différence entre l'univers humain et l'univers animal, il n'y en a pas beaucoup plus entre ceux-ci et l'univers virtuel. Si la distinction entre humain et non-humain s'efface, on ne voit pas pourquoi les objets ne bénéficieraient pas, eux aussi, d'une reconnaissance pleine et entière (sauf à risquer de leur faire subir un régime de ségrégation des plus abusifs). D'autant qu'en l'occurrence, avec le « tamagoshi », il s'agit d'un objet propre à attendrir, à émouvoir, à bouleverser une humanité qui, c'est le cas de le dire, ne se préoccupe plus du tout de savoir si c'est la poule qui fait l'œuf ou si c'est l'œuf qui fait la poule. D'ailleurs, il n'y a même plus de poule et même plus d'œuf. À sa façon, le « tamagoshi » réalise presque idéalement le rêve de reproduction asexuée, de procréation autiste (sans père et sans mère) qui sera peut-être un jour pour tous le comble de la festivophilie en matière d'engendrement.

C'est un jouet, mais ce n'est pas qu'un jouet. C'est aussi une sorte de petit « être » à qui il arrive des choses, quelqu'un qui a faim, qui a sommeil, qui peut être victime d'accidents si on ne s'en occupe pas. De cette façon le hasard, forcément éradiqué pour la sécurité générale, se retrouve plus ou moins restauré, sous une forme parodique, et tout le monde est content. Un minuscule fait divers survenu le mois dernier illustre cette situation et lui donne un prolongement romanesque que la plupart des romanciers d'aujourd'hui seraient bien en peine d'inventer. L'affaire se passe sur une route du Midi de la France, du côté de La Ciotat. Brusquement, alors qu'elle pilote sa voiture, une jeune femme a l'attention alertée par son « tamagoshi » : celui-ci, accroché à sa clé de contact, se met à lancer des cris d'agonie. Installé près d'elle côté passager, l'homme qui l'accompagne se précipite pour nourrir le bébé électronique et tenter de l'arracher à une mort certaine. Tout en continuant à rouler, la conductrice surveille cette délicate opération. Elle est angoissée. Elle s'alarme. La crainte de perdre son « bébé » lui fait oublier qu'elle est en train de conduire ; et que ce n'est pas un bébé. Elle ne regarde plus devant elle. Durant un instant, sa propre présence, sur cette route malgré tout réelle, s'efface de son esprit. Ce « tamagoshi » agonisant, cet objet qui est par lui-même annulation de la réalité, annule son existence dans cette voiture et à ce volant. Ainsi fauche-t-elle deux cyclistes qui avaient le tort de rouler au même moment qu'elle sur la même route, deux individus qui avaient le malheur d'appartenir encore au monde ancien des vivants, ou plutôt au monde des vivants à l'ancienne.

Le premier est mort sur le coup. L'autre a été transporté à l'hôpital dans un état grave.

Mais l'histoire ne dit pas, et c'est bien regrettable, si le « tamagoshi » a pu être sauvé.

HOMO FESTIVUS FACE À LA HAINE

Le jour même où Papon était condamné, après un laborieux hiver de liquidation historique, *Libération* annonçait le programme des réjouissances paroissiales de l'époque commençante : la prochaine Love Parade de Berlin était fixée au 11 juillet, et celle de Paris, sous la minable, donc pertinente, appellation de « Charivari électronique », au 19 septembre. Une telle synchronicité peut paraître artificielle et elle ne l'est pas. Un monde s'en va, un autre s'installe. Que le second soit moins nocif que le premier, nul n'en saurait douter ; mais c'est peut-être qu'il est très loin encore d'avoir produit ses vrais effets.

Quelques semaines plus tôt, le même quotidien publiait pour la première fois un supplément intitulé « Paris Mômes », et il était rédigé dans ce style gai, culturel, colorié, moderne jusqu'à l'os, dont nous commençons à ne plus ignorer quelques procédés rhétoriques, ainsi que la terminologie particulièrement niaise. Il avait pour but de porter à la connaissance du public jeune l'ensemble des fiestas parisiennes de février et de mars, comme autant de cataclysmes infantiles qu'on ne saurait refuser : « Fous de carnaval, bébés planeurs, fashion pas victimes, lutins de la

Saint-Patrick. Le guide allumé du printemps annoncé. » Un second numéro concernant avril et mai devait lui succéder : « Pêchers d'amour, visites à cloche-pied, nounours totémisés, torticolis-sur-Brie. Le guide printanimé des joyeux vermisseaux. »

Simultanément, *Le Monde*, la télévision et *Le Nouvel Observateur* saluaient la naissance d'un nouvel écrivain, une romancière de vingt-trois ans au message douceureusement aligné sur l'esprit du moment : à travers son livre, elle avait voulu évoquer des choses originales comme « la vie d'aujourd'hui dans un milieu parisien à la fois étudiant et intellectuel : le travail, les promenades dans Paris, les fêtes, la légèreté et le temps qui passe sans qu'on s'en aperçoive » ; elle s'avouait aussi très hostile à « la morale judéo-chrétienne du ressentiment » et de la « culpabilité », ce qui ne risquait pas de la faire mal voir. Autant de pauvres clichés qui n'auraient certes jamais trouvé le moindre abri éditorial si leur auteur n'avait été la fille naturelle du défunt Mitterrand, mais qui peuvent être considérés comme un accompagnement de plus de l'époque qui démarre, et même comme la musique de fond approbatrice du nouvel univers que tout le monde souhaite moral, désinvolte, léger, festivisé, innocent puisque enfin nettoyé des derniers souvenirs du passé honni. Et le plus significatif est encore que ces propos aient été tenus par la fille d'un des derniers hommes politiques à avoir été mêlé aux aventures du siècle qui meurt. De ce point de vue, il est possible de considérer la fade apparition de l'aimable Mazarine Pingeot comme un ultime et involontaire « meurtre du père », en même temps qu'une souriante annonce des nouveaux temps proférée par l'une de ses plus fraîches prêtresses.

L'ère hyperfestive, qui est le tombeau de toute vision critique et autocritique, est aussi la machine épuratrice de toute dérision et le broyeur automatique où tout sens du ridicule achève de s'effacer. Le rire avait partie liée avec le concret, et il n'avait partie liée qu'avec lui. Il est donc normal qu'il passe de plus en plus pour un corps étranger. Le parti festif (Péguy parlait bien d'un « parti intellectuel ») règne dans une abstraction religieuse d'où le sourire ne peut être qu'exclu. Sous les feux croisés de la festivisation intégrale, le paradoxe lui-même, facteur de distinction, de distance, de différenciation, n'a aucun droit de cité. Il n'y a donc plus moyen de faire apprécier le burlesque de certaines situations, ni l'obscénité des discours qui sont tenus sur elles. Souligner le synchronisme des événements est presque désormais la seule chose qui soit susceptible d'en éclairer le sens. Tous les faits que je viens d'énumérer se sont déroulés en quelques jours. Dans ces mêmes jours, a encore eu lieu la première « nuit techno » parisienne, dans la salle omnisports de Bercy, et c'est avec un impayable sérieux qu'elle a été présentée comme une « date importante » dans « l'histoire des musiques électroniques en France ». Elle a bien sûr été saluée par l'insubmersible Jack Lang, tâcheron galonné de la modernité caramélisée, qui y a vu « le début d'une ère de liberté nouvelle, d'amitié et d'échange ». Dans ces mêmes jours aussi, malheureusement, le plus sombre des fantômes n'a cessé de ressurgir, de croître et d'embellir et d'empester l'atmosphère sous la forme répulsive du Front national.

L'émotion née de l'alliance de certains hommes de droite avec le parti néofasciste français a solidairement déclenché une éruption d'antifascisme onirique nullement stupéfiante pour qui connaît notre époque. Avant de l'évoquer, et dans le but de mesurer plus précisément le chemin parcouru pour en arriver à l'ère festiviste, on peut se souvenir de ce que Pasolini, il y a vingt-huit ans, osait encore écrire de cette « forme d'antifascisme archéologique qui est en somme un bon prétexte pour se voir décerner un brevet d'antifascisme réel ». Il s'agissait, à ses yeux, d'« un antifascisme de tout confort et de tout repos », pour autant qu'il s'attaquait à un mal archaïque. Le vrai fascisme nouveau, continuait-il, c'est « ce que les sociologues ont trop gentiment nommé " la société de consommation " » ; dont les résultats, à les bien examiner, étaient ceux « d'une dictature, d'un fascisme pur et simple » en train de transformer les êtres humains jusqu'au fond de l'âme, et si savamment qu'ils ne s'en rendent même pas compte. Et il concluait par ces mots encore mille fois plus inadmissibles aujourd'hui qu'en 1974 : « le fascisme est fini (et donc l'antifascisme rendu vain) parce que quelque chose de pire le remplace : le pouvoir de la consommation et son idéologie hédoniste. »

Considérations bien légères, on le reconnaîtra, et proférées en des temps désormais révolus. Il serait possible, d'ailleurs, de remonter encore un peu plus loin dans le siècle, et de relire avec surprise ces phrases d'Asger Jorn publiées en décembre 1960 dans le numéro 5 de l'*Internationale situationniste* : « Un des trucs classiques des démagogues est d'ameuter les gens contre des dangers qu'ils connaissent tous, et qui les excitent, mais qui sont devenus inoffensifs. Depuis la guerre, c'est la mode de crier au fascisme à tort et à travers, alors que l'on prépare de nouveaux conditionnements socio-culturels, alors que les nouveaux dangers idéologiques paraissent inoffensifs. » De tels propos sont d'autant plus irrecevables de nos jours qu'ils impliqueraient, si on les prenait en considération, la critique permanente du présent en tant que présent, et la connaissance exacte des nouvelles « racines du mal », seules conditions raisonnables pour être en mesure d'élaborer une critique pertinente du néofascisme en tant que mal « archaïque » et toujours présent. Mais notre petit univers médiatico-intellectuel, où paradent tant de rebelles de synthèse, tant de fonctionnaires anarchistes, tant de frondeurs institutionnels, et où l'« incorrection politique » est un rituel de reconnaissance, possède les moyens de se référer *en même temps* à des gens comme Pasolini, Asger Jorn, etc., et d'adopter pour survivre selon ses pauvres intérêts les pompeuses attitudes que ceux-ci avaient dévalorisées sans fatigue il y a déjà trois ou quatre décennies.

Dans nos lendemains honteux de disparition du monde concret, dans cette période que les observateurs assermentés nomment changement de civilisation, alors qu'il s'agit de la mise en place, sous le fouet de propagandes diverses, d'un nouvel univers ridicule et odieux, la dénonciation d'un danger véritable mais déjà *connu* sert de cache-misère à cette disparition. Elle sert également à cacher la destruction de toute pensée et de toute littérature, du moins si l'on en juge par la façon dont quelques belles âmes écrivantes ont cru bon de répondre, en mars dernier, au péril néofasciste.

« Face à la haine », a titré *Le Monde*, et ce journal a sollicité trente et un écrivains pour participer à ce face à face. Comme il y avait, ce jour-là, et dans cette même publication, un autre supplément de format similaire mais qui n'était, lui, qu'un dépliant culturel et touristique émanant du Comité départemental du tourisme des Bouches-du-Rhône, j'ai confondu quelques instants ce prospectus publicitaire avec le véritable appel aux armes et aux bonnes volontés de nos trente et un écrivains. D'autant que ce supplément s'intitulait : « Dans ce monde de fourmis… » Tiens, me suis-je donc dit, dans ce monde de fourmis on a trouvé trente et une cigales, c'est-à-dire trente et un individus susceptibles d'écrire en dehors ou à rebours des intérêts communautaires, communicants et humanitaires ? Trente et une personnes capables d'oublier, fût-ce l'espace de quelques paragraphes, la morale programmée de la Vertu et de la Culture, l'approbation obligatoire du reformatage du monde par les valeurs universelles, le règne du Neutre totalitaire et le despotisme de la *world music* ? Cet étonnement, bien sûr, n'a été que de courte durée, et quand on regarde les textes de ces trente et un écrivains « face à la haine », ce qu'on ne comprend plus c'est que le Front national n'attire que quinze pour cent de Français, tant la dramatique faiblesse de ses ennemis éclate en plein jour.

Ces imprécateurs ne sont pas doués, et c'est le moins que l'on puisse dire, pour imprécater. En leur demandant de crier très fort, on ne leur rend pas service. C'est sur leur plaie que l'on met le doigt. C'est leur inhibition que l'on révèle. C'est leur faiblesse à donner une expression à la plus légitime des allergies que l'on met en lumière. Ils ont trop léché notre divine époque. Ils ont la langue chargée. Et maintenant, pour camoufler leur résignation au monde tel qu'il se mondialise, ou même pour dissimuler leur approbation active de celui-ci, ils n'ont plus que la lutte (totalement justifiée, faut-il le préciser) contre le néofascisme. On voit bien leur hyperexcitabilité à la question, mais on ne voit qu'elle ; et, comme elle ne produit que peu d'étincelles sur le plan rhétorique, elle ne renseigne que sur eux. L'éloquence n'est pas leur fort ; ni les phrases qui coupent, ni les mots qui ravagent, ni les arguments qui mordent, ni les raisonnements qui balafrent, ni les ellipses qui meurtrissent, ni les tropes qui contusionnent, ni les appositions qui déchiquètent, ni les métaphores qui écorchent, ni les comparaisons qui molestent, ni les exclamations qui flagellent, ni les périphrases qui contondent, ni les litotes qui cinglent, ni les virgules qui griffent, ni les épithètes qui crachent du feu.

Le petit poème conjuratoire de Roubaud (« Le Pen pollue le Languedoc-Roussillon, Le Pen pollue la Bourgogne... »), il n'est même pas nécessaire de le lire à haute voix pour savoir que ce n'est pas Hugo ni *Les Châtiments*, encore moins *Les Tragiques* d'Agrippa d'Aubigné. Traiter Le Pen, comme fait un autre, de « bouffon borgne », est assez pitoyable. Et surnommer le Front national « Parti des

Ténèbres », c'est seulement insulter la profonde beauté des mystérieuses ténèbres. Ces gens sont trop bons. À force de chasser la « violence » de partout, ils n'en trouvent même plus l'ombre en eux, quand il s'agit de la retourner contre le Mal radical. Ils avaient pourtant une occasion qui ne se reproduira peut-être pas de sitôt de donner toute leur mesure ; mais la seule chose qu'ils savent faire encore, c'est demander des lois et des interdictions. Quand ils ont avoué, d'une manière ou d'une autre, leur *désir de loi*, c'est-à-dire leur envie furieuse d'infantilisation, d'assistance et de maternage social, ils sont arrivés à peu près au maximum de leur véhémence. La nécessaire lutte contre le racisme et les « réactions identitaires » va jusqu'à pousser l'un d'entre eux à exiger qu'on arrête séance tenante de parler de « roman caraïbe » parce que c'est un *étiquetage*, au même titre que « littérature féminine », ou encore « jeunes écrivains », et qu'ainsi on fait bon marché de *l'universalité* du projet à l'œuvre chez tous ces artistes. À force d'universalité monopoliste, de religion de l'universel, et de recours inconscient (angélique) à toujours plus de mondialisation sauvage, il ne va plus rester beaucoup de mots sur le marché ; et encore moins d'autonomie de pensée. Il y en a un autre qui appelle de ses vœux une « tempête de transparence » pour « éradiquer le chiendent » du fascisme. Une tempête de transparence ? Pour éradiquer du chiendent ? On serait curieux de voir ça représenté, même par un simple croquis, ne serait-ce que pour comprendre ce que ça peut donner[1].

---

1. C'est d'ailleurs faute d'être capable de l'éradiquer, ce chiendent néofasciste, qu'Homo festivus se venge sans cesse sur des adversaires plus commodes, et procède à une perpétuelle chasse aux sorcières des grands hommes du passé, auxquels il reproche tout ce qu'il n'a jamais été capable d'être ; et tout ce qu'il ne sera jamais. Il y a quelques mois, *Le Nouvel Observateur* faisait l'éloge d'un ouvrage intitulé *Histoires secrètes*

Au moment de s'enflammer, ils ont le souffle court, le verbe désarmé. Et même si ce qu'ils disent n'est pas nécessairement bête *en soi*, c'est ridicule *en tas*. Et on ne peut pas ne pas penser que c'est en tas qu'ils se sont voulus. Et qu'on les a voulus.

de la psychanalyse. « À vous lire, se réjouissait l'interviewer, Freud serait un homme sectaire, tyrannique, essentiellement préoccupé par un prix Nobel hypothétique. » Mais oui, répondait l'autre, c'était un personnage « terrible ». Pensez donc : il avait « une vision extrêmement orgueilleuse de la psychanalyse » ; il s'était entouré d'une « garde rapprochée » ; il a éliminé ses disciples hérétiques ; et puis, comme le disait Ferenczi, « il n'a jamais aimé que lui-même et son œuvre ». Enfin, avec sa découverte, il s'est vanté d'avoir infligé, après Copernic et Darwin, la troisième « blessure narcissique » à l'« arrogance humaine ». Dans tout cela, rien de bien pendable ; rien non plus qui ne soit connu depuis cinquante ans. Ce qu'il y a de nouveau, c'est la façon d'accuser : cette puérilité de gosse en larmes qui va se plaindre à un surveillant dans la cour de récréation parce qu'un de ses condisciples a été « méchant ». Comme on s'est plaint de la méchanceté de Picasso, dans ce film lamentable où, se félicite un autre journaliste, le dernier génie de la peinture est portraituré comme « un homme possessif, coléreux, dépressif, comédien, égoïste, avare », en somme un être humain. « Picasso le macho », titre honteusement l'article rendant compte de ce spectacle imbécile qui montre « un personnage dont on n'aurait pas aimé croiser le chemin ». Pas plus qu'on aurait aimé, comme le confiait récemment au *Figaro*, avec l'arrogance propre à notre époque, la jeune guide du château de Grignan (une certaine Lili), croiser le chemin de Madame de Sévigné : cette dernière, en effet, évoluait « dans un monde à part, un monde de nobles qui vivaient dans une bulle sans se soucier du sort des autres ». Mais on n'aurait pas davantage, après tout, aimé croiser le chemin de Babar, dont les aventures ont aussi été dénoncées par un crétin américain comme « anticolonialistes, sexistes, antidémocratiques », etc. En bref, et qu'ils soient imaginaires ou non, Babar, Picasso, Madame de Sévigné, Freud et bien d'autres encore, sont de ces individus décidément innombrables (certains ont même été, si je ne me trompe, la fierté de l'espèce humaine) à qui on peut certes attribuer un *vingt sur vingt en virtuosité*, mais un *zéro pointé en humanité* (*septembre 1998*).

DU NOUVEL ORDRE MUSICAL

L'incapacité dans laquelle se trouvent presque tous les commentateurs de définir notre réalité présente et de lui donner son nom spécifique conduit à l'envisager infatigablement en se servant des éléments de références ainsi que du vocabulaire du plus boueux passé. Pétain, Vichy, l'horreur des camps, l'énormité du génocide, les sinistres fantômes de la collaboration servent à tout conjurer alors qu'on fait semblant, par eux, de pouvoir tout expliquer. Cinquante ans se sont écoulés, et on n'a rien trouvé de mieux que Hitler pour *nommer* Le Pen. Même si ce n'est pas faux, ce n'est pas fort non plus. Ameuter contre un danger contemporain en n'étant même pas capable de lui donner son nom contemporain, c'est transformer un vrai péril vivant en repoussoir ritualisé, en statue de cire décorative autant qu'inopérante.

Faute de penser la morale, on moralise la pensée ; et le mort dévore le vif. L'ignorance de la plupart concernant le siècle où ils se trouvent leur interdit de comprendre même les causes du « vote Le Pen ». Ce n'est pas en rabâchant, derrière les médias, que tout le mal vient du chômage, de l'« immoralité de la vie publique », des affaires de corruption ou du processus de destructuration urbaine, que l'on aura la moindre chance de saisir les tenants et les aboutissants d'un pareil phénomène. Se croire pharisaïquement exempté de la « haine » ne prédispose pas à en déchiffrer les origines multiples. Aux antipodes de ces trente et un missionnaires du *Monde*, très loin de ces amateurs compulsifs des vampires de l'Histoire et des loups-garous du musée Grévin, quelqu'un comme Finkielkraut, lorsqu'il évoque tout récemment le bruit dans les cités, ce vacarme imbécile à cause duquel des gens peuvent basculer dans la haine justement, touche avec bien plus de sensibilité une vérité concrète dont personne ne parle jamais parce qu'il faudrait, par la même occasion, mettre en procès toute l'époque qui commence, et d'abord le bruit, qui apparaît comme son instrument de conquête le plus applaudi.

Loin d'être considéré comme un cataclysme abominable, on le voit au contraire fêté comme une sorte d'état de perfection auquel nul ne saurait tenter de se soustraire sans faire preuve automatiquement des pires tendances régressives et pour tout dire réactionnaires. Il y a quelques mois, un dossier du *Nouvel Observateur*, en apparence consacré aux méfaits du bruit, débouchait comme par fatalité sur l'apologie du vacarme de la musique et des concerts infernaux. De l'atroce condition faite désormais en toute circonstance aux citadins actuels, on glissait sans crier gare aux soucis des propriétaires de salles et aux tracasseries qu'ils doivent subir de la part de ces mêmes citadins obsédés de silence. Ces spectacles tonitruants, finissait-on par conclure, sont sacrés parce qu'ils sont sources d'activités, donc d'emplois. Et un organisateur de concerts pouvait s'écrier sans étonner personne : « Nous attaquer en justice, c'est un crime contre l'activité économique » ; tandis qu'un autre du même acabit y allait avec encore moins de vergogne dans le plus écœurant chantage démagogique : « Si l'on veut que Paris devienne aussi calme qu'une sous-préfecture, il ne faudra pas s'étonner ensuite que cela se fasse au détriment du tourisme, donc de l'emploi. » Plus récemment encore, dans *Libération*, à propos d'un rapport du Conseil économique et social, on déplorait que « le traitement du bruit implique souvent le ralentissement d'une activité lucrative ou génératrice d'emplois ». Et l'on en voulait pour exemple « l'héliport francilien d'Issy-les-Moulineaux, implanté au cœur de la ville », qui était censé illustrer « à merveille cet antagonisme entre qualité de la vie et dynamisme économique ». On finissait par remarquer cyniquement que la lutte contre le bruit n'a aucune valeur marchande (« hors la taxe de décollage des avions »), et que, par conséquent, elle n'a pas d'avenir.

Ce qui n'est pas le cas, bien sûr, des *rave parties* dont le miséreux et cataclysmique vacarme, partout où elles se produisent, fait trembler les habitations jusqu'à dix kilomètres à la ronde, mais que leurs panégyristes présentent avec astuce comme d'innocentes réjouissances persécutées scandaleusement par les puissances les plus obscures de la société. Il faut cesser de diaboliser ces rassemblements, s'indignent-ils en chœur lorsque de timides résistances se font jour. Et, comme l'a déclaré (après une rave en Bretagne qui avait mal tourné et s'était soldée par la mort d'un jeune homme) un honteux sociologue du CNRS, « chacun doit avoir le droit de pouvoir exprimer ses préférences culturelles ». La « préférence culturelle » pour le silence étant évidemment exclue du catalogue officiel de ces nouvelles et burlesques « préférences ».

D'une façon générale, les critiques qui voudraient passer pour les plus radicaux de la « dégradation des conditions de vie » se gardent avec soin d'aborder la question *actuelle* de la musique et de classer celle-ci au sommet de l'échelle des nuisances contemporaines. Le monde hyperfestif a sécrété sa classe de bons apôtres réformistes. Ceux-ci se reconnaissent à ce qu'ils peuvent, par exemple, considérer l'usage *exagéré* de la musique comme une faute ; ils n'iront jamais, néanmoins, jusqu'à découvrir que la musique d'aujourd'hui n'est plus la musique d'autres époques passées, qu'elle aussi a muté, et que sa consommation n'a rigoureusement plus le même sens que dans les siècles précédents. L'air irrespirable, les « pics de pollution », le scandale du transport des déchets nucléaires et la « qualité des eaux de baignade » représentent des sujets de mécontentement suffisamment consensuels, aux yeux de ces bouffons négateurs, pour qu'il soit jugé inutile de soulever d'autres problèmes beaucoup moins fédérateurs.

Aussi, quand on traite du bruit, est-ce seulement celui des routes, des rues, des boulevards périphériques ou des autoroutes qui est évoqué, et jamais celui de la néomusique, laquelle peut se permettre de déployer sa gigantesque malfaisance en toute impunité. Les spécialistes les plus sourcilleux de la « qualité de la vie » peuvent éventuellement stigmatiser, quand ils traitent cette affaire, un excès de bruit ; jamais ils n'iront jusqu'à blâmer l'ensemble des musiques de notre temps, et leurs abominables moyens de diffusion, et les raisons pour lesquelles en raffole une humanité si parfaitement désolée. Parlant *de l'intérieur* du système festif, ils ne sauraient en désavouer le bras armé musical. De sorte qu'il s'agit toujours d'une critique de détail, qui s'attarde sur des phénomènes limités, des à-côtés futiles, condamne des nuisances déjà condamnées par la majorité, et cette critique se résume finalement, par son silence même, à l'apologie des plus monstrueux prestiges de l'ère hyperfestive. En évitant cette question toute neuve, ils ne peuvent comprendre la vérité d'une société dont l'usage totalitaire de la musique est l'une des conquêtes les moins menacées.

Il y a une certaine jouissance, il faut bien l'avouer, à tenter de suggérer avec de bons arguments que ce qui s'affirme aujourd'hui comme le centre désirable du nouveau monde n'en est, en réalité, que le cœur aberrant parce qu'il condense en lui-même tous les éléments d'approbation de ce nouveau monde indésirable. Si j'appelle hyperfestif le moment actuel, si j'essaie d'acclimater des termes comme festivosphère, festivisme ou festivocratie, si je tente de nommer Homo festivus l'être d'aujourd'hui, cet être qui n'est plus vraiment *parlant*, comme on disait autrefois, mais qui m'apparaît plutôt et d'abord *festivant*, ce n'est pas seulement pour le plaisir de mettre en circulation quelques notions inédites, donc nécessairement plus dynamiques que toutes celles dont on se sert et qui sont usées jusqu'à la corde ; c'est d'abord pour outrager une civilisation qui accumule tant de catastrophes avec un contentement aussi enragé. Et aussi pour décrire la société hyperfestive comme la véritable *héritière* du pouvoir en général, dont elle récupère les ruines, et auquel elle tente de succéder dans tous les domaines. Qui voudrait raconter la préhistoire de ce festivisme aujourd'hui tout-puissant devrait sans doute remonter à l'affaire Dreyfus telle que l'évoque Hannah Arendt, et insister sur le rôle saugrenu mais capital joué, dans ce drame, par l'Exposition universelle de Paris, prévue pour 1900. C'est devant l'imminence de cette festivité, et parce que certains pays, révoltés contre l'injustice qui frappait en France un officier, menaçaient de boycotter l'Exposition universelle, que les plus hautes autorités se résignèrent à en terminer avec l'affaire. Ainsi obéirent-elles donc bien moins à des impératifs moraux ou à des considérations de justice élémentaire qu'elles ne se plièrent à la suprématie d'un festivisme encore pourtant dans l'œuf ou presque. C'est sous les fourches caudines de l'autorité hyperfestive qu'elles se décidèrent à passer. Pour la première fois, peut-être, dans l'Histoire, le festif se révéla un impératif qui dominait tous les autres. Et, comme l'écrit froidement Hannah Arendt : « C'est au dernier acte qu'il apparut que le drame dreyfusien était en réalité une comédie. Le *deus ex machina* qui refit l'unité brisée de la France, convertit le Parlement à la révision puis réconcilia les partis hostiles, de l'extrême droite jusqu'aux socialistes, n'est autre que l'Exposition de 1900. Ce que n'avaient pu ni les éditoriaux quotidiens de Clémenceau, ni la rhétorique de Zola, ni les discours de Jaurès, ni la haine populaire du clergé et de l'aristocratie, c'est-à-dire le revirement du Parlement sur le problème de la révision, ce fut la peur du boycott qui l'accomplit. Le même Parlement qui, un an auparavant, avait rejeté la révision à l'unanimité, refusa cette fois, à la majorité des deux tiers, la confiance à un gouvernement antidreyfusard. En juin 1899, le cabinet Waldeck-Rousseau fut formé. Le président Loubet gracia Dreyfus et liquida toute l'affaire. L'Exposition put s'ouvrir sous les plus brillants auspices commerciaux ; une fraternisation générale s'ensuivit (...) Quelques mois plus tard, en mai 1900, quand le succès de l'Exposition fut assuré, la vérité se fit enfin jour. Tous ces apaisements tactiques étaient aux dépens des dreyfusards. »

L'effondrement récent du vieux conflit droite-gauche en France, par explosion de l'un des éléments de ce couple (la droite républicaine et libérale), peut être interprété comme un effet de l'actuelle poussée générale d'indifférenciation qui oriente la société et dont Homo festivus est le bénéficiaire. Le Pen, de ce point de vue, n'aura servi qu'à faire s'écrouler tout un monde d'antagonismes qui ne tenait plus qu'à un fil. Si la gauche a encore l'air de mieux tenir le coup, c'est que ses principes fondamentaux et sentimentaux cadrent plus étroitement avec le programme hyperfestif ; mais elle aussi s'affole : elle sait bien que sans la droite, sans l'ersatz de droite qui la faisait exister en tant qu'ersatz de gauche, elle n'est plus grand-chose ; et que la rupture d'équilibre peut être dramatique également pour elle. Va-t-elle même encore être longtemps « la gauche » sans son vieux complice de bonneteau ? Elle a déjà tout oublié de son essence négatrice, jadis basée sur des hostilités de classes, au profit d'une inflation de morale et de vertuisme sans précédent. Elle a remplacé le matérialisme dialectique par la pratique du Bien et substitué à la dictature du prolétariat le terrorisme des « valeurs ». Et finalement, ce n'est même plus le vieux conflit droite-gauche qui s'écroule, mais la réalité politique elle-même en tant que conflit. C'est le conflit qui, après avoir capitulé dans la société, capitule aussi électoralement au profit de l'homme festiviste, donc post-polémique, dont ces écroulements accompagnent le triomphe.

De sorte que la critique du néobruit, même si elle paraît dérisoire, contient déjà en elle-même une critique complète du nouveau monde festif ; avec lequel le mal néofasciste entretient de nombreuses relations d'affinité, même et surtout quand il lui sert de repoussoir indispensable.

LA GAUCHE CAVIARDE

« Face à la haine », titre *Le Monde*. Et, du coup, on installe trente et un écrivains face à cette haine. On les place devant. On les assoit là. Comme les vacanciers des tableaux de Boudin en face de la mer. Face à une sauvagerie à contempler pour l'apprivoiser ou l'éradiquer. Mais qu'est-ce que la haine ? Il est frappant que tout le monde ait l'air de le savoir *a priori* ; il est étonnant que personne ne semble avoir besoin de considérer cette question d'abord en tant que *problème*. Et tout se passe, alors, comme si la littérature (dont ces trente et un écrivains sont tout de même supposés représenter une sorte de quintessence) y avait toujours été étrangère, à la haine. Comme si elle était, jusque dans ses plus hautes manifestations, pure de ce sentiment. Comme si la haine, désormais, était *l'autre* intégral de la littérature, son autre absolu, son tout-autre incommensurable. Était, ou devait l'être. Était sommée de l'être. Comme si la littérature de l'avenir, en tout cas, ne pouvait plus se présenter qu'habillée de lin blanc et de probité candide. Ou encore, comme si la littérature n'avait jamais eu partie liée avec le négatif, l'abject, la terreur, le démoniaque, la folie, l'innommable, l'insanité, la répulsion, l'infect, l'hostilité, l'immoral, le pervers, l'inhumain, l'horreur, l'immonde, la souillure, l'inassimilable. Éros, bien sûr, et Thanatos.

« Face à la haine ». En installant trente et un « écrivains face à la haine », donc en désignant la morale comme fin exclusive de tout ce qui s'écrit, on achève de transformer la littérature en ligue de vertu ; et ce qui avait été dit, pendant plusieurs siècles, sur la négativité comme condition vitale, aussi bien dans les sociétés que chez les individus ; tout ce qui avait été répété par des gens comme Bernard de Mandeville sur le fait que les civilisations les plus prospères ne sont jamais fondées sur la vertu mais sur le vice ; tout ce qui avait été exposé aussi par Georges Bataille sur les bienfaits du Mal ; tout cela devient impensable, ou du moins prohibé. Des choses que savait n'importe quel jésuite de base du XVIIe siècle retombent dans l'oubli ou sont interdites. On traite le Mal par le Bien, et on s'imagine que ça va marcher. Tout est effacé, les ruses élémentaires de la raison comme les ironies de la dialectique. Et c'est avec ce bagage moraliste que l'on espère s'opposer aux représentants contemporains de l'Ordre moral.

« Face à la haine ». La catastrophe d'un si gaffeur projet s'envisage sans peine : n'importe quelle personne qui ne s'estime pas encore tout à fait *morte* ne peut qu'être fatalement tentée de se précipiter aussitôt de l'autre côté : n'importe où mais pas là. Pas dans ce territoire maudit du pays des merveilles où l'on peut voir la littérature, la culture, le vertuisme fusionner et se vitrifier de conserve. Pas dans ce Désert de la Soif. Pas dans ce monde lunaire sans désirs. Pas au milieu de ces navets pieux. Tout mais pas Littératureland. Pas le monde de la bonne conscience d'Homo festivus. Surtout pas cette ostentation perpétuelle de piété qui va de soi.

Car tout ce qui va de soi, chacun le sent, porte malheur.

« Face à la haine » ? C'est comme si on mettait la littérature en face de la vie. Comme si Dostoïevski, Sade, Lautréamont, Céline, Balzac, Kafka, Bloy, Bataille, Faulkner, Borgès et cinquante autres avaient jamais cessé d'explorer ces territoires noirs. *Explorer*. Ils ne sont pas restés *en face*. Ils s'y sont compromis. Ils l'ont prise sur eux, d'une façon ou d'une autre, cette « part maudite » sans laquelle d'autres affections contraires (la concorde, l'amour, la tendresse, la fraternité) n'auraient jamais pu acquérir la plus légère signification. Ils ne sont pas restés *dehors*. Ils ne sont pas restés *assis devant*, avec des poses de matador, et protégés par la ceinture de chasteté de leurs bonnes intentions. Ils ne se sont pas placés du *bon côté*, et pour ainsi dire de naissance, ou de droit divin (quitte ensuite à s'affoler que l'autre côté, le mauvais, se peuple à une vitesse de plus en plus extravagante). Ils ne se sont pas imaginés exempts de cette haine, au point de l'expatrier de la littérature pour transformer celle-ci en cours perpétuel d'instruction civique. L'insulte, le rejet, le désastre, la descente aux enfers, ils en ont fait leurs livres. Ils ne se sont pas laissé désaffecter, désinfecter, dévitaliser, reformater, tuer. « Face à la haine » est un extraordinaire et affligeant aveu. C'est comme si on disait : il y a la littérature, qui est désormais consentement à tout le positif, qui est le Bien, qui est la Vertu ; puis il y a le reste, de l'autre côté, qui en est l'ennemi.

Et c'est là, en effet, tout ce que l'on dit.

« Face à la haine » ? Ils n'ont, pour en parler, que les seuls et pauvres instruments qui leur restent après la fin de la littérature, c'est-à-dire après la fin, précisément, de la haine *écrite* (de la haine, de la beauté, du rire, de l'ironie, du sens, du concret, des capacités d'observation et de bien d'autres choses encore qui sont mortes *ensemble*). Ils ne savent même plus analyser les formes tératologiques (xénophobie, racisme) que le négatif revêt quand il est chassé par la porte de l'art et qu'il rentre par la fenêtre du réel. Ils ne peuvent même pas connaître l'objet dont ils prétendent parler parce qu'ils ne l'ont plus en stock. Le Mal les hante sans les toucher ; et s'il les touchait, il les hanterait moins ; et ils y prendraient moins de plaisir morose ; et Le Pen ne serait pas ce piège dans lequel on voit foncer tête baissée tous les suicidés de la chasteté.

« Examinez la vie des hommes et des peuples les meilleurs et les plus féconds, écrit Nietzsche dans un fragment intitulé précisément *Le Mal*, et voyez si un arbre qui doit croître vers le haut peut être dispensé des intempéries, des tempêtes : si la défaveur et l'obstacle extérieurs, si des haines, des jalousies, de l'obstination, de la méfiance, de la dureté, de la cupidité et de la violence de quelque sorte que ce soit, ne constituent pas les conditions *les plus favorables* sans lesquelles une grande croissance, même dans la vertu, est à peine concevable ? Le poison dont meurt une nature plus faible est un fortifiant pour le fort – aussi n'a-t-il cure de le nommer un poison. »

Quant à ce que cette gauche caviar caviarde, dans ce supplément missionnaire du *Monde*, ce n'est même pas la vérité, elle n'en aurait plus les moyens ; c'est le mensonge, c'est-à-dire la littérature, toute la littérature, rien que la littérature ; dont ces « trente et un écrivains » peuvent être alors considérés comme de remarquables ennemis pleins d'avenir[1].

---

1. À quelque temps de là, et aux applaudissements de la France soudain ressuscitée de ses cendres, onze footballeurs parvenaient à extirper de l'Hexagone (du moins si l'on en croit le discours comiquement unanime des employés des médias) le poison lepéniste. Ce que les trente et un cafards de la plus laborieuse scripture n'étaient pas arrivés à faire, ces footballeurs (paraît-il) le réussirent en moins de deux heures. Comme quoi certaines tâches doivent être laissées à d'autres qu'à des « écrivains ». C'est l'une des leçons qui devrait être tirée d'un si édifiant rapprochement ; et elle ne le sera pas, bien entendu (*juillet 1998*).

JUIN 1998

HOMO FESTIVUS DEVANT MAI 68

C'est l'unité d'opinion la plus implacable qui se cache sous l'apparente diversité de points de vue des analystes, mémorialistes, commentateurs et journalistes qui se mêlent aujourd'hui d'évoquer les « événements » de Mai 68 à travers leur fastidieuse commémoration. Si, pour l'occasion, des thèses ou d'anciennes convictions semblent se combattre, si des théories paraissent se contredire, si des éclairages ont l'air de diverger, ceux-ci se réunissent tous néanmoins, et sans surprise, dans l'éloge inconditionnel de notre présent, dont on tient à nous faire savoir qu'il est la poursuite sans solution de continuité d'un passé encore proche, quoique vieux de trente ans déjà.

Les irréversibles mutations actuelles de l'existence doivent être camouflées inlassablement, et par n'importe quel moyen, et les spécialistes les plus variés s'emploient avec brio à cette escroquerie salutaire. C'est en vain que l'on s'interroge sur l'étrange manie contemporaine des célébrations et des commémorations si l'on ne saisit pas que l'humanité tente par là de régénérer un présent désastreux en le reliant au passé, et en lui transférant le sang frais dont ce dernier frémit encore. Ainsi entreprend-on, à propos de certaines périodes triées sur le volet, de faire croire à une continuité ; celle-ci devant contribuer, bien entendu, au panégyrique de notre nouveau commencement. Là où il n'y a plus, de toute façon, et de toute évidence, que despotisme sans fin de la positivité, on prétend qu'il se passe quelque chose d'historique, alors même que l'Histoire, lorsqu'elle se déroulait encore, ne procédait que par succession de négations et par liquidations perpétuelles du donné. L'aptitude des meilleurs bureaucrates de la société hyperfestive à glorifier ce qui a été, et à y trouver du positif quand ça les arrange, en fait des récupérateurs exemplaires. Le monde festif posthistorique, qui en a terminé avec toute velléité de gloire, avec tout désir de souveraineté, ne se connaît plus qu'une forme de conquête, la récupération. C'est à peu près la seule aventure qui lui soit encore accessible. Elle est bien entendu à sa mesure, c'est-à-dire misérable.

Sous l'aspect de ce « sang frais » qu'on poursuit comme un Graal, ou comme un paradis perdu, à travers le passé, c'est toujours le joyau du négatif que l'être d'aujourd'hui recherche en vain, même lorsqu'il ne le sait pas, et alors qu'il a justement dû le chasser pour se donner à lui-même la possibilité de s'épanouir. Et maintenant qu'il a exproprié le négatif, celui-ci lui manque, et il ne cesse de le traquer dans les cryptes du temps ; mais quand il le rencontre, il le positive, donc il le détruit. Homo festivus est ce nouveau roi Midas qui ne peut que tuer tout ce qu'il touche puisqu'il l'englue dans ses « valeurs ».

Le monde hyperfestif n'a pas seulement perdu l'autre ; il a égaré aussi tout ailleurs et tout opposé, tout antagoniste et tout opposant, tout contradicteur et tout adversaire. C'est même pour cela que la fin de l'Histoire, dans son accomplissement effectif, ne peut présenter aucun des traits heureux ou paisibles qu'avaient cru pouvoir pronostiquer ceux qui l'avaient jadis pensée. La société du festif global réalise bien, en un sens, toutes les perspectives philosophiques (hégélienne ou marxiste) concernant la disparition du temps historique ; mais elle les réalise sous forme de cauchemar à la fois approuvé et redouté par tous. Comme Marx l'annonçait, c'est en effet l'organisation du loisir qui devient l'ultime préoccupation humaine et le dernier mot du socialisme *accompli*. C'est en effet l'avènement de la science, comme le disait Hegel, qui accompagne la fin de l'homme, du temps et de l'Histoire. C'est en effet l'anéantissement de toute différence entre savoir et réalité qui laisse présager la fin de la dialectique. Et c'est en effet aux dernières étapes de la longue lutte pour la reconnaissance égalitaire, de la longue bataille de tous contre tous, que nous assistons chaque jour dans de si nombreux domaines. Mais tout cela se produit sous des formes si ubuesques et odieuses (médiatiques, culturelles, virtuelles, publicitaires) qu'elles deviennent catastrophiques ; et que même l'aventure de la fin de l'Histoire, ou plutôt la fin de l'Histoire comme aventure, ne peut être subie qu'en la déniant jour après jour.

C'est cette situation sans précédent qui doit être dissimulée par tous les moyens. Il s'agit de faire croire à une continuité harmonieuse entre certains épisodes révolus et ce que l'on est encore obligé, faute de mieux, d'appeler notre actualité. Tout le mensonge dominant réside dans la tentative perpétuelle d'imposer l'idée qu'aujourd'hui prolonge hier (un hier sélectionné comme de juste), et que les conditions d'existence présente ne font que poursuivre, sans interruption notable (et même avec d'énormes améliorations), les événements des temps anciens. L'époque qui commence se veut la descendante légitime et privilégiée des âges disparus. Elle tient à ce qu'on la reconnaisse comme leur héritière accomplie. Elle tient surtout à ce qu'on ne voie pas les caractères les plus saillants de son extravagante *nouveauté*, à commencer par sa misère ahurissante. Le bénéfice d'une telle opération falsificatrice est évident : le réel, dont notre temps manque surabondamment, il espère que le passé lui en prêtera un peu. Et que nul ne s'apercevra de la supercherie. Partout et toujours, il importe de faire croire en même temps, avec la même intensité, que tout a changé et que rien n'a changé ; ou plutôt que tout continue, mais en se bonifiant très sérieusement ; et aussi que délirent ceux qui jugent à l'inverse.

La tendance générale consiste donc à imposer l'idée qu'il existe un rapport quelconque entre Mai 68 et notre présent. Et c'est bien entendu sur l'exaltation du présent que débouchent toutes ces belles analyses si satisfaites d'elles-mêmes. « Il y a trente ans, se réjouit-on ainsi dans *Le Monde*, c'était la rue. Aujourd'hui, c'est l'euro. » Le *ton* même de ces phrases ne laisse aucun doute : une si risible fierté, un contentement aussi bouffon sont la marque persistante d'Homo festivus, l'individu qui ne peut plus jamais sortir de chez lui que pour des *prides*. Aux sinistres engagements libre-échangistes de maintenant, comme à l'épopée glaçante de la monnaie unique, les officiels approbateurs des gestionnaires du nouveau monde et les mercenaires des banques centrales tentent d'insuffler une sorte d'euphorie seconde, un prestige *a posteriori* qui leur viendrait de hauts faits vieux d'une trentaine d'années, dont ils enrôlent le souvenir *décontaminé* dans leur parade constante.

La plupart de ceux qui s'expriment aujourd'hui sont des professionnels de l'événementiel, et il est comique de les voir s'approprier ces « événements » de 68 que l'on n'appela peut-être « événements » que dans l'intuition qu'ils étaient les derniers. Mais comme, dans leur majorité, ces professionnels sont aussi les anciens « émeutiers » d'il y a trente ans, s'ils peuvent maintenant faire avec une telle quiétude l'éloge de perturbations devenues presque archéologiques, c'est justement parce qu'entre-temps les événements ont disparu au profit de l'industrie de l'événementiel. Tous les fantômes de l'humanitarisme contemporain, tous les Schtroumpfs caritatifs, tous les amateurs de vaseline compassionnelle, toutes les belles âmes qui n'ont à la bouche que le pathos homogénisateur, réconciliateur et fédérateur de notre époque peuvent sans risque affirmer que le moment actuel est en quelque sorte l'achèvement des « événements » de jadis, et que 1998 est 1968 réalisé, mais à un niveau plus élevé, et sans les barricades devenues inutiles puisque ce sont les barricadiers eux-mêmes qui ont en général la responsabilité de la marche désastreuse des choses comme de leur interprétation saugrenue.

Ainsi voit-on l'euro, dans cette perspective, devenir sans aucune justification rationnelle la *révélation* dont Mai 68 aurait été le *mystère*. Ainsi fait-on apparaître l'euro comme la finalité prestigieuse d'une action longtemps obscure et souterraine, et qui ne se serait même pas connue elle-même ; ou comme le beau papillon dont les barricades d'il y a trente ans n'auraient été que la chrysalide. Ce n'est même plus confondre l'hôpital et la charité ; c'est refuser délibérément d'envisager le moindre hiatus, la moindre incompatibilité entre ce qui a tout de même été encore, à un titre ou à un autre, et quoi que l'on puisse aujourd'hui en penser, une *période historique*, et notre mouroir pour incurables et contents de l'être ; ou plutôt notre « unité de soins palliatifs », si l'on veut employer le joli vocabulaire actuellement en usage.

Mais ceux qui, dans cette période, étaient opposés aux dits « événements », comme ceux qui leur étaient favorables, avaient au moins un point commun, quoique se trouvant dans des camps ennemis : ils étaient vivants ; c'est-à-dire qu'ils ne mettaient pas *encore* au-dessus de tout la Sécurité, la Protection, la Santé et la Transparence ; et cela suffirait déjà à les distinguer d'Homo festivus.

Les célébrations et commémorations ne sont proliférantes que parce qu'elles servent d'abord à masquer la dangereuse réalité de la fin de l'Histoire, ou plutôt l'irréalisation générale de cette dernière. Elles sont destinées à empêcher que l'épouvante ne gagne trop vite et trop intimement les populations. Elles ont aussi pour but d'assurer les transitions les plus douces possibles entre ce qu'on peut encore savoir du monde d'hier et les désastres actuels. De même que n'importe quel peintre ancien, et n'importe quel écrivain des temps révolus, peuvent être convoqués pour servir de caution aux plumitifs de maintenant, ou de légitimation aux « artistes » inexistants d'aujourd'hui, de même certains épisodes de naguère seront recyclés en tant que supplément de réalité dans un monde qui commence à s'apercevoir qu'il en manque horriblement. Ils ne sont bien entendu réutilisés qu'à condition de les avoir débarrassés au préalable de tous les éléments « nocifs », c'est-à-dire négatifs, qu'ils pouvaient recéler. L'ennui, c'est que c'est précisément cette négativité qui les gardait en vie, c'est-à-dire hasardeux, peut-être aventureux, même au-delà de la période historique où ils l'avaient été vraiment. L'ère hyperfestive, où la bonne nouvelle de l'effacement des sexes et de l'indifférenciation dans tous les domaines s'accompagne d'entreprises sans précédent de criminalisation de choses et de comportements qui passaient jusque-là pour aller de soi, est aussi une formidable machine à blanchir ce qu'elle juge nécessaire de conserver. Mais ce qu'elle conserve, elle le conserve mort, c'est-à-dire épuré, pasteurisé, désinfecté. Et elle passe son temps, ensuite, à faire croire que c'est vivant.

ON LIQUIDE

Les villes qui en finissent avec ce qu'Homo festivus appelle leurs « mauvaises habitudes », et les pays qui se modernisent, sont salués à tour de rôle par les apparatchiks festifs pour le courage avec lequel ils renoncent à exister, et entrent par là même dans notre conte de fées. Il y a déjà quelque temps, Naples fut ainsi congratulée pour être passée du statut de « ville-poubelle » à celui de « ville-modèle » (donc pour s'être, par la même occasion, ouverte en très grand à l'invasion nécessaire des plus morts des morts : les touristes)[1]. Un peu plus récemment, c'est Palerme que l'on a complimentée parce que les citoyens s'y organisaient afin de mener la guerre contre la mafia. « Fantastique bataille culturelle », s'est écriée alors fort à propos dans *Le Nouvel Observateur* une journaliste qui évoquait ces jeunes Palermitains se rassemblant en patrouilles des castors et rouvrant des églises en ruines, restaurant des monuments abandonnés, *adoptant* des morceaux entiers de la ville (et cette « adoption crée un cercle vertueux »), sans oublier, bien entendu, de *gérer les visites des touristes*.

On liquide, mais on ne liquide pas n'importe quoi, et pas n'importe comment. Le Portugal, où vient de s'ouvrir l'Exposition universelle de la fin du siècle, est à présent glorifié pour la colossale opération de recalibrage, donc de défiguration festive, tonique, suicidaire et bien sûr touristique, à laquelle il s'est soumis avec tant d'enthousiasme. « Pays dynamique en route pour l'euro » (*Libération*), le Portugal est cordialement félicité pour la bonne grâce avec laquelle il achève de disparaître dans l'indifférenciation carnavalesque de la modernité. Et en effet : « Modernité, Europe,

---

1. À quelque temps de là, revenant sur ce sujet, la même journaliste congratulante en remettait une couche ; et félicitait le maire de Naples : sous sa « houlette », écrivait-elle, « les Napolitains ont réappris la civilisation ». Ils ont même, grâce au dit maire, vu se multiplier les festivités inédites : « le jour de l'an sur la piazza del Plebiscito, la semaine sainte napolitaine, le Mai des Monuments, le 15-Août en ville, le festival de la chanson traditionnelle, la semaine de l'Amour ». L'ère hyperfestive est ce moment où ne peuvent plus être comptabilisées comme positivités, et même comme simples preuves d'existence, que les accumulations de fêtes à l'infini (*juin 1998*).

Expo, tout s'imbrique », constate encore *Libération* avec une pertinence qui semblerait venimeuse si elle n'était bien sûr et seulement ingénue. On apprendra aussi avec satisfaction que Lisbonne est désormais envahie par toute la camelote du temps présent : grands couturiers, multinationales de la banque et de l'assurance, fast-foods, pont géant au-dessus de l'estuaire du Tage ; et que la réhabilitation des vieux quartiers, jointe au débloquage des loyers, va enfin permettre de chasser les locataires pauvres du centre de la ville et de les « reloger » dans la périphérie.

Un seul point noir, mais significatif, au milieu de toute cette liesse portugaise, une seule ombre au tableau dans ce triomphe des valeurs modernissimes : le souvenir pénible de Vasco de Gama, héros national certes, mais aussi « symbole embarrassant » pour son peu de respect des droits de l'homme. « Navigateur de génie, mais homme cruel », soupire à cet égard *Libération*. Homo festivus est en effet cet individu très spécial qui exige les roses sans épines, le génie sans la cruauté, le soleil sans les coups de soleil, le marxisme mais sans dogmatisme, les tigres sans leurs griffes et la vie sans la mort.

Et le passé sans les « malfaçons », ou les « vices » rédhibitoires, qui le rendirent si grand et le gardent si désirable.

C'est ce qui entraîne aussi qu'il doit perpétuellement y faire la police[1].

---

1. Et en même temps organiser des séances de repentance en série, qui sont elles-mêmes des opérations de police politique dans les siècles révolus. À la génération des « tables rases », succède celle du « plus jamais ça » ; mais il s'agit toujours de la même chose : occuper le présent, et si possible l'avenir, à faire le ménage dans le passé. Une de ces repentances parmi bien d'autres mérite d'être mentionnée parce qu'elle relève d'un comique de répétition dont l'ère hyperfestive s'est fait une spécialité d'autant plus facilement que plus personne ne rit. Au cours de l'été 1998, *la* ministre de l'Agriculture de Suède demandait pardon aux

DE LA RÉCUPÉRATION

Concernant Mai 68, c'est le joyeux carnaval mené par une génération que l'on conservera ; c'est sur la « générosité » de toute une jeunesse que l'on insistera ; c'est sur les « acquis » définitifs issus des troubles d'alors que l'on s'extasiera ; et l'on pourra aussi débattre à l'infini sur la question de savoir si ce sont les bouleversements des mœurs des années 60 qui ont conduit à la « révolution » de Mai, ou si cette dernière les a au contraire suscités, voire créés de toutes pièces.

On pourra encore se livrer à bien d'autres pitreries. Mais ce que l'on se gardera d'évoquer c'est ce qui fait que Mai 68, à la différence de toute actualité présente (et quel que soit le jugement que l'on puisse porter sur ce semblant d'insurrection), conserve encore quelque chose de l'ère historique. Et ce qui fait que Mai 68 appartient encore à l'Histoire, c'est simplement que le sombre génie *diviseur* des vieilles révolutions s'y est tout de même fait entendre, et probablement pour la dernière fois. La racine violente des plus anciennes périodes subversives y est remontée à la surface. La vertu séparante et discordante y a tenu pendant un mois le devant de la scène. La négativité active et créatrice s'y est étalée. Le démon de l'Inconciliable s'y est

---

Lapons pour « les injustices commises à travers les âges » contre eux. C'est bien entendu cette formule, *à travers les âges*, et tout ce qu'elle implique, de la part d'Homo festivus, d'infinie prétention morale, de mégalomanie imbécile et de regret inconscient, sur laquelle il serait intéressant de longuement épiloguer, si l'on pouvait encore trouver le moindre intérêt à épiloguer. Plus récemment, le Vatican lui-même entrait dans la danse expiatoire, et entreprenait à propos des crimes de l'Inquisition une séance de repentir qui n'est pas près de se terminer. L'Église catholique, une fois de plus, à cette occasion, montrait à quel point elle était à l'aise dans son époque ; et à quel point elle rêvait d'être par elle absorbée (*octobre 1998*).

exhibé. Et la voix du Père (celle de de Gaulle) y a résonné elle aussi pour la dernière fois.

Ensuite, tout de suite après, commence un autre monde : celui des demi-mâles en short, des sous-pères à poussettes, des spectres à portables et des grosses femmes en lutte *pour la disparition des derniers vestiges du patriarcat.*

Si le commencement des temps historiques a signifié la fin de l'absolu, et si notre retour actuel à l'anhistoricité s'accompagne d'une étrange réapparition de cet absolu, mais en loques, et sous le camouflage du positif intégral, il y a alors quelque paradoxe à voir célébrée aujourd'hui une agitation dont la charge négatrice a été malgré tout puissante, et qui n'a été mémorable que par là, et à la voir célébrée par ceux mêmes qui ont ensuite fait du positif un impératif catégorique autant que terroriste.

Ce paradoxe n'en est pas un pour Homo festivus, lequel n'a d'ardeur que pour sa propre célébration, et d'étonnement que pour la période où il a la chance de vivre. On ne sera donc pas surpris du diagnostic qu'il porte sur les troubles de 68, ni de la façon dont il les transforme en parc de loisirs à sa juste mesure : que pourrait faire d'autre un tel malheureux qui ne veut pas qu'on sache jamais qu'il est si malheureux ? La « révolution de mai 1998 est bien un héritage de la révolte de mai 1968 », écrit-on donc sans rire dans *Le Monde* (et sans se soucier non plus de dire de quelle révolution il s'agit en 1998). « Il y a trente ans, c'était la rue. Aujourd'hui, c'est l'euro. » Devant une divagation aussi estourbissante, on pourrait superficiellement conclure à sa pertinence : et en effet il n'y a plus, *de toute façon*, de rues, c'est-à-dire de villes, depuis qu'elles ont été remplacées, comme nous le savons déjà, par les rollers. Mais l'imbécile heureux ne s'en tient pas là. Si cette « révolution » mystérieuse d'aujourd'hui est bien un héritage de celle de 68, on ne manque tout de même pas de se féliciter que le « dogmatisme », entre-temps, ait disparu de notre horizon.

D'autant que ce qui subsiste, au terme d'une décantation épuratrice de trente années, c'est le meilleur bien entendu : « l'appel à l'imagination, à l'invention du futur et aux rêves de fraternité ».

En opposition avec certains dogmaticiens de naguère pour qui, trop souvent, « l'individu avait tort contre le groupe, censé incarner une classe sociale », on veut nous faire croire à l'excellence presque complète des nouveaux habitants de la société, qui cultiveraient « une distance à l'égard de tous les *a priori* » et militeraient « pour la liberté, toutes les libertés, celles des mœurs comme celles des échanges ». Ce n'est même plus le passé qui est convoqué pour éclairer le présent ; c'est le fantôme d'une vieille rébellion qui cesse d'avoir jamais eu la moindre existence, et qui n'est plus qu'un moment parmi d'autres de l'abstraction paradisiaque actuelle. D'une façon plus générale, et comme d'habitude, c'est le principe de réalité qui est entièrement annexé, gobé, avalé par le principe de plaisir. Une affiche qui s'étale actuellement dans les couloirs du métro, montrant un couple en noir et blanc de soixante-huitards, cheveux au vent et torse nu, avec une légende informant les jeunes d'aujourd'hui que SFR (« Le monde sans fil est à vous ») « aurait fait rêver vos parents », en dit autant, et même davantage, quoique d'une façon beaucoup plus lapidaire.

Dans la terminologie spéciale de Mai 68, on aurait peut-être su mépriser avec éloquence tous ces ramasse-miettes connivents, tous ces récupérateurs qui vont fouiller dans les poubelles d'hier afin d'y trouver de quoi préparer leur petite tambouille recyclée, toutes ces belles âmes de l'alchimie festive, tous ces chiffonniers de Mickey Mouse et tous ces bons apôtres blafards qui voudraient imposer l'idée qu'entre l'universelle politique de Santé, de Communication et de Sécurité d'aujourd'hui, et ce qui a été la dernière tentative de révolution (donc de trahison de tout), il n'y a non seulement pas l'ombre d'une différence, mais bien au contraire un éclatant rapport de cause à effet, une filiation aussi évidente que satisfaisante. Mais du négatif, désormais, et des possibilités ultimes de le faire entendre, la festivosphère a fait table rase.

Et tout cela culmine sans surprise dans un hymne réitéré à l'euro, « victoire de la liberté économique » et « premier coup d'une pièce où se jouera la construction d'une Europe politique et sociale », ainsi que dans une évocation bucolique de notre merveilleux présent, dont le mérite est d'avoir su hériter de la part « libertaire » de 68, mais d'en avoir écarté par la même occasion la part « autoritaire ». Au passage, on se garde comme la peste de faire la moindre allusion à cette manie légifératrice, à cet enthousiasme procédurier et à cette passion délatrice dans lesquels Homo festivus, descendant en droite ligne de ceux pour qui il était prétendument « interdit d'interdire », a réfugié depuis belle lurette, comme on sait, ce qui subsiste en lui d'investissements libidinaux.

Oui, la « révolution de mai 1998 est bien un héritage de la révolte de mai 1968 », et l'élite de la nouvelle société peut d'autant mieux communier dans le souvenir de cette dernière, comme dans sa réappropriation commémorative, que toutes les précautions ont été prises pour empêcher le retour de telles perturbations dans un avenir proche ou lointain. On prête d'ailleurs à Jean-Claude Trichet, gouverneur de la Banque de France que l'on questionnait sur le risque d'un nouveau Mai 68 comme sur ses conséquences éventuelles chez nos « partenaires européens », cette instructive et raisonnable exclamation : « Un nouveau Mai 68 ? Mais vous n'y pensez pas ! C'est illégal ! »

Ainsi la boucle est-elle bouclée.

JUILLET-AOÛT 1998

HOMO FESTIVUS MARQUE DES BUTS

Une chape de foot est tombée sur ce monde de plomb. À ceux qui pouvaient encore se croire autorisés à douter de l'existence de la société hyperfestive, et même à supposer que le concept en était inventé pour les besoins de la cause, les édifiants ravages de la Coupe du monde viennent d'apporter un démenti radical, avec leur progressive montée en puissance, leur force croissante de conviction délirante, puis le ralliement affolé de tout ce qui s'imagine encore faire partie des « élites » à ces saturnales d'abord méprisées parce que populaires et peut-être même populistes. D'implicite, le phénomène a enfin émergé, et pour ainsi dire d'un seul coup, dans l'explicite le plus cru.

Les effets de la victoire de la France au Mondial présentent du moins un avantage : nul ne pourra plus nier, désormais, qu'existe bel et bien ce pouvoir hyperfestif dont les avancées modifient à une allure de plus en plus en plus précipitée toutes les conditions d'existence et font disparaître à jamais, sous les clameurs enthousiastes, ce qui pouvait encore subsister malgré tout de l'ancien univers.

Il ne se sera donc écoulé que quelques mois entre le moment où Homo festivus a reçu son nom de baptême, et celui où on a pu le voir donner le meilleur de lui-même, en pleine lumière, et avec une telle ampleur. La promptitude d'une si frappante clarification n'étonnera que ceux qui veulent être les dupes de l'époque qui commence ; et qui sont les héritiers de toutes les dupes de toutes les époques ; et les précurseurs de toutes les dupes futures à travers les âges.

Une première fausse idée à balayer est bien sûr qu'il s'agirait d'une victoire du sport ; ou que le football proprement dit aurait été si peu que ce soit en cause dans ces journées éprouvantes de carnaval posthistorique. Par temps hyperfestif, la fête ne fête jamais que la fête. Et celle-ci n'a même plus besoin d'être définie parce que ses très rapides conquêtes l'ont autorisée à se fonder métaphysiquement en *nécessité* naturelle. Rudimentaire, expéditive, elle est à présent l'invariable réponse tautologique que se donne le genre humain chaque fois qu'il s'aventure à se poser la moindre question sur son avenir proche ou lointain. Elle est le nœud où aboutissent toutes les non-pensées d'aujourd'hui ; et le rond-point hanté du Pays des merveilles auquel chacun revient avec délectation et sans même s'en rendre compte. C'est aussi pourquoi il n'y a plus qu'à se baisser pour ramasser du festif. Celui-ci tombe de toute part. Et il sourd comme spontanément de chaque aspect particulier de la vie quotidienne. Il devient à la fois le modèle dominant, le cri de ralliement, le but impensé et l'ultime justification de la plupart des activités humaines encore subsistantes, jusques et y compris dans les pires partis en déconfiture : c'est ainsi qu'un secrétaire de fédération communiste peut déclarer dans *Le Monde* sa volonté de « replacer la fête au centre de la politique », sans bien sûr être capable de voir que la politique n'est plus, depuis très longtemps déjà, qu'un moment parmi d'autres, et fort négligeable, de la réalité festive. Celle-ci ne s'oppose plus à d'autres activités festives comme le divertissement, jadis, pouvait s'opposer à la réalité quotidienne, parce qu'elle est l'affirmation constante d'une nouvelle réalité. Elle ne se constitue plus en exception qui confirme la règle parce qu'elle est la nouvelle règle d'un temps sans exceptions.

Ce n'est même pas l'événement qui a « dépassé le cadre sportif », comme on a pu l'écrire, mais le cadre sportif qui s'est retrouvé presque aussitôt avalé, mangé, absorbé dans le cercle enchanté de la communion hyperfestive. À travers l'effervescence qui, jour après jour, s'est déployée sans rencontrer d'obstacles dans les rues de toutes les villes, c'est le festivisme généralisé qui a parlé la langue du sport footballistique. Et c'est la formidable capacité de l'ère hyperfestive à s'exprimer en langues diverses (jusques et y compris celle de la religion s'il le faut, comme lors des Journées mondiales de la jeunesse, il y a juste un an) qui s'est une fois de plus vérifiée.

Ce n'était plus de sport qu'il s'agissait, pas plus qu'il ne s'agit de peinture ou d'art depuis que ceux-ci ont été englobés dans la sphère de la Culture, qui est une autre des régions du despotisme festif, et les seules personnes qui auraient dû s'inquiéter d'un si unanime triomphe sont précisément les amateurs de sport, les véritables supporteurs et les sportifs eux-mêmes. Car c'est le football qui a désormais cessé d'exister en tant que tel, comme tout ce que s'approprie le système totalitaire hyperfestif (mais il faudrait nuancer : les totalitarismes doutaient d'eux-mêmes, et c'est la raison pour laquelle ils se montraient aussi barbares ; tandis que notre totalitarisme ne doute de rien ni de personne, il a mis le Bien dans sa poche, il peut donc se permettre cet écrasement général par la douceur dont aucune tyrannie du passé n'avait même osé ébaucher le projet). Corrélativement, et parce qu'ils ne pouvaient rien comprendre à un tel phénomène, les critiques « de gauche » du football et les dénonciateurs de « l'horreur footballistique » ne pouvaient que mettre à côté de la plaque, et se couvrir d'un indicible ridicule, en stigmatisant les turpitudes du « business » sportif. Dans les deux colonnes du *Nouvel Observateur* où chaque semaine elle se montre capable de ramasser les clichés les plus odoriférants et les vues les plus galvaudées pour en arroser ses lecteurs comme s'il s'agissait de confidences personnelles, Françoise Giroud n'a pas eu de mots assez cruels envers les « pisse-vinaigre » dénigreurs de la Coupe du monde. Et une fois de plus Momie Nova ne s'est pas trompée de cible en fustigeant avec un héroïsme qui force l'admiration deux ou trois intellectuels en déroute allergiques au football. Elle n'était cependant pas en mesure, bien entendu, de discerner la nature véritable de la misère de ces « penseurs » ; ni de voir qu'ils se sont trompés à propos de la Coupe du monde dans les exactes proportions où ils s'étaient déjà trompés, par exemple, à propos des suites de la mort de la princesse de Galles, qu'ils s'étaient montrés inaptes à déchiffrer en tant que phénomène « de gauche » ; ni, plus généralement, de saisir pourquoi et comment, après avoir joué un rôle progressiste, ils sont devenus comme tant d'autres, et à leur propre insu, un obstacle au développement de la nouvelle critique d'un monde qui échappe de toutes parts à leur entendement sclérosé.

Ce qu'un approuveur polyvalent comme Edgar Morin a pu qualifier sans rire d'« extase historique » va en effet bien plus loin que les misérables problèmes locaux du sport lui-même. Tout comme les affaires de « dopage » du Tour de France, quelques semaines plus tard, ont très vite dépassé le domaine du cyclisme et annoncé, à travers une opération « Pédale propre » de très grande ampleur, un nouveau programme de contrôle dont il serait naïf de s'imaginer qu'il ne concernera jamais que les « géants de la route ». Toute la prêtraille journalistique et médiatique n'a pas applaudi pour des prunes, et avec une telle unanimité, cette nouvelle campagne épuratrice. « Il faut continuer ; cogner de plus en plus fort, n'épargner rien ni personne », a ainsi jubilé un Jacques Julliard en pleine forme. Entre deux accès de ravissement festif, les belles âmes contemporaines ne montrent de véritable passion que pour la chasse légale à la pulsion de mort, c'est-à-dire pour la persécution de tout ce qui fait (ou faisait) jusqu'ici la vie. La multiplication des lois, c'est encore la fête (c'est-à-dire le dressage) continuée par d'autres moyens. Et c'est sans cesse qu'Homo festivus réclame de nouvelles lois, donc de nouvelles armes toujours plus efficaces afin de réprimer la singularité au nom de cet impératif mortifère (mais présenté comme un militantisme subversif) dont il exalte les méfaits sous l'appellation de Transparence[1].

---

1. À quelque temps de là, l'affaire Clinton-Lewinsky touillée par l'infâme procureur Starr s'étant mise décidément à puer plus qu'il n'était supportable, les bonnes âmes des médias et la plupart de leurs moralistes accrédités firent brusquement semblant de s'alarmer de tant d'excès, et de découvrir soudain les périls mortels de la Transparence, cette exigence pourtant sacrée des sociétés démocratiques terminales. On les vit alors, comme un seul homme, se remettre à bouffonner, mais dans l'autre sens. Les violeurs appointés de vie privée se demandèrent sans rire si la vie privée ne méritait pas d'être mieux protégée ; et ceux qui tirent leur peu d'existence du programme planétaire d'éradication du secret feignirent de concevoir brusquement qu'un monde sans secrets est tout proche de l'enfer. Les inquisiteurs de la Transparence parlèrent de « pratiques inquisitoriales ». On dénonça dans *Le Nouvel Observateur* les méfaits de la « civilisation médiatique et judiciaire ». L'inénarrable éditorialiste du *Journal du dimanche* prit l'air de s'interroger avec gravité sur les dangers que faisait planer la « démocratie directe » sur la démocratie tout court. Et celui de *Libération* s'indigna parce que l'on avait fait trop longtemps, à son goût, « l'éloge de la transparence » ; il était urgent, disait-il, de faire celui de « l'obscurité ». Mais c'était trop tard. Dans le même temps, d'ailleurs, le principe de la division du travail étant comme d'habitude admirablement respecté chez les médiatiques, une jeune cinéaste, toujours dans *Libération*, devait se charger de rectifier le tir ; et se féliciter, au contraire, de ce que toute cette histoire révélait : à savoir essentiellement « une société patriarcale dont les fondements s'écroulent en pleine lumière ». Le principe de l'*intimité* devait être

En ce qui concerne la Coupe du monde, on a pu voir l'acquiescement bruyant, qui est l'unique essence de toute prestation hyperfestive, se manifester dans une escalade quotidienne où, comme l'écrit encore Edgar Morin, opineur omnivore, « de plus en plus d'adolescents des deux sexes et des adultes se peignirent joues et front en tricolore, de plus en plus *via* télévisions d'appartements, de bistrots, écrans géants de place publique, dans les villes et jusque dans les villages, une partie grandissante de la nation télé participa à ce qui devenait une épopée. » Si l'ultime match, accompagné de la victoire de la France, a été considéré à juste titre comme une défaite pour Le Pen, il peut être plus généralement compris comme la preuve définitive que l'Empire hyperfestif est désormais seul capable de refaire

détruit de fond en comble, annonçait cette parfaite héritière de toute la dictature antisexuelle qui sévit sans interruption sous des masques divers, depuis la prétendue « révolution sexuelle » des années 60 (laquelle n'était que la première face souriante du terrorisme blafard de la Transparence, en même temps qu'une première attaque d'envergure contre la vie privée : contre son « hypocrisie »), en passant par l'*outing* homosexuel et la multiplication des divorces (qui ne font que trahir une obsession croissante du rapport « vrai », « authentique » entre les êtres, c'est-à-dire encore une fois une volonté de rapport antiérotique). Le « pouvoir masculin » ne tenant que « par le clivage du public et du privé », il convenait, d'après cette Cavalière de l'Apocalypse matriarcale, d'accélérer l'effondrement de cette néfaste barrière dans le but de mettre un point vraiment final à « l'ordre mortifère du patriarcat » déjà si heureusement agonisant. Au moins, les choses sont claires : le *secret*, défense masculine, ou symptôme flagrant de ce qui reste du pouvoir mâle, doit être absolument éradiqué, et sur lui nous concentrerons tous nos feux. Pour marcher ensuite, et tous ensemble, un jour, vers l'avenir radieux qui permettra à chacun « de penser sans clivage, c'est-à-dire de penser la réalité ». Un tel charabia féministo-new age, naguère encore, aurait pu faire rire, pour autant qu'une structure sans « clivages » relève du conte de fées, et non justement de la réalité ; mais pour rire aussi, il est bien trop tard (*septembre 1998*).

l'unité nationale, de penser comme de panser les fractures de la société, et d'y créer le vrai et ultime Parti unique de la Fraternité.

De cette façon, la festivocratie a signifié clairement qu'en dehors d'elle point de salut ; et que l'état de perfection où elle est arrivée lui permet en même temps d'être le moyen d'expression de la révolte ou de la protestation des créatures opprimées.

Ainsi est-il assez vite devenu socialement coupable de marquer la plus légère distance vis-à-vis de cette comédie ; et même moralement criminel de manifester envers elle la moindre hostilité.

DES NOUVEAUX HORS-LA-LOI

Il est tout aussi dangereux de s'y montrer étranger. Le moindre éloignement, en de telles circonstances, est signe d'indiscipline, et le despote festif peut d'autant moins le tolérer que lui-même passe en général pour l'unique instance morale et spirituelle dont nous ayons encore à nous féliciter. Qui oserait sans péril se désolidariser de cette merveilleuse puissance civilisatrice à laquelle nous avons reconnu le droit de définir pour toujours le Bien et le Mal ?

Dans la nuit de joie prévisible qui, sur les Champs-Élysées, a poussé des centaines de milliers de gens à faire la fête, l'imprévisible est survenu, de façon aussi dramatique que tristement comique et microscopique, sous la forme d'un être humain isolé, d'une personne imperméable à la grande communion solennelle autour du ballon rond. En ces heures de triomphe, au milieu de tout ce cataclysme d'exultation, un seul être, en somme, est demeuré humain, je veux dire désastreusement maladroit, incongru, dépassé, déplacé, à côté du sujet et même hors sujet, décentré, excentrique et surtout scandaleusement insensible à la fête métamorphosante.

L'aventure pathétique de cette femme de quarante-quatre ans, de cette institutrice des Yvelines traitée (comme l'ont dit ensuite les journaux) « pour des troubles psychiatriques », et qui n'avait rien trouvé de mieux que de venir en voiture à Paris, le jour de la finale sacrée, pour y voir un film aux Champs-Élysées (*Les Anges sur la terre* !), puis d'aller dîner au Fouquet's sur les conseils de son « médium » afin d'y « voir Patrick Bruel », est peut-être le seul épisode réellement émouvant de toute cette histoire. Et la morale contradictoire d'une fable si unanime.

Il fallait que l'héroïne en soit une « malade », une « déséquilibrée », dans la mesure où le monde festif est la santé même. Plus brutalement, on peut reconnaître qu'il fallait vraiment être fou à lier, ce jour-là, pour s'occuper d'autre chose que de ce dont la collectivité tout entière s'occupait ; et tenter, après le Fouquet's, de se reposer dans sa voiture avant de rentrer chez elle, comme elle devait plus tard le raconter aux policiers : « Mais il y avait plein de gens, a-t-elle aussi précisé, qui faisaient du bruit et qui me regardaient. » Prenant alors son courage à deux mains, elle a démarré, foncé sur la foule, renversé plusieurs personnes ; et déchaîné du même coup la rage lyncheuse d'Homo festivus ; sans doute moins furieux, d'ailleurs, des dégâts que cette pauvre femme provoquait, que de voir une seule personne ne pas lui ressembler, *et donc tenter de prendre congé.*

L'imprévisible est survenu aussi, quelques jours plus tard, d'une autre façon, sous la forme d'un naufrage qui a coûté la vie à quatre scouts et à un plaisancier au large de Perros-Guirec.

À travers ce nouveau drame, ce qui a rapidement semblé le plus abominable aux consentants plumitifs de la presse festivienne, ce n'est pas tant la mort en soi de quatre adolescents, mais que ceux-ci aient fait partie d'un mouvement de scouts « proche des milieux intégristes », et même peut-être sympathisant de l'extrême droite française. Quant à l'abbé Cottard, leur responsable, avec sa silhouette en soutane noire d'un autre temps et son « missel vissé sous le bras » (*Nouvel Observateur*), il était presque trop idéal pour ne pas incarner automatiquement l'unique négatif (inexistant comme il se doit) que se connaisse l'implacable Vertu festiviste sous le nom d'*ordre moral* (l'ancien, bien entendu, celui des âges farouches : Homo festivus ne combat jamais d'autres adversaires que ceux qu'il va chercher dans le musée de Mme Tussaud de ses fantasmes). Ce prêtre, par-dessus le marché, a eu le culot d'invoquer la fatalité, un concours de circonstances dramatiques, le destin qui frappe aveuglément, et encore tant d'autres billevesées d'un monde révolu où la *recherche des responsabilités* n'était pas encore devenue une occupation à temps complet, et où la traque des coupables ne faisait pas encore partie de ces activités neuves *qui créent des emplois.*

Mais ce qui est apparu comme le plus outrageant encore, aux yeux des porte-parole accrédités de l'euphorie festive, c'est que les parents des jeunes enfants péris en mer aient refusé de se révolter, c'est-à-dire de se porter partie civile, donc de faire appel à la bienfaisance de la justice, et qu'ils aient même osé repousser *le concours des psychologues dépêchés par le sous-préfet de Lannion*. Attitude délinquante qui a semblé suffisamment extraordinaire aux journalistes de *Libération* pour qu'ils en fassent la légende d'une photo représentant les parents en question. La mort, en effet, a désormais ses nouvelles formes spécifiques d'accompagnement et de cérémonial. La mort n'est même plus un événement de la vie, mais une région parmi d'autres du maternage social généralisé, qui lui-même est un aspect de la fête. La mise en place fébrile d'une *cellule de crise*, chaque fois que se produit un drame quelconque, un accident, une catastrophe, est devenue l'un des rites essentiels de notre nouvelle religion. Une rangée de tables, des lignes téléphoniques, des chaises, un médecin pour coordonner la cellule locale d'urgence médico-psychologique (CLUMP), un capitaine-psychologue des pompiers, deux psychiatres, et enfin, dans une pièce contiguë, quelques « écoutants » (agents municipaux du service de l'enseignement qui assurent les conversations avec les personnes en quête d'informations ou de réconfort) : ainsi trouvait-on évoquée dans les journaux, il y a quelques mois, à la suite d'un autre fait divers (le meurtre d'une petite fille dans un centre de vacances de Haute-Savoie), cette fameuse cellule de crise itinérante. Il paraît inimaginable, et festiviquement injurieux, que des parents meurtris (quoique intégristes) n'aient pas ressenti de désir envers une si belle cellule, c'est-à-dire qu'ils n'aient pas manifesté l'*attente affective* que l'on attendait d'eux, qu'ils ne se soient pas précipités à la néo-infirmerie pour s'y *exprimer*, et qu'ils n'aient rien semblé espérer de bon du maternage social qu'on leur offrait pourtant avec tant de mansuétude, ni du maternage judiciaire que le contrat festif a rendu presque obligatoire en toute circonstance. Ces gens voulaient mener leur deuil *séparément* ? Entre eux ? À leur façon ? Ces gens avaient un Dieu à qui confier leur peine, et aussi des églises pour y prier ? À cette simple précision, on mesure combien ils ont pu apparaître dangereusement anachroniques à tous nos bons apôtres. Le deuil se conduit en effet, désormais, en des lieux un peu moins traditionnels, donc ringards, que des églises : dans le tunnel de l'Alma, par exemple, où se pressent chaque jour des centaines d'adorateurs de Lady Di, ou encore sur le pont de l'Alma, autour de cette horrible sculpture dorée, jusque-là appelée Flamme de la victoire, mais devenue, depuis près d'un an, une sorte de Monument à la Princesse trop connue. Choisie au hasard, justement, dans cette foule de néo-pèlerins, une femme interviewée il y a quelques mois par la télévision résumait en une formule excellente toute la détresse actuelle, et, comme telle, encouragée : « On ne sait plus où le poser, notre chagrin. » L'impardonnable faute des parents des jeunes scouts noyés aura été, en somme, de savoir encore, malgré tout, en dépit de tous les bons apôtres, *où* poser le leur. Refusant (au nom de « valeurs » ou de principes sur lesquels on est bien sûr en droit de faire toutes les réserves possibles et imaginables) le gardiennage infantilisant et les foutaises variées des psychologues, psychiatres, thérapeutes qui lui font escorte, ils se sont mis hors-la-loi. Et on ne s'est pas gêné pour le leur faire savoir.

N'étant jamais critiqué, analysé, jugé, et pas même *regardé*, le despotisme festif exprime désormais ses plus noires pensées sans la moindre retenue ni le moindre complexe. En un mot, il ne se sent plus. « Des scouts catholiques, secrets et marginaux », a titré *Libération* à propos de cette association de scouts intégristes. Catholique, secret, marginal : une telle trilogie, on le devine, n'a pas la cote auprès du flic festif, lequel a remplacé depuis déjà longtemps les complexités du catholicisme par la joie submergeante de l'ineptie *new age*, et la séduction du secret par le despotisme de la Transparence. Quant à la marginalité, elle ne peut que paraître haïssable à ce suppôt d'un centre dont il n'est pas près de découvrir qu'il s'agit d'une ruine.

LA FÊTE, CET IMPENSÉ

Dans leur incapacité presque absolue d'analyser, c'est-à-dire de critiquer, d'ironiser et de juger les événements qu'ils devraient en principe traiter, les journalistes confiturés, les scribes médiatiques et les malléables penseurs du temps comme il va n'ont plus à la bouche que le mot « fête », en toute circonstance, quel que soit le sujet qu'ils traitent, et ils ne s'aperçoivent même pas de ce ressassement. Ou ils ne veulent pas s'en apercevoir. Leur apologie constante de la société les mène à sans cesse monter en épingle ce qui leur semble être le meilleur et le moins contestable de cette société, le festif, tout en omettant plus ou moins volontairement que celui-ci, par répétition et par envahissement, a non seulement changé d'échelle, mais qu'il se trouve en mesure, désormais, de dicter ses lois à une société qu'il a elle-même changée.

Ce mot de « fête », quoique jamais analysé, leur tient lieu de caution et d'explication, de causalité et de révélation. Il est leur alpha et leur oméga. Un plumitif traite-t-il, dans *Libération*, de l'ouverture à Amsterdam des étonnants Jeux sportifs homosexuels (les Gay Games), et patauge-t-il dans sa tentative d'en dégager le sens précis, il bâcle en concluant que « la culture y a une place presque aussi importante que le sport » ; et surtout que ces Jeux, aux dires mêmes de leurs organisateurs, sont d'abord l'« occasion de faire une fête gigantesque, de rendre visible un phénomène souvent caché et de se sentir être la norme pendant une semaine[1] ». Un autre plumitif, dans *Le Nouvel Observateur*, entreprend-il une laborieuse apologie du créti-

---

1. À quelques jours de là, Élisabeth Lebovici devait rendre compte de ces mêmes Jeux, et, dans l'invraisemblable style extatique inhérent à ce genre d'exercice, titrer triomphalement : « Les Gays peuvent être fiers de leurs Jeux ». Le thème de la « fierté », cette mangeoire obsédante où viennent s'abreuver tous les ruminants de la presse festivocrate, mériterait d'être un jour analysé dans tous ses replis, si analyser n'était pas devenu inutile dans une société aussi bestiale. En note, Lebovici nous apprenait que ces Gays Games ont déjà leur *off* sous la forme de « compétitions alternatives » dans lesquelles on a vu cette année « s'affronter des homos dans des épreuves telles que " course sur talons aiguille " ou " lancer de sacs à main " ». La même semaine, *Le Journal du dimanche* félicitait la Suisse de ne pas bouder la mutation festive davantage que les autres pays déjà *neutralisés* du monde, et nous révélait que la septième Street Parade de Zurich avait réuni cinq cent mille personnes autour d'une trentaine de camions sonos, tandis que Genève, pas en reste, s'était offert une Lake Parade (*août 1998*).

nisme techno, ce mariage de la technologie et de l'hypnose, on le voit très vite s'excuser, alors que personne ne lui demandait rien, de ce que cette musique soit « faible » quant à sa « philosophie » ; néanmoins, rien n'est perdu : « La techno est la musique de la jeunesse des classes moyennes. Elle se cantonne en général à un message universel mais limité : " Laissez-nous faire la fête comme on veut ". » Et le plumitif, au comble de l'ébriété discursive, de poursuivre sur sa lancée : « C'est la musique des " intégrés-désintégrés ", si vous voulez, ou, disons, des désintégrés à temps partiel : on veut bien, pendant la semaine, accepter d'être sages dans votre vieux monde déprimant, mais laissez-nous au moins péter les plombs comme on l'entend le week-end en dansant jusqu'à huit heures du matin. » Dans le temps immobile et néo-cyclique de l'ère hyperfestive, les énoncés tautologiques (la fête c'est la fête) n'étonnent plus personne. Pas mal de figures de l'ancienne civilisation peuvent néanmoins trouver leur place dans cette nouvelle structure. Aussi est-ce sans surprise que l'on peut lire, dans *Libération* encore, au terme d'un reportage sur la situation des homosexuels en Afrique du Sud aujourd'hui, que tout ne va pas si mal, mais que tout pourrait aller encore mieux si les communautés gays blanche et noire ne continuaient à vivre séparées ; nouvel apartheid camouflé que l'on se propose de réduire, comme par hasard, au moyen d'une *grande fête* ; laquelle, explique un *organisateur d'événements* du Cap, sera « destinée à promouvoir une communauté gay multicolore. Car " faire la fête, c'est aussi une manière de militer " ». J'allais justement le dire.

C'est même sans doute la seule et dernière manière de *faire* tout court, et quoi qu'on fasse, c'est-à-dire de fabriquer encore quelque chose. À travers la vision hyperfestive, la fin et les moyens se confondent dans cette ultime identification du faire et de la fête. Des jeunes interrogés dans un camp de nudistes déclarent ne plus vouloir du naturisme de « papa et maman ». Ce qu'ils critiquent, chez les anciens naturistes, c'est leur inaction proprement décadente : « On ne vit pas de la même manière que les vieux friqués qui viennent pour se reposer pendant un mois sans bouger. » Leur « religion » à eux, « c'est détente et fête. Surtout fête ». Ils ne font *pas* rien puisqu'ils *font* la fête. Et, de cette manière, la notion d'action négatrice du donné connaît une nouvelle existence parodique qui remplace avantageusement l'ancienne notion d'action disparue depuis longtemps.

Ainsi la solution de la fête ne se présente-t-elle pas désormais seulement comme la consolation morale et comme la justification de ce monde, ou comme l'arôme spirituel du nouveau genre humain ; elle lui permet de croire qu'il agit encore effectivement, c'est-à-dire qu'il nie ce qui est donné ; et plus l'être perd sa réalité, plus la fête se révèle comme sa réalisation illusoire. Elle devient l'« au-delà », ou le nouveau ciel, de l'homme contemporain ; mais celui-ci la prend pour le réel même puisque, dans notre civilisation hyperfestive, l'« accès au réel » n'est plus en vérité qu'un sentier perdu, un chemin oublié depuis plusieurs générations, et recouvert par les buissons de ronces d'un imaginaire désigné comme réel.

De sorte aussi que la critique de la fête est maintenant devenue la condition préliminaire de toute critique.

HOMO CRITICUS EST LE PASSÉ D'HOMO FESTIVUS

L'ouverture des festivités a remplacé l'ouverture des hostilités. Au cours des semaines du Mondial, et malgré les apparences, ce n'est donc pas sur le terrain du football (qui par lui-même appartient à l'ancien monde du festif classique, artisanal, localisé) qu'a eu lieu le véritable événement, mais sur le plus vaste et plus neuf théâtre de la festivocratie. Et ce ne sont pas d'abord des joueurs qui y ont triomphé, mais les festivocrates qui y ont fait l'essai décisif de leurs armes stratégiques et tactiques.

Cette constatation implique qu'à l'inverse de tous les commentateurs prosternés, on peut inscrire cet événement non dans l'histoire du sport mais dans celle des premiers développements palpables de la société festivomaniaque, laquelle n'est que le stade ultime de la longue « lutte pour la reconnaissance » qu'aura été l'Histoire jusqu'à son point final.

Ce phénomène, depuis quelques années, est cependant devenu assez visible pour que certains observateurs de l'actualité commencent à s'en apercevoir ; et découvrent soudain de troublants points communs entre la Marche blanche de Bruxelles au moment de l'affaire Dutroux, le déferlement d'émotion des Anglais après la mort de Lady Di, les Journées mondiales de la jeunesse à Paris en août 1997, la descente dans la rue d'un million d'Espagnols contre le terrorisme de l'ETA, les grandes grèves hexagonales de 1995 et la mobilisation de la France à l'occasion du Mondial[1]. Ils voient bien le symptôme, *c'est-à-dire la mon-*

---

1. Même des journalistes du *Monde* se retrouvent aujourd'hui capables de noter le phénomène (c'est dire à quelle vitesse il devient trivial et court le ruisseau) ; et d'affirmer, par exemple, que les Journées mondiales de la jeunesse ne furent pas davantage « une affaire de jeunes catholiques coincés, en jupettes et socquettes », que la Coupe du monde « une affaire de beaufs, de blacks et de beurs ». Tout au contraire : « C'est le pays presque entier, par la contagion des médias et du succès, qui s'est approprié l'événement. » On peut même, au *Monde*, grimper jusqu'à une sorte d'extra-lucidité, quasi inhumaine dans de tels lieux, et conclure que « le vrai vainqueur fut la rue » ; et que « c'est dans les scènes de fraternisation internationale, celle des supporteurs comme celle des croyants, à l'exception hideuse des hooligans, que, loin des attitudes de repli frileux, s'apprivoise la mondialisation » (le terme « apprivoiser » est particulièrement bien choisi, concernant une telle bête fauve). On n'ira

tée des peuples sur la scène, et quel que soit le prétexte (et pour y *faire* littéralement rien, répétons-le, c'est-à-dire faire la fête), mais leurs pénibles habitudes apologétiques les empêchent d'en dégager les causes véritables. Ils tâtonnent et bafouillent, et bégaient, et cafouillent, et se croient parvenus aux extrêmes confins de la pensée hypothético-déductive lorsque, complètement hors de propos et à côté de la plaque, ils finissent par évoquer le « retour » de Dionysos, la « rage dionysiaque », on ne sait quel « nouveau tragique » de substitution. C'est de cette façon que *Le Nouvel Observateur*, dans un dossier intitulé vulgairement « Fêtes, la France s'éclate », feint en conclusion d'avoir les moyens de s'interroger sur un phénomène dont il n'a même pas réussi, en tant de pages convenues, à écorner le concept : le festif est partout, que nous prépare-t-il pour les années à venir ? « Une nouvelle manière de vivre ensemble, plus légère, plus tolérante ? L'amorce d'une Renaissance ? Ou bien un grand endormissement des consciences ? (…) La dernière orgie avant la catastrophe, comme au temps des Romains lors de l'écroulement de l'Empire… Dionysos dealer d'opium du peuple ou subtil agitateur culturel ? »

Ainsi leur semblant de pensée végète-t-il entre des séries de questions plus oiseuses les unes que les autres. Même la présence obsédante de *ballons*, au cours de toutes ces manifestations en apparence hétéroclites, ne parvient pas à leur mettre la puce à l'oreille. Elle ne leur révèle pas à quel point l'époque s'affirme par là *grosse* de quelque chose d'indicible et d'irrésistible, et ce mystère restera en fin de compte étranger à leurs simulacres d'analyses.

pas, toutefois, au *Monde* ni ailleurs, jusqu'à diagnostiquer dans tout cela (et aussi, mais d'une façon apparemment inverse, dans ces épisodes de Coupe du monde du sanglot qui auront entouré les funérailles de Lady Di ou l'affaire Dutroux) les premiers coups d'éclat, à travers la planète, de ce qu'il faut bien appeler l'Internationale festive (*août 1998*).

Qu'il soit rapidement devenu coupable de trahir la moindre réticence vis-à-vis des péripéties de la Coupe du monde, c'est ce que les « élites savantes » ont promptement compris. Après quelques jours d'hésitation, les intellectuels ont retrouvé avec naturel leur vieille vocation de compagnons de route : dès l'instant où ils ont réalisé qu'ils ne pouvaient décemment rester en deçà d'un si bienheureux phénomène intégratif, ils se sont réveillés compagnons de foot ; et les ex-conseillers du Prince, conseillers du Parc des Princes. Certes, dans quelques-uns des cerveaux concaves du journalisme obéissant, où clignotaient encore de vagues lueurs du passé ayant tant bien que mal résisté à l'amnésie festive, a tremblé le doute timide que le sport pourrait n'être lui aussi qu'une sorte d'« opium du peuple » ; mais ils ont rejeté cette objection avec horreur au nom de l'intégrationnisme, dont ils ont dès lors ressassé l'euphorisante rengaine jusqu'à saturation. Cette intégration tant célébrée, tant désirée, annoncée par tous les ronds-de-cuir de l'approbation de l'époque qui commence, et menée à un train d'enfer, du haut en bas de l'existence, par toutes les forces dominatrices du moment (à commencer par celles des épouvantables eurocrates qui poussent l'Europe à l'intégration comme on pousse au suicide, en invoquant le principe irréfutablement sinistre des « nouvelles avancées » toujours nécessaires), n'est évidemment jamais, au bout du compte, qu'intégration à l'hyperfestif et aux prestiges de pacotille de la société de réjouissances. Ce qu'Homo festivus, surtout quand il a l'extrême honneur d'œuvrer dans les régions « intellectuelles » de la festivosphère, a salué comme un grand moment historique où toutes les races et toutes les couleurs se retrouvaient mêlées, est d'abord et avant tout la colonisation de ces races et de ces couleurs par le despotisme festif. Les Arabes ou les Noirs (déjà festivisés dans leurs nouvelles désignations : Beurs ou Blacks) sont invités à venir disparaître dans le mensonge économicoculturel rayonnant de l'ordre hyperfestif. Leur soumission à cet ordre devient la caution dont le nouvel Empire a besoin pour se poser comme solution unique dans un monde en débâcle ; et une preuve de plus de l'excellence de ses buts.

Dans l'ancien univers, où la réalité avait encore quelque poids, on aurait pu sans doute qualifier de délirant l'enthousiasme extraordinaire des populations, durant ces semaines de Coupe du monde, dans la mesure où les manifestations délirantes consistent à imaginer comme réelles des projections d'intentions que l'on se trouve dans l'incapacité de reconnaître pour siennes. Mais dans le monde hyperfestif, où se célèbrent jour après jour les bacchanales de l'indifférencié, la première frontière abattue a été celle qui séparait la réalité concrète du délire. Pour que l'atroce vérité de la post-Histoire ne puisse pas être dévoilée, il importe au plus haut point de faire croire que tout continue. L'épopée finale de la Coupe a donc pu être mise en corrélation, dans la « mémoire historique », avec les victoires de Bouvines ou de Valmy sans faire rire personne, et ces victoires-là étaient censées légitimer *historiquement* le triomphe ultime de la France au Mondial. On a pu également signaler un « réveil » sympathique du patriotisme (mais intégratif, pluriel, antixénophobe et incorporant) que l'on a interprété comme la réponse définitive que l'univers attendait à la menace lepéniste. Ce qui a présenté, une fois encore, l'avantage inappréciable de mettre l'événement au-dessus de toute critique. On a pu enfin comparer la foule en liesse, le jour de la victoire, à celle de la Libération. « Si je m'étais trouvée à Paris ce soir-là, ai-je pu entendre quelqu'un dire, je serais sûrement allée sur les Champs-Élysées pour y faire ce que je n'ai pas pu faire en août 44 parce que je n'étais pas encore née. » Sous un tel éclairage, le rassemblement de la victoire, après la Coupe du monde, peut être considéré comme une sorte d'épilogue euphorique au procès Papon : le mime de la Libération après la singerie de l'épuration.

Les choses avaient pourtant bien mal commencé, d'abord avec le faux suspens entretenu quelques jours par les pilotes de ligne en grève et leur menace de sabotage virtuel de la grande réjouissance, puis avec la miséreuse parade d'ouverture de la Coupe du monde et son défilé grotesque, sous la pluie, de hideux géants de jardin offerts à domicile comme des idoles gonflables pour l'adoration des nains de jardin assis devant leurs postes de télévision. Les plus agenouillés des commentateurs journalistiques se sont redressés soudain comme un seul homme, et se sont montrés extrêmement sévères vis-à-vis de ces deux événements, successivement qualifiés pour le premier de « corporatiste », et pour le second de « raciste » puisqu'on y voyait mis en scène quatre géants supposés représenter les quatre « races » du monde. Cette double plaisanterie de mauvais goût a été vite oubliée, et presque chaque événement, dès lors, a pu être accueilli comme une intervention supplémentaire de la transcendance. Si la Fête de la musique et la Gay Pride, qui avaient lieu presque en même temps, ont semblé quelque peu pâlir en comparaison, c'est que des fêtes partielles ne peuvent plus tenir face à la levée en masse que suscite l'hyperfestif ; ces fêtes elles-mêmes, d'ailleurs, sont sans doute appelées à disparaître dans l'avenir hyperfestif à la façon très particulière et irréversible dont l'art a disparu, *en se réalisant une dernière fois,* dans la civilisation culturelle (le 14 Juillet, lui, était déjà mort depuis longtemps de sa belle mort, au moins depuis les fastes imbéciles du Bicentenaire, et le 12 Juillet n'a fait qu'une bouchée de ce qui pouvait en rester, il est devenu l'unique symbole « national » de ce qui subsiste de ce pays en miettes). Même la Love Parade de Berlin n'aura connu, cette année, qu'un triomphe mitigé face à l'Human Pride de la Coupe du monde[1]. Dans l'ère hyperfestive, la fête elle-même n'est plus, comme jadis du temps des carnavals, un moment exceptionnel dans le déroulement quotidien de la vie sociale. Elle n'est plus un renversement provisoire de l'ordre établi ; elle est l'établissement définitif d'un ordre renversé.

Le match Iran-États-Unis a été l'annonce du tournant, et une première étape dans la marche vers le meilleur des mondes qu'aura été le Mondial. Le ballon rond, comme l'écrivit alors *Libération*, concrétisait « l'espoir des jeunes et des femmes d'Iran » ; à la façon dont il incarne celui des femmes d'Algérie, lesquelles, devait-on apprendre un peu plus tard, *s'investissent* massivement dans le football, ce qui leur permet de porter des shorts, donc de montrer leurs cuisses, et par conséquent de faire progresser la civilisation en infligeant un camouflet de taille aux musulmans intégristes. Allah, certes, est grand ; mais il n'y a d'autre fête que la fête et le foot est son prophète.

---

1. Elle aura tout de même fourni l'occasion de découvrir, mais sans que personne ne semble avoir la moindre envie d'épiloguer sur un sujet aussi épineux, la véritable personnalité du DJ qui en est l'organisateur depuis dix ans, et qui a pour objectif d'en faire « une contribution pour la paix sur la terre ». Protecteur autoproclamé de notre « planète bleue, cette perle dans l'univers », sectateur comme de juste de la « communication non verbale », maniaque (à la Glissant) de l'unicité et du tout-monde (la devise *new age* de la Love Parade, cette année, est : « *One world, one future* »), bienfaiteur de l'humanité (la vente aux enchères des œuvres des artistes invités ira à une fondation qui fait de la musicothérapie pour les enfants autistes), il constitue à sa façon, très au-dessus même d'un Jack Lang (ce qui n'est pas peu dire), une sorte de portrait-robot presque idéal d'Homo festivus, ce Tartuffe de cauchemar de l'an 2000, dans sa version techno. Mais le plus drôle, encore, réside dans son lointain passé : avant la chute du Mur de Berlin, il était agent de la Stasi, la police politique de la RDA (*juillet 1998*).

La victoire des Français contre les Italiens a donné aux approuveurs métallisés des journaux et à tous les nains des autres médias une première occasion de se réjouir d'avoir si vite trouvé un idéal à leur taille, et même une idéologie, et de livrer quelques bons exemples du patois festif, c'est-à-dire de la langue oxymorique par laquelle s'exprime la festivocratie. On ne répétera jamais assez que la société hyperfestive a un style, et en celui-ci se trahit sa confiance éperdue de parvenir à résoudre, ou plutôt à résorber, toutes les contradictions (toutes les négativités) qui avaient été la condition même d'existence de l'espèce humaine pendant des millénaires. Ce style, en l'occurrence, s'est affirmé comme il se devait : chauvino-métissé ; ludico-cocardien ; cosmopolito-tricolore ; archéo-moderniste. Il devenait enfin possible, a-t-on par exemple écrit dans un quotidien, d'« associer sans ricanement le foot à la fraternité, à l'élégance et à l'intelligence ». Cette « équipe métissée » conjuguait le « panache et l'efficacité » ; elle mélangeait « la frime des banlieues et la tradition prolétaire » ; et nos footballeurs étaient « de plain-pied dans le monde contemporain ». Par-dessus le marché, ils offraient un magnifique « antidote à un pays sceptique, au moment même où l'économie montre quelques signes de reprise ».

L'évanouissement presque magique des hooligans, sitôt apparus et sitôt escamotés, a coïncidé avec la brusque et significative passion des femmes pour le foot. Le slogan du Mondial (« C'est beau un monde qui joue ») avait failli être endeuillé par quelques voyous à la bestialité trop évidente pour ne pas ressembler à d'anciennes incarnations de l'acte manqué. La festivosphère a ses gaffes, et la doxa du foot à l'eau de rose, fraternel et mondialiste, que l'on commençait à nous faire avaler, possédait son revers sinistre : les « hools » comme ils se nomment eux-mêmes, ces brutes préhistoriques, néo-nazies et gorgées de bière, qui débarquaient en pleine liesse avec leurs crânes rasés, leurs tatouages partout et un seul projet : casser du flic, casser du supporteur ennemi, casser n'importe quoi, n'importe qui, casser. Dans le hooligan, Homo festivus a longtemps reconnu un adversaire à sa taille : massif, répugnant, suant, borné, alcoolique, ultranationaliste, chauvin et machiste, le hooligan incarnait à merveille ce « beauf » dont Homo festivus devait bien se contenter comme image du trouble-fête rituel sans lequel aucune fête ne serait véritablement réussie. Il est néanmoins apparu assez vite qu'il ne servait plus à rien, avec son animalité caricaturale, en face du « grand moment d'émotion collective et de cohésion nationale » que l'on sentait chaque jour un peu plus grandir à l'horizon et tout emporter.

D'autant que ce moment d'émotion et de cohésion était en train, dans le même temps, de toucher massivement les femmes, dont on a pu dire avec une justesse inconsciente qu'elles s'étaient *converties* au football (mais c'était le football, en réalité, qui s'était converti à elles).

En quelques semaines, s'émerveille-t-on, les femmes se sont approprié un sport jusque-là réservé aux hommes. Que l'on puisse s'étonner d'un tel état de chose devrait être par soi-même un sujet d'étonnement. On voit mal pourquoi, en effet, les femmes seraient demeurées plus longtemps étrangères à l'épidémie festive ; ni pourquoi le secteur sportif resterait en dehors du processus de féminisation qui concerne déjà tant d'autres domaines. Il faudrait néanmoins beaucoup d'aveuglement idéologique pour s'imaginer que ce ralliement machinal concerne le football, et plus généralement le sport. Les halètements de hyène militante d'Élisabeth Badinter (« Les hommes n'ont plus rien en propre ! », a-t-elle triomphé aussitôt ; mais elle est restée muette sur ce qu'ils ont encore *en sale*[1]) ne l'ont

---

1. À quelques semaines de là, et sur un tout autre théâtre, Bill Clinton apportait sa contribution éclairée à ce nouveau débat du propre et du sale par temps hyperfestif. Contraint de faire publiquement acte

pas empêchée de toucher assez juste lorsqu'elle a affirmé que ce phénomène (l'adhésion imprévisible des femmes au football) n'était qu'un signe parmi bien d'autres que l'antique différenciation sexuelle avait disparu, qu'il y avait eu « cassure des frontières entre les sexes », et que « tous ceux qui tentent de faire croire que les femmes sont différentes des hommes ont tort ». Nul ne saurait douter de la fantastique capacité d'homogénéisation du monde hyperfestif, où les moindres résidus différenciateurs deviennent des démons (tout ce qui est festif est homogénéisant ; et tout ce qui ne l'est pas est criminogène). Plus rien ni plus personne n'est différent de rien ni de personne, sous l'effet de la déferlante hyperfestive, et ce ne sont jamais, pour dire le vrai, que des effondrements de frontières dont se réjouit Homo festivus, avec l'exubérance que l'on sait, chaque fois qu'il *descend dans la rue* : la destruction de la très vieille loi œdipienne (dont la défaite ouvre enfin une voie royale au matriarcat), l'effacement de la fonction paternelle, la disparition du passé, le triomphe de la vision infantile du monde, la réduction à néant de la différence sexuelle, l'évanouissement de l'univers concret et de ses divisions obsolètes (intérieur/extérieur, public/privé, intime/social), sont ses profondes et vraies raisons de faire la fête. Et le reste n'est que prétexte. La mystique

---

de repentance à propos de ses rapports avec Monica Lewinsky, il évoquait la « relation inappropriée » qu'il avait eue, disait-il, avec celle-ci. Comme il s'agissait bel et bien de rapport sexuel, on peut en conclure qu'il ne jugeait pas seulement ce dernier inadéquat, non conforme ou non pertinent, mais qu'il s'en estimait plus encore dépossédé ; ou depuis toujours non propriétaire ; et que le sexe, en somme, lui paraissait pouvoir être défini comme le *non propre*. Le bruit a couru qu'Hillary, sa femme, avait en partie rédigé ce curieux acte de pénitence. On rêve que ce soit elle aussi qui ait trouvé cette expression ; et laissé tomber en même temps ce jugement catégorique, lucide, désappropriateur, suprêmement matriarchique (*août 1998*).

panfestive est la manifestation la plus visible de cette mondialisation dont on nous conte les mille beautés, aussi bien à travers l'épopée du « Marché » que dans les slogans des rebelles rituels (« Les frontières on s'en fout ! »). L'hyperfestif, dans tous les cas, et malgré les oppositions postiches, est le mensonge extasié par lequel se vit concrètement, humainement, l'ère de la *globalisation des échanges*. Et tout ce qui subsiste encore de *séparant* devra être aboli ou démantelé, jusques et y compris le tabou de l'inceste, cette ultime ligne de démarcation dont il est déjà si facile de prévoir qu'elle ne pourra plus être subie, bientôt, que de façon de plus en plus handicapante par les nouveaux résidents de Festivopolis. Toutes les sociétés, à travers les siècles, ont très mal vécu ce fardeau d'avoir à affronter la réalité de la différenciation sexuée. La nôtre est la première à décider simplement de ne plus la vivre du tout ; et sans doute, par la même occasion, de ne plus vivre tout court [1].

Ainsi la vérité entière de l'époque qui commence s'est-elle révélée en ces quelques semaines de complète terreur ; mais elle s'est révélée pour personne ; car c'est au moment même où elle apparaît que meurent (ou sont interdites) les dernières possibilités de critique démystifiante. Marx n'avait

---

1. À quelques jours de là, et sans craindre visiblement le comique de répétition, le terrifique Jack Lang, une fois de plus, ramenait sa fraise festive. Et lançait dans *Le Monde* un impayable appel (« Cap à gauche, cap vers l'audace » !) dans lequel, sous les inévitables auspices du Mondial, il se précipitait dans un baratin sans consistance, comme de juste, mais tout couvert des vilaines plaques eczémateuses de l'oxymorisme le plus euphorique (« privatisations de gauche », « économie solidaire de marché », « utopies concrètes », etc.), pour finir par poser clairement sa candidature à la présidence universelle du Nouveau Monde Festif : « Après le triomphe du Mondial, la France a le devoir de s'inventer d'autres fêtes partagées. » Ce qui ne serait que justice, après tout, envers un si inusable évangéliste de la plus pittoresque bouffonnerie qui ait jamais moutonné sur cette planète (*août 1998*).

pas tort d'écrire que l'Histoire ne fait jamais rien à moitié : même quand elle s'effondre, s'irréalise ou disparaît, elle y met le paquet. Si « la phase ultime d'une forme dépassée de l'histoire mondiale est sa *comédie* », c'est afin que « l'humanité se sépare *avec gaieté* de son passé ». Il est aisé de voir de quoi se sépare aujourd'hui, et avec tant d'hilarité, et aussi tant de sérieux, Homo festivus : de l'humanité même. Sa passion brutale pour le foot, et cette joie sauvage avec laquelle il l'a manifestée, ne sont que l'exultation de voir réduit à l'impuissance son véritable ennemi, son authentique ancêtre : Homo criticus. Le silence de ce dernier, durant les longues semaines où se montrait vraiment à nu l'entière vérité de l'époque qui commence, nous a privés de la seule chose qu'un esprit libre aurait été alors en droit d'espérer : quelques grammes de finesse dans un monde de buts.

SEPTEMBRE 1998

DE LA GUERRE DES FÊTES

La comédie réelle de notre temps est devenue si tétanisante, si glaçante, que même ceux qui possédaient encore un certain sens du comique, de la cocasserie et des absurdités plaisantes de l'existence ne peuvent plus, ou n'osent plus, en faire le moindre usage. Ils préfèrent abdiquer. L'irrespect *de tout* se cache dans le même terrier que l'esprit d'analyse. Un énorme mutisme impose sa loi. Ceux qui l'ouvrent, on le sait bien, sont ceux qui acquiescent ; ou qui se contentent de plates critiques de détail dans des domaines déjà stigmatisés mille fois. Les autres la bouclent. Dans le silence de la servitude, on n'entend plus que les mouchards bourdonner, et aussi crier de joie les apologistes du désastre consacré, ou encore grogner quelques représentants des nouvelles générations qui, parce qu'ils ne comprennent rien à ce qui se passe, trouvent providentiellement de sombres reproches partiels à faire à ceux qui les ont précédés.

Ainsi les immenses bouleversements en cours de la vie quotidienne ne sont-ils plus jamais examinés, commentés, interprétés, glosés, et encore moins ironisés bien sûr. Ainsi le comique des situations s'étale-t-il au grand jour dans une impunité tranquille : nul Molière, nul Labiche, nul Ionesco n'est plus là pour en faire exploser les véritables aspects de moins en moins stigmatisables au fur et à mesure qu'ils deviennent de plus en plus caricaturaux. L'irrévérence se perd ; en même temps, et c'est logique, que le sens de la réalité. Ces deux choses sont devenues, depuis un certain nombre d'années, des espèces de survivances vaguement élitistes, et coupables d'aristocratisme aux yeux de la nouvelle société de promiscuité. Ce qui ne veut pas dire, bien au contraire, que la réalité ne soit plus invoquée : elle l'est plus que jamais. Un apologiste confit dans l'adoration de l'inévitable a même pu récemment, dans *Le Monde diplomatique*, définir le soir de la victoire du Mondial comme « la reconquête de quelque chose qui ressemblait au réel » ; ce qui montre clairement dans quelle trappe est tombée la notion de réel ; et aussi celles de conquête ou de reconquête. De la part de penseurs aussi spontanément émerveillés, il est bien inutile d'attendre de quelconques révélations autres que de pesants et sinistres témoignages à répétition de leur foi et de leur ardeur. Ils n'ont plus d'énergie que pour encenser.

Après les édifiantes journées de la Coupe du monde, cette bienheureuse et gigantesque « surboum multiculturelle » comme l'a qualifiée un autre approbateur rampant, et compte tenu du formidable *acquis* qu'elles représentent dans les travaux d'établissement du règne festiviste, il n'est plus possible de considérer la succession de fêtes toujours plus envahissantes, précipitées, multipliées, comme des phénomènes parmi d'autres qui ne méritaient, à tout prendre, que d'être signalés positivement. Ces phénomènes, en général, sont présentés comme des événements parfaitement naturels, allant de soi et se développant dans la bonne direction, alors qu'ils sont d'abord les marques tangibles d'une nouvelle dictature cherchant à se légitimer *sur le dos de la vie réelle* (ou de ce qui en reste). C'est par là seulement que cette dictature se camoufle et dissimule ses buts. Partout ailleurs, les avancées successives de la civilisation festiviste sont désormais trop visibles pour qu'il ne soit pas devenu vain de chercher à les démasquer : elles ne se cachent aucunement ; elles n'ont besoin d'aucune démystification, d'aucun décryptage puisqu'elles réussissent à être en phase parfaite avec une humanité qu'elles ont changée au rythme même où elles l'investissaient. Pour espérer comprendre quelque chose à l'époque qui commence, il est maintenant indispensable de faire le pari que la métamorphose des hommes a *déjà eu lieu*.

L'allégresse boursouflée qui s'étale dans tant de propos éclate comme la signature même de cette nouvelle époque. La grandiloquence des discours accompagnant les suites du Mondial ne semble stupéfier personne. On apprend, par exemple, dans les pages « économie » du *Nouvel Observateur*, que la France qui gagne n'arrête plus de gagner, que la France qui marque des buts n'arrête plus de marquer de nouveaux buts, que « le moral des Français est au beau fixe », que « l'indice de confiance des ménages ne s'était jamais si bien porté depuis plus de dix ans », et que nous volons de victoire en victoire. L'énumération de celles-ci aurait provoqué en tout autre temps un éclat de rire général, ou du moins un sourire de commisération : la demande en téléphones cellulaires explose ; un foyer sur quatre est désormais équipé d'un micro-ordinateur ; Airbus séduit les Anglais ; Spielberg a racheté les droits d'un de nos films. Tant de bonheurs à la fois deviennent presque irrespirables. Mais en vérité, ce qui se passe, conclut le magazine, c'est tout simplement « que nous avons décidé de voir la vie en rose ». Ce qui est une manière comme une autre d'avouer noir sur blanc que nous avons résolu de récuser avec une véhémence inébranlable les derniers vestiges de réalité qui auraient encore le mauvais goût de traîner parmi nous. Et si nous pouvons récuser aussi totalement la réalité, c'est qu'elle n'existe plus. Ce que ne cesse de fêter la civilisation hyperfestive, c'est son divorce consommé avec le réel. Cette chaîne est tombée.

Ce boulet que nous traînions depuis si longtemps nous est enfin ôté. Une telle émancipation, après des siècles de désespoir, mérite bien en effet quelques nouveaux siècles de divertissements et de feux d'artifice.

Dans ce climat d'exaltation lyrique, d'emballement machinal et de néo-patriotisme baroque, la bouffonnerie a été récemment portée à son comble par le déclenchement de ce qu'il faut bien appeler désormais la guerre des fêtes, ou festivomachie. À l'organisation dans la capitale d'une Love Parade, sous l'influence merveilleuse de l'inégalable recruteur Jack Lang, ministre des Farces et attrapes, on a pu voir répondre du tac au tac l'invention par la Mairie de Paris d'une Fête de la Seine, dont *Le Parisien*, en septembre, énumérait les manifestations fastueuses avec cet enthousiasme rhétorique qui fait toute la saveur de notre époque : il y aurait des brocantes « sur le thème de l'eau », des croisières, des régates, des courses de planche à voile, et puis encore des séances d'initiation au canoë-kayak, des expositions, des concerts, des visites de sites industriels, un marché « Paris fermier » au port de Bercy, et bien sûr pour finir un feu d'artifice. Quant au maire de Paris, qui souhaite que « cette fête se renouvelle chaque année », il voit dans une pareille manifestation l'occasion rêvée de *mettre en valeur* la Seine, « lieu de culture, de détente, de divertissement et de sport », dont tout un chacun sait qu'elle était jusque-là horriblement négligée, crasseuse, délaissée comme un vieux meuble poussiéreux abandonné dans un grenier par des propriétaires sans cœur.

Plus largement encore, l'objectif de la Mairie était de « réconcilier les Parisiens avec leur fleuve », ce qui nous permet d'apprendre qu'ils étaient auparavant fâchés avec celui-ci, qu'ils le battaient froid, qu'ils lui tournaient le dos. On ne sait pas, néanmoins, depuis combien de temps durait une situation aussi désolante. On aimerait des précisions. On ignore également si ce qui est vrai pour les habitants de la capitale l'est avec la même intensité pour ceux de Lyon, Bordeaux ou Agen. Que pensent *réellement* les Agenais de la Garonne ? Et les Lyonnais du Rhône ? Et les Tourangeaux ? Est-ce qu'ils sont brouillés avec la Loire ? Est-ce que Besançon est à couteaux tirés avec le Doubs ? Est-ce qu'Alençon est en délicatesse avec la Sarthe ? Soissons avec l'Aisne ? Sisteron avec la Durance ? Château-Thierry avec la Marne ? Saint-Quentin avec la Somme ? Notre temps est si rongé de bonnes intentions, si désireux de faire le bien qu'il voit le mal partout ; et court le réparer. Ce qui *est*, la Seine, ne lui suffit pas : il faut que ce fleuve cache un problème quelconque ; lequel problème permet du même coup d'escamoter la chose elle-même : le fleuve en soi. Quand notre époque parle d'un élément naturel, elle se montre promptement incapable de le considérer en tant que tel. Que la Seine ne soit que la Seine paraît insupportable à Homo festivus. Il faut en outre qu'elle devienne une personne qui aurait subi de graves dommages et auprès de laquelle il serait urgent de faire amende honorable. Cette transformation de la Seine en victime, même si elle se fait pour ainsi dire sans y penser, et comme spontanément, dans la tête du maire de Paris, est un de ces minuscules symptômes que l'on s'en voudrait de laisser passer. Faire de la Seine un bouc émissaire (adorable parce que bouc émissaire), il fallait le trouver. La Seine de Matisse, la Seine de Marquet, l'admirable Seine d'*Aurélien* charriant des suicidés, et aussi la Seine des chansons populaires ou des films en noir et blanc, tout cela ne suffisait pas, tout cela ne sert plus à rien. Il fallait une Seine moderne, c'est-à-dire une Seine souffrante ; et festivisable dans un deuxième temps. La victimomanie est une variété de la festivomanie que l'on peut d'ores et déjà, avant d'y revenir plus longuement, classer dans la catégorie du festif funèbre, ou festif de lamentation. Le victimomane ne peut comprendre l'existence de quelque chose que s'il parvient à se convaincre, généralement sans grandes difficultés, que cette chose a été outragée et qu'il convient d'y remédier. Le corollaire étant bien entendu que ce qui n'a jamais subi aucun affront n'existe simplement pas.

Tout outrage, par-dessus le marché, a des pouvoirs fédérateurs ou agglomérants sur lesquels il paraît inutile d'insister. Un de ces jours, on décidera de nous réconcilier avec les arbres, les oiseaux, les montagnes ou les nuages dans le ciel, et cela donnera lieu à de nouvelles festivités qui seront aussi des occasions de repentance. On s'apercevra brusquement que les citoyens ne parlent plus aux éléments naturels ; ou qu'ils font la gueule aux étourneaux ; qu'ils négligent les érables, les pins parasols, l'estragon ou les aubépines ; qu'ils ont divorcé d'avec les rivières ; qu'ils se désintéressent des dunes, du varech ou du goémon ; et qu'il faut réparer tout ça.

Le festivisme généralisé est ainsi, dans son fond, un acte de contrition. Réconcilier les Parisiens avec leur fleuve, ce projet burlesquement miséricordieux prouve bien que l'idée même de pardon, ou d'oubli des offenses, est devenue complètement folle. Non seulement elle s'énonce de façon délirante, mais en plus elle donne lieu à des espèces de cérémonies de plus en plus ingénument païennes : qu'est-ce que c'est d'autre, en effet, une Fête de la Seine, que le ressurgissement à peine remaquillé et modernisé des vieux cultes magico-religieux de la Végétation, de la Terre-Mère, de la Fécondité, de la Fête du Nil dans l'Égypte ancienne ou des rites de Cybèle ? Et à quand la découverte que les eaux de la Seine pourraient bien avoir des vertus guérisseuses ? Le panfestivisme, comme on voit, est un animisme. Ce qui n'empêche d'ailleurs pas Homo festivus, tandis qu'il se bricole à tour de bras de la résurrection de cérémonial néolithique, tandis qu'il se vautre dans l'animisme sans frontières, de dénoncer le paganisme *visible* des autres, notamment de ses adversaires préférés, ceux qu'il adore tellement aller asticoter au fond des poubelles de l'extrême droite néofasciste, et dont il rappelle à chaque occasion leur coupable penchant pour les anciennes mythologies celtique ou germanique.

Mais nous n'en sommes sans doute, dans le domaine festivomachique, qu'aux premières escarmouches. Aux anciennes formes de guerre, croisades, guérillas, guerres de religion, guerres de partisans, guerres des nerfs ou guerres d'usure, devenues impossibles, succèdent de nouveaux types de comportements belliqueux. Dans ce même numéro du *Parisien*, où l'on consacrait deux pleines pages à la Fête de la Seine, on annonçait aussi en se rengorgeant qu'il y aurait encore bien d'autres festivités dans les prochaines semaines : le centenaire de l'Aéro-Club de France sur les Champs-Élysées avec envol de vingt-deux ballons à gaz ; la Journée portes ouvertes de quatre cents espaces verts dans la capitale ; les Journées du patrimoine ; la Journée sans voitures pour fêter les cent ans du Salon du même nom ; et enfin, bien entendu, il faut toujours y revenir, comme au centre du cyclone de cauchemar, la Parade techno du 19 septembre, entre Denfert et Nation. La Parade de Jack Lang, Thespys des grandes surfaces, vieux cheval de Troie et de retour de toutes les imbécillités lyriques, qui devrait être le point d'orgue de ce mois festivisé, donc pétrifié de convivialité jusque dans ses plus innocents replis. On se demande ce que pourrait souhaiter de plus et de mieux l'être humain contemporain.

À l'ancien équilibre de la terreur, si démodé aujourd'hui, succède l'équilibre de la fiesta. À la société de consommation, succède la société de distraction. Et les revendications économiques, même si elles ne disparaissent pas, sont déjà pour ainsi dire comme *doublées* par les revendications festivistes. On a pu voir, l'hiver dernier, après la fermeture de plusieurs boîtes de nuit, des milliers de gens courroucés descendre dans la rue et crier que « la fête n'est pas un délit ». Quant au sémillant malfaiteur qui se charge d'organiser à Paris en septembre la première Love Parade, il se montre très en colère contre une « circulaire *obscurantiste* de 1995 qui entrave l'existence des raves ». Si je souligne « obscurantiste », c'est pour bien insister sur le fait que dès maintenant Homo festivus s'offre à l'admiration générale en tant qu'organisateur d'événements porteurs de positif devenu irréfutable ; ce qui entraîne que toute entrave à sa marche en avant relèverait de l'esprit des ténèbres ; et c'est sous ce label qu'on ne saurait critiquer qu'il entend incarner de façon révélatrice le nouvel esprit des Lumières ; ce qui augure bien du prochain millénaire ; et ce qui indique au surplus que notre civilisation n'entretient plus de liens avec aucune espèce de vérité. J'ajoute que le malfaiteur en question considère aussi « le droit à la fête comme le dernier en date des droits de l'homme ».

L'ouverture des festivités a bien en effet remplacé l'ouverture des hostilités. La droite riposte par la Fête de la Seine à la gauche qui lance sa Parade techno ; laquelle va se dérouler le même jour que la fête dite « bleu-blanc-rouge » du Front national ; et se terminer par un grand concert sur la place de la Nation, à deux pas de la dite fête « bleu-blanc-rouge » ; ce qui risque de poser de nouveaux problèmes de concurrence festivomachique (car les adeptes de la techno et les néofascistes de la fête « bleu-blanc-rouge » croient encore qu'ils sont très éloignés les uns des autres). Quelques Parisiens eux-mêmes s'inquiètent bien tardivement de la Love Parade parisienne, qui va faire, comme le raconte avec une certaine fierté le très bas *Journal du dimanche*, vibrer toute une ville qui n'avait rien demandé « sur les rythmes frénétiques de deux cents DJ's répartis sur trente-six chars ». Les Parisiens croient que ça ne fera que du bruit ; ils ne voient qu'une oreille du monstre ; ils n'aperçoivent qu'une face du crime ; ils n'entendent qu'un tintement du glas. Reformatés eux-mêmes, dénaturés, modernisés, défilant quotidiennement dans des rues muséifiées, crétinisées, entre deux haies de boutiques de coiffeurs pour bébés ou de prêt-à-porter pour femmes enceintes qu'ils ne songent même pas à mettre à sac, slalomant sur leurs rollers, transformés par leurs téléphones portables en standardistes à la chaîne d'un *Tout-monde* de cauchemar où les frontières ont disparu, ces dégénérés volontaires sont devenus suffisamment méprisables pour qu'on se déshonore à prendre leur défense ; mais qu'on se réjouisse, au contraire, de toutes leurs misères présentes et surtout à venir. Ils gémissent parce qu'ils auraient voulu, par exemple, un parcours plus « excentré » que celui qui doit aller de Denfert-Rochereau à la Nation. Ils ne comprennent pas que c'est bien pourtant d'achever de détruire, dans le sens où eux-mêmes l'ont voulu, et par le truchement d'une musique aussi abominable qu'eux-mêmes, toute une ville en l'éventrant au nom du totalitarisme « pacifique, ouvert et tolérant » de la techno (le rassurant curé Jack Lang, mondialisateur culturel, dans ce même *Journal du dimanche* : « Le public de la techno est pacifique, respectueux, ouvert et tolérant. Cette parade se déroulera dans des conditions parfaites de sénérité » ; pour qui ?) qu'il s'agit cette fois. Et ce n'est qu'un commencement. Les néo-Parisiens n'ont que ce qu'ils méritent. Ils venaient de nulle part ; ils habitent nulle part ; ils ont la Love Parade de Jack Lang. Ils auront bien pire encore. Ils ont jusqu'ici tout accepté. Comment, au nom de quoi, pourraient-ils maintenant faire les dégoûtés ?

À Lyon, au même moment, et toujours selon *Le Journal du dimanche*, ce sont les trois mille participants de « Mediterranea », huitième Biennale de la danse, qui sont chargés de la lourde mais exaltante tâche de réconcilier les Lyonnais avec la rue. « L'enjeu est symbolique, analyse en finesse cette publication. L'extrême droite ne s'y est pas trompée. »

Il faut toujours, en effet, qu'il y ait des grincheux ou des malfaisants prêts à tenter de faire échouer de si féeriques entreprises. Certes, leurs menées sinistres sont d'avance vouées à l'échec, et tout le monde le sait. Mais en attendant, ils ne font, par leurs sombres actions, que mieux ressortir l'aveuglant rayonnement d'une fête qui se veut ouverte, pour citer une dernière fois le splendide *Journal du dimanche*, « sur des cultures, des expressions, des contributions sans frontières », et dont tous les groupes sont « intergénérationnels, interculturels et transfrontaliers ». C'est presque trop moral pour être vrai. Et, en plus, c'est vrai.

Le « programme » de l'opposition et celui de la majorité voguent dans les mêmes eaux pour s'y dissoudre et y mêler leurs ultimes déchets. Et la fête est tout ce qui reste quand les contenus idéologiques se sont à peu près égalisés ou indifférenciés. Elle devient la justification unique d'une classe politique qui se sait maintenant injustifiable ; et aussi la condition de sa survie. Il est bien évident que c'est sur de telles bases que la société hyperfestive entend reconstituer les anciens rapports de la droite et de la gauche, ou du conservatisme et du progressisme, et tenter d'offrir aux populations le spectacle pitoyable et néanmoins renouvelé de leurs affrontements postiches. Quelqu'un qui aurait un tout petit peu le don de l'exagération, aujourd'hui, et aussi celui de la prolifération, et surtout celui de la catastrophe, c'est-à-dire en somme tous les dons de la comédie, ne pourrait qu'être sensible, il me semble, à la vision de cette rixe festive qui commence, de ce pugilat du divertissement, de cette concurrence féroce, de cette rivalité où semble désormais s'être condensé le peu qui restait d'enjeux affrontés. Un championnat festif perpétuel supplante le vieil antagonisme de l'ordre et du mouvement.

Dans cette lutte cocasse entre partis semblables, et semblablement à la dérive, qui se battent à coups de fêtes, qui s'envoient des innovations distractionnaires à la figure comme on s'envoyait autrefois des insultes, qui se bombardent à coups de kermesses, de ducasses rénovées, de carnavals reformatés, d'illuminations, de concerts, de serpentins et de courses en sac, comme on s'affrontait jadis à coups de taloche ou de fusil-mitrailleur, comme on se flanquait des claques ou des coups de bâton, on peut trouver un sujet de roman comique, de fable, de vaudeville, enfin de clownerie *absolument moderne*. Il est étrange, mais il n'est pas illogique, que personne ne semble tenté d'exploiter une si rayonnante désolation. La comédie est toujours le théâtre où viennent mourir les dieux ; et qui a envie de mettre à mort nos dieux ?

DE L'ACTION PARALLÈLE

Si l'appel aux écrivains d'autrefois est devenu une escroquerie qu'il vaut mieux laisser à tous les charlatans qui travaillent dans le secteur Culture, et qui ont intérêt à faire croire que les indicibles événements d'aujourd'hui pourraient y trouver un éclairage, c'est-à-dire bien entendu une légitimation, il est néanmoins possible de se demander si la littérature du passé a eu la moindre prescience du désastre à venir.

Il existe bien peu d'œuvres, en réalité, dont on puisse reconnaître que leurs auteurs ont eu, même de façon confuse, et aussi lointaine que ce soit, l'intuition de l'imminence d'une nouvelle civilisation qui effacerait à peu près tous les traits dominants des anciennes conditions de vie, et offrirait la victoire à une nouvelle humanité faite d'individualités à la fois anonymes, craintives, revendicatrices, presque asexuées, ou en cours d'asexuation, enthousiastes, possédées en même temps par l'amour de l'égalitarisme et par la folie des grandeurs, et trouvant à ce qui leur reste de « volonté de puissance » le débouché providentiel de l'indifférenciation festiviste, ou de la promiscuité qui en est inséparable, comme apothéose culturelle quotidienne.

L'ancien univers du travail, si présent encore il y a quelques décennies, et dont les lois semblaient devoir s'imposer à jamais contre vents et marées, ne prédisposait pas ceux qui en étaient les contemporains à percevoir une telle menace ; encore moins à en imaginer l'extension possible à toute la planète. Le travail, c'est-à-dire la transformation du monde naturel en monde humain, a été l'*essence* de l'homme tout le temps de la période historique ; mais au-delà des limites de celle-ci, le festif le remplace, en même temps que la nature même de l'humain se modifie ; et que le champ des droits qui le concernent ne cesse de s'étendre, et commence à s'appliquer aux espèces non-humaines. Ni Balzac, ni Proust, ni Kafka, ni Faulkner, et pas davantage Dostoïevski ou Flaubert, ne peuvent donc servir à comprendre grand-chose à une humanité pour laquelle la fête *est une solution,* et peut-être la seule ; en même temps qu'elle se révèle comme le moyen de rendre encore gouvernables des citoyens que l'usage de la force n'impressionne plus beaucoup ; mais qui ne succombent à aucune panique, comme l'auraient fait leurs ancêtres les humains, devant le slogan terroriste et très peu caché de la société hyperfestive tel que *Le Nouvel Observateur,* dans son fameux dossier intitulé « La France s'éclate », l'a récemment divulgué : « Si tu ne viens pas à la fête, la fête viendra à toi. » Il y a encore un demi-siècle, on vous recherchait pour vous envoyer crever à la guerre. On recrute toujours, on traque plus que jamais, mais c'est pour vous envoyer vous indifférencier à la fête. Et on pourrait se demander quel est le traitement le plus sauvage ou le plus barbare. On pourrait aussi observer que beaucoup de romans de naguère montrent des personnages qui n'ont rien de plus pressé que d'échapper à la guerre, c'est-à-dire au projet collectif d'alors, de s'en détourner, d'en sortir, de déserter, donc de trahir. Il est peu probable, en revanche, que l'on voie jamais un roman dont le héros n'aurait qu'une idée en tête : échapper à la fête, en déserter, trahir ceux qui aiment *ça*.

Quoi qu'il en soit, et pour en revenir à la question de la littérature du passé, il faut tout de même reconnaître que quelques écrivains ont pressenti le drame qui couvait ; et commencé à évoquer, généralement au second plan de leurs œuvres, les prémisses encore fragiles de l'ère hyperfestive. C'est le cas de Musil, et je ne crois pas que ses commentateurs aient beaucoup insisté sur ce point. Une grande partie de l'intrigue de *L'Homme sans qualités* se déploie sur fond de préparatifs de fête. Il s'agit d'organiser une vaste cérémonie en l'honneur du soixante-dixième anniversaire de l'empereur d'Autriche-Hongrie ; et c'est sans doute la plus grande nouveauté de ce roman, que le vieux monde des individus maîtres d'eux-mêmes commence à s'y effacer derrière une nouvelle puissance qui en sait plus qu'eux et qui a vocation à les englober.

Musil, sur ce point, est d'une admirable lucidité. Sa vision l'entraîne très loin de la Cacanie, et beaucoup plus près qu'on ne pourrait l'imaginer de nos propres conditions d'existence. Ce qu'il devine, avec ces longs préparatifs de fête, c'est la dévaluation prochaine des vies individuelles et leur reconversion progressive, ou plutôt la recomposition de l'univers humain sur de nouvelles bases anonymes acceptées par tous, et même désirées. D'autres événements massifs, par la suite (des guerres justement, des dictatures, des totalitarismes), cacheront plus qu'ils ne ralentiront la montée du phénomène hyperfestif. Cependant, à travers ces drames, ces tueries de masse et ces horreurs sanglantes, c'est bien en profondeur le règne du festif total qui s'affirmera, en tant qu'idée neuve, et ne cessera de se développer ; jusqu'à ce que les grands écroulements de la fin du siècle (et l'effondrement des « idéologies »), dissipent enfin le brouillard, effacent les ténèbres, et laissent à nu cette nouvelle puissance alors déjà en pleine expansion. Le reste, et même les ignominies les plus monstrueusement mémorables de ce siècle, n'aura peut-être été que maladies de jeunesse dans le développement de l'hyperfestif.

Tout au long de *L'Homme sans qualités*, ceux qui s'occupent de la festivité géante en l'honneur de l'empereur appartiennent à une organisation appelée l'Action parallèle. Comme l'intrigue du livre se déroule avant 1914, et que ses personnages ne sont pas doués du don de double vue, ils ont l'assez mauvaise idée, rétrospectivement, de choisir 1918 comme année jubilaire de l'« Empereur de la Paix ». Cela dit, une association est créée : le « Comité spécial pour l'élaboration d'une initiative en vue du soixante-dixième anniversaire de Sa Majesté ». Son programme se résume en quatre points, et ceux-ci sont traduits sous la forme de slogans euphoriques dignes des publicitaires d'aujourd'hui : « Empereur de la Paix, Borne de l'Europe, vraie Autriche et Capital-Culture ». On peut voir là le commencement de la disqualification du négatif au profit de mots d'ordre positifs, culturels et fraternels. C'est déjà le début du *style* à la fois vide et empanaché de l'ère hyperfestive. Bien entendu, ceux qui sont sollicités pour cette action d'envergure ne peuvent s'y dérober. Et Musil insiste avec énergie :

« C'était comme si l'on avait demandé à tous les défenseurs du Bien de répondre " présent ! " à l'appel. »

Tout le livre est soumis à cet impératif de la fête, *résolument assimilée au Bien absolu*. Toute l'intrigue en est orientée. Et les personnages en sont comme électrisés. Leurs actions et leurs paroles comptent encore, bien sûr, mais elles se déroulent sur le fond d'un décor qui, pour n'être qu'un projet, a tout de même vocation à les dévorer. Ils arpentent encore leur histoire personnelle, mais ils n'ont déjà presque plus le monopole de leur propre aventure. La fête les ronge. Avec le recul, ils ne nous apparaissent plus que comme les grands-parents des futures masses festives, et non comme les lointains géniteurs individuels d'autres individus (c'est peut-être aussi la véritable raison pour laquelle le livre est inachevé). Dans la société pré-festive des temps encore historiques, la vision qu'a Musil de l'Empire à venir n'est elle-même, encore, qu'à demi consciente. Le totalitarisme qui guette ses personnages en sait bien plus qu'eux et plus que Musil. Un volcan peut toujours en cacher un autre ; et ce n'est pas seulement, comme on l'a trop dit, sur le futur volcan de la guerre qu'ils dansent sans le savoir, mais sur celui, bien plus énorme et lointain, de la fête perpétuelle. Celle-ci change leur langage, leur façon de penser, et y imprime déjà son pathos spécifique : ils sont à la recherche d'un « grand symbole » ; ils veulent « arracher l'Autriche et le monde au sommeil » ; ils s'exaltent jusqu'à imaginer mieux qu'une simple « Année autrichienne » : une « Année universelle », formule dans laquelle les prestiges du temps mondialisé, c'est-à-dire post-historique, anonyme et néo-cyclique où nous nous enfonçons, semblent déjà se profiler. Ils envisagent même « une " Année de l'Autriche universelle ", où l'esprit européen pourrait découvrir dans l'Autriche sa vraie patrie ». Des suggestions et des propositions affluent, non pas seulement émanant d'individus, mais surtout d'associations : « un bureau de club alpin », des « ligues de libres penseurs », des « congrégations pour la jeune fille » ; et tant d'autres « petits groupements », écrit Musil froidement, mais avec humour, « qui précèdent le passage de l'individualisme au collectivisme ».

On évoque aussi un « cortège costumé » :

« Les Tireurs tyroliens défileront sur le Ring, leurs culottes vertes, leurs plumes de coq et leurs longues barbes font toujours un spectacle pittoresque ; puis, les bières et les vins de la Monarchie rendront hommage aux bières et aux vins du reste du monde. »

Les fêtes de l'ère hyperfestive ne sont que la *publicité* qu'organise cette ère à propos d'elle-même. Elles sont le continuel éloge de ce qu'elle a à vendre : sa propre perfection. Et le bruit insensé dont elle s'entoure n'est destiné qu'à couvrir (comme les roulements de tambour couvraient les cris des condamnés) les faibles voix de l'objection ou de la critique, désormais dérisoires, qui oseraient encore se faire entendre. Musil annonce ainsi les combats, les fastes, les désirs et les pauvres idéaux unificateurs (indifférenciateurs) de l'homme festiviste. Déjà, mais encore très loin dans l'avenir bien sûr, s'entrevoient les transes des grands rassemblements de tapage nocturne de tous ceux qui naîtront après la fin de l'Histoire et qui, ne pouvant en vivre les ravages, en voudront le spectre ou le simulacre sous forme d'hypnose.

C'est alors que l'Action parallèle de *L'Homme sans qualités* sera enfin devenue Action principale ; et même Action exclusive.

LE TEMPS FESTIF

La fête est clairement, et pour tous ceux qui veulent voir, l'essence même de la société ; elle représente aussi ses fortifications. Le mouvement du festivisme, qui est contemporain de la sortie du temps historique, est celui du « dépassement » de toute fête, et de l'établissement d'une sorte d'« âge d'or » de seconde main, bouffon et vertueux, dont l'interprétation semble d'autant plus difficile à mener qu'il est étroitement lié à une dé-temporalisation de plus en plus rapide.

À l'humanisation de la durée historique, succède la festivisation du temps posthistorique. L'appropriation par Homo festivus du calendrier se réalise progressivement mais sûrement, et les dates de fêtes, généralement religieuses ou nationales, qui rythmaient l'ancienne aventure humaine, se retrouvent peu à peu vidées de leur vieille signification pour être tout aussitôt remplies d'effervescence festiviste. Il y a bien longtemps, pour ne prendre que cet exemple, que l'insupportable fête de Noël a cessé d'être celle de l'Enfant-Jésus pour devenir celle de l'Enfant tout court, de l'Enfant actuel et souverainement adoré. Mais c'est à l'occasion de la Coupe du monde, il faut toujours y revenir, qu'on a pu voir le dernier patrimoine symbolique de la France, le 14 juillet, autrement dit l'événement de la prise de la Bastille, non pas volatilisé mais englobé dans une date à présent plus forte : le 12 juillet, qui coïncide avec la victoire finale de l'équipe de France. Cet événement peut être considéré désormais comme qualitativement plus fédérateur, plus rassemblant et coagulant que le précédent, auquel plus personne ne *croyait* vraiment, et dont la signification s'était effritée au cours de deux siècles. L'ancienne civilisation ne prenait plus beaucoup au sérieux la chronologie sur laquelle elle avait bâti son existence collective. L'époque qui commence se propose de recollectiviser et de retribaliser cette chronologie dispersée. Elle le fait comme il se doit en multipliant les exercices communs, les rencontres et les rassemblements. La musique ou la danse sont ses armes de choix pour convaincre de son excellence des populations déjà tout acquises aux charmes sans concurrence de la « communication non verbale ». L'époque qui commence s'annonce comme une vaste opération de rééducation de la chronologie par la musicothérapie.

La précédente civilisation, bourgeoise et chrétienne, avait lié la durée historique au travail, dans la continuité duquel les fêtes n'opéraient que de brèves fractures. Le temps de travail dominait le temps de loisir, et ce dernier n'était en somme, jusque dans l'organisation récente des vacances, que le traitement des déchets du temps de travail. L'humanité festiviste est la première à s'identifier si complètement à la fête qu'elle peut y désigner la seule valeur qui vaille ; et qu'elle ne connaît pas de déchets. L'idée de progrès, de même que l'idéal d'augmentation perpétuelle de la production, fusionnent aujourd'hui et se rassemblent dans un idéal de multiplication à l'infini de la fête. Le temps humain se confond désormais avec le temps des fêtes. Les hommes y sont unifiés, effacés et en même temps réalisés.

C'est également pourquoi les *intempéries*, qui par moments se rappellent au bon souvenir des populations, sont accueillies comme des affronts insupportables. Une autoroute bloquée par la neige, ou des inondations intempestives, apparaissent comme des résurgences odieuses de l'ancien ordre des choses. Homo festivus, l'individu qui se croit vaniteusement vainqueur, et sur tous les fronts, de la « naturalité hostile », ne va plus jamais d'un point à un autre, mais très exactement d'une fête à une autre, et les contraintes du temps comme celles de l'espace, nécessaires pour couvrir ces distances, ont été pour son plus grand bonheur réduites à la portion congrue. Qu'elles se dilatent parfois de nouveau sans raison valable, et que la « naturalité hostile » se rappelle soudain à son bon souvenir, par exemple sous forme de temps et de ralentissement, jette ce bon garçon si justifié d'être dans des indignations et des colères noires dont les « journaux » télévisés, au fil des dernières décennies, ont récolté une collection plutôt réjouissante. Le réel est désormais quelque chose qui ne peut plus être toléré.

C'est aussi la raison pour laquelle il n'y a pas le moindre rapport entre l'an 1000 et l'an 2000, et toutes les analyses qui partent de la confrontation de ces deux dates sont d'avance caduques. Elles ne prennent pas en compte qu'il s'agit de deux civilisations différentes, et même de deux humanités qui n'ont pas entre elles le plus minime point de continuité, ni même de contact. L'an 1000 a eu lieu en pleine jeunesse du temps, ou peut-être plus justement dans sa maturité. L'an 2000 survient au cœur de la vieillesse du temps, et même peut-être dans la sortie du temps. Ce n'est pas une date. C'est un événement de la vieillesse du monde ; ou du monde en état de survie artificiellement prolongée par toutes les tubulures du festif et par ses appareils respiratoires.

Comme tel, l'an 2000 sera une fête ; et non plus une terreur, comme l'an 1000 ; il ne sera qu'une fête ; il ne sera pas une date ; ou encore il sera la première date d'une autre catégorie de dates subhistoriques (mais alors il faudra pour cela, comme en tant d'autres domaines, trouver un autre mot). Le plus beau millénaire ne peut donner que ce qu'il a, et ce millénaire-là, par-dessus le marché, ne sera pas beau : il sera seulement festif. C'est aussi pourquoi il n'y aura aucune « grande peur », à ce tournant pourtant funeste entre tous. Parce que ce n'est pas une date. Parce que la peur est derrière nous. Parce que la fin du monde est terminée. Parce que l'apocalypse est une affaire classée. Et parce que tout le monde le sait.

Le réel déshistoricisé que nous connaissons échappe à la prise de la connaissance ; et il y échappe parce qu'il est hors l'Histoire[1]. Il se dissout à toute allure dans la fête, et la plupart de ses contenus perdent leur autonomie au profit de celle-ci. On raconte un peu partout que la politique est « en crise », et les radoteurs journalistiques tartinent là-dessus des éditoriaux à n'en plus finir ; mais c'est parce

---

1. Et il se gêne d'autant moins pour faire connaître, avec une incroyable arrogance, ses prétentions sur l'Histoire, c'est-à-dire sur le passé. À quelque temps de là, on pouvait découvrir, en lisant *Le Monde*, le dernier et incroyable méfait de Martine Aubry, fabricante gouvernementale et obsessionnelle de néo-métiers. Elle venait de décider de créer dans tous les départements des « emplois-mémoire ». Ces jeunes flics transtemporels, agents d'ambiance-archives ou spécialistes du tourisme rétroactif, seront surtout destinés à faire le ménage dans les temps anciens (dans la Jadisphère) ; et à en éliminer tout ce qui pourrait déplaire au crétin contemporain et à ses « valeurs ». Mission qui, dans le jargon de Martine Aubry, se traduit par : « entretien vivant des valeurs de la République, des valeurs des droits de l'homme et de la citoyenneté ». Sans doute est-il préférable de ne pas commenter plus oultre (*octobre 1998*).

qu'ils ne peuvent pas voir que la classe politique est en cours de reconversion accélérée dans le festif sans rivages. S'il existait encore une pensée critique, le petit épisode d'affrontement entre la Fête de la Seine et la Love Parade dont je viens de parler aurait déclenché cinquante articles passionnants : l'absence de ceux-ci est le signe même que tous les événements, désormais, surviennent *sans risque de commentaire*.

L'effondrement spectaculaire du conflit droite-gauche, les péripéties inexorables du naufrage sans retour de la droite « républicaine », le terrorisme des juges, les mises en examen de politiciens, ne sont que les symptômes de la métamorphose du pouvoir lui-même, contraint de se transformer de fond en comble pour s'adapter à des conditions elles-mêmes totalement bouleversées. Le vieux serpent fait sa mue et se dépouille de ses peaux. Ce que les « analystes » ne peuvent pas voir, c'est que leur fonds de commerce n'existe plus. Et comme ils ne peuvent pas le voir, ils prennent pour une « crise du politique » ce qui est en réalité sa disparition, au profit d'autres modalités de lutte et d'autres stratégies. En même temps que le peuple se détourne irréversiblement de la politique comme d'une religion morte, et s'adonne de plus en plus résolument à des *activités* festives, au point de presque remplacer par celles-ci l'antique activité du travail, les hommes politiques et les partis s'efforcent eux aussi d'adhérer de plus en plus visiblement à ces nouvelles conditions. Ils entrent en festif comme on entrait autrefois dans les ordres. *Le Nouvel Observateur* jubile parce que « la France s'éclate », et en fait un dossier : « Tout est bon pour célébrer à nouveau le bonheur d'être ensemble ». Le ton de la plupart des articles est d'une religiosité avilissante. Il y flotte un tel parfum d'*innocence* que celui-ci, autrefois, aurait déclenché une épouvante justifiée parmi des populations qui savaient encore d'instinct que l'innocence est toujours meurtrière. Pour ne prendre que cet exemple, il est difficile d'imaginer quelque chose de plus *épouvantable* que la phrase suivante : « C'est en chantant que les Français s'apprêtent à enterrer le millénaire. » Quant au petit malfrat dont je parlais plus haut et qui est chargé d'organiser à Paris la première Love Parade *made in France*, il nous est portraituré sous les couleurs les plus flatteuses : il n'a, nous dit-on, « rien du fêtard déliquescent d'antan ». On veut bien le croire. Il « prend le plaisir au sérieux et suit des cours de " conception et mise en œuvre de projet culturel " à la faculté de sociologie de Montpellier ». Une organisatrice d'événements, par ailleurs, ancienne fondatrice de SOS-Racisme et aujourd'hui directrice d'Éventissimo (et cette reconversion est elle-même tout un programme savoureux sur lequel on pourrait prendre plaisir à gloser longuement), vend encore mieux la mèche et se félicite à haute voix : « La fête fabrique du consensus. Elle ne fait pas débat. Les élus l'ont compris. Ils nous sollicitent de plus en plus. » On l'a vu néanmoins : les consensus que fabrique la fête, aussi naturellement que le crapaud sécrète sa bave, peuvent entrer en conflit ; ou « faire débat », comme on dit dans la langue en miettes de notre époque. Mais cela, il faudra sans doute du temps pour que les médiateurs lobotomisés s'en aperçoivent. Pour le moment, ils exultent. Et le commentateur du magazine d'ajouter : « La fête est aujourd'hui un élément incontournable de toutes les politiques de la ville. Au même titre que les opérations anti-été chaud ou les rénovations de cages d'escalier ». Non seulement la fête crée des emplois, mais elle a vocation à devenir le moteur très peu caché de l'économie, dont elle est en même temps le but, l'idéal, et aussi la police.

IL N'Y AURA PAS DE BOSSUETLAND

Tout n'est malheureusement pas festivisable au même titre et avec la même intensité. Dans notre époque atroce, où les plus lamentables agglomérations urbaines cherchent désespérément à se faire remarquer avec n'importe quoi, il arrive que les grands hommes dont elles disposent résistent pour des raisons diverses à cette entreprise de ravalement, de repentance, de vol, de mensonge, de destruction et de célébration. C'est alors le moment, enfin, où les sinistres opérations de banditisme festiviste deviennent amusantes : lorsqu'elles butent sur un obstacle ; lorsqu'elles manquent leur coup ; lorsqu'elles tournent court.

C'est le cas de la ville de Meaux, dont un touristographe du *Monde*, cet été, nous a révélé qu'elle avait bien des soucis avec son plus illustre citoyen : Bossuet comme de juste ; Bossuet sur la falsification duquel elle ne parvient pas à bâtir le mensonge crédible d'un quelconque festival.

Bossuet à Meaux, évidemment, ce n'est pas comme Marguerite Yourcenar à Cluny, Chopin à La Châtre ou Jacques Brel à Saint-Pierre-de-Chartreuse. Ça ne marche pas, Bossuet. Ça n'entre pas dans la grande calibreuse festive. Ça coince. C'est trop gros. Ça n'a rien de rigolo. Ça ne sert à rien. Ça n'apporte aucune eau au moulin saumâtre de la détresse en rose. Aucune eau bénite non plus à la nouvelle Église multiculturelle. Ça ne se laisse pas domestiquer, caviarder, consensualiser, technoïfier, repeindre, réhabiliter. Ça ne se laisse pas réduire ni apprivoiser.

C'est un défi, Bossuet. C'est une rébellion, et peut-être la seule. Ça n'est pas liquidable. C'est réfractaire, Bossuet. C'est impie, Bossuet. C'est athée Bossuet. C'est historique, Bossuet. Ce n'est pas insignifiant, donc récupérable. C'est même en opposition à peu près complète avec toutes les « valeurs » auxquelles notre univers mentalement clochardisé et nanifié se cramponne avec un désespoir qui a résolu de ne plus dire son nom. C'est odieux, Bossuet.

C'est magnifique, Bossuet.

On ne peut pas voler Bossuet. On ne peut pas trahir Bossuet. On ne peut pas dévaliser Bossuet. On ne peut pas mentir à partir de Bossuet. On ne peut pas commémorer Bossuet[1].

Répondant à merveille aux exigences de son emploi de blanchisseur touristographe, le plumitif dévot du *Monde* cognait donc sur l'Aigle de Meaux en le qualifiant d'« évêque cogneur ». Il faisait son vilain boulot de Javert festif en traitant d'« espion antipathique de Louis XIV », de « mauvaise teigne » ou de « boa constrictor » l'un des plus prodigieux écrivains français de tous les siècles (et il faut savoir apprécier le *ton* du plumitif : c'est tout ce qui reste de critique littéraire par temps festif). Il soulageait, pour tout dire, sa rage touristique avec une véhémence et une hargne qui faisaient chaud au cœur. Il avait rencontré un obstacle.

Seuls les rares échecs du monde hyperfestif sont des gages d'espoir.

Il n'y aura pas de Bossuetland.

---

1. Il est même plus que probable que Bossuet ne servira jamais à donner son nom à une voiture, comme cela vient d'arriver à l'infortuné Picasso. Cette souillure ineffaçable, dûe à de haineux héritiers qui ne démontrent par là que leur capacité de passer à l'acte, et de se venger enfin de leur ancêtre génial, donc criminel par rapport au principe d'égalité égalitaire contemporain, mériterait un long développement. Non seulement on profane le nom *sacré* de Picasso pour faire l'éloge d'une saloperie en ferraille, mais, par-dessus le marché, on prostitue son visage, et l'orage adorable de son regard noir, pour vanter la « première Citroën du troisième millénaire » ; laquelle « associe le dynamisme d'une berline, le coffre d'un break et la modularité conviviale d'un monospace ». Et tout cela se termine par un slogan abjectissime : « Pour la première fois, une voiture mérite le nom d'un peintre » ; mais ce n'est ni la première, ni la dernière fois, que des publicitaires méritent des paires de claques. Quant au visage même de Picasso, il voisine avec une phrase d'autant plus odieuse qu'elle est censée être prononcée par un enfant : « Dis maman, pourquoi le monsieur y s'appelle comme la voiture ? » (*octobre 1998*).

OCTOBRE 1998

DE LA TECHNO ET DE SES TECHNICIENS

Elle est donc venue. On l'a vue. Elle a déferlé. Et surtout elle s'est montrée, elle s'est exhibée, elle s'est fait entendre. Elle s'est affichée, cette merveilleuse Parade techno qui n'avait rien d'autre à vendre que son propre déploiement, rien d'autre à étaler que son ostentation tautologique et cataclysmique, mais qui a réussi bien entendu, comme de juste, à se déguiser en cause généreuse et sensationnelle, ainsi qu'en mouvement spontané insupportablement persécuté par toutes les forces mauvaises que compte encore notre époque. « Paris à feu et à sons », se pourléchait *France-soir* en gros titre, le matin même, à propos de cette mémorable manifestation que personne ne songea, du moins d'après ce que j'en sais, à appeler comme il l'aurait fallu, c'est-à-dire du nom de celui qui en était le Parrain : *Le Crime de M. Lang.*

Dans les heures qui précédèrent l'événement, les plus accrédités des médiatiques affirmèrent que la participation de cent mille personnes constituerait un inappréciable succès, et qu'au-delà ce serait le triomphe. Il y en eut bien plus de cent mille ; et, pour une fois, le comptage de la Préfecture de police coïncida avec celui des organisateurs : c'est à ce genre de réconciliations minimes, de fusions spontanées, que peut se mesurer l'immense bouleversement de toutes les habitudes qu'entraîne notre époque.

Elle est arrivée, elle s'est déversée, elle a débordé, elle s'est écoulée. Et tout ce qui se dressait involontairement sur son passage, à travers Paris, les immeubles, les abribus, les magasins, les feux rouges, les passants eux-mêmes, ne pouvait que se recroqueviller et trembler de honte d'incarner encore le passé, l'ancien ordre du vieux monde bien trop chargé de sens, d'ambiguïtés, de potentialités d'interprétations pour ne pas apparaître comme un ramassis d'archaïsmes à liquider.

Ce qu'il y avait de plus étrange, peut-être, dans ce défilé ridicule et assourdissant, ce qu'il y avait encore de plus paradoxal, c'était le vide qu'il réussissait à créer, en son propre cœur, au fur et à mesure qu'il avançait, comme une sorte de trou noir gigantesque et grondant. Au maximum de la compacité et de la densité, il n'y avait plus qu'une bruyante absence. Au summum du vacarme prétentieux et persécuteur, il ne restait plus qu'un silence dérisoire. La montagne du pire des tapages ne cessait d'accoucher des souris du mutisme. De cette espèce de chaos sans exemple, d'accident routier monstrueusement enchevêtré, ne montait qu'une fragilité elle-même insensée, qu'une inutilité d'autant plus emphatique et désespérée qu'elle n'était enflée que de l'air qu'elle soulevait. De toute cette clameur de panique qui jaillissait des camions, qui venait vous chercher jusqu'aux tripes, qui visait à l'ahurissement, à l'abrutissement, à l'hallucination, à l'électrocution, et de ces camions eux-mêmes, empanachés, caparaçonnés comme des éléphants de cirque, de tous ces quinze-tonnes et de ces trente-tonnes transformés en buissons de filaments de n'importe quoi de toutes les couleurs, de toute cette méchanceté des pulsations, de toute cette bêtise impérieuse qui vous martelait jusqu'aux poumons, ne s'échappaient qu'un pathos vain, une irréalité gesticulante, absurde, suppliante, aussi dérisoire que le déplacement d'air d'un coq suant de colère et battant des ailes dans un poulailler. D'une certaine façon, il n'y avait peut-être jamais rien eu de plus *infiniment petit* que ce déploiement de bruit colossal et de zombies en transe.

On pouvait aussi y contempler, comme dans un microscope, toutes les disparitions dont se remplit notre temps, et qui situent peut-être l'humanité actuellement survivante au-delà des dernières possibilités connues d'analyse. Si l'irrésistible montée en puissance d'Homo festivus s'est soldée par l'évanouissement de presque toute activité critique présentant un véritable intérêt, c'est sans doute que l'apparition de ce personnage extraordinaire sur le devant de la scène est précisément de l'ordre de l'inanalysable, qu'il échappe à la prise des définitions, qu'il est littéralement au-delà de l'investigation ; ou, pire encore, que ce ne soit plus vraiment intéressant de se fatiguer à le pénétrer, c'est-à-dire qu'il n'y ait plus aucune jouissance à essayer de le déchiffrer parce qu'il se présente toujours déjà plus ou moins comme déchiffré, donc inexistant. De même qu'il se *montre*, bien sûr, parce que c'est sa mission et sa raison d'être, mais qu'on ne voit *personne*.

Homo festivus est ce drôle de quidam sans énigme apparu après la fin de la longue, de la violente et sanglante analyse qu'aura été l'Histoire. Ce qui remplissait de mystère son ancêtre l'individu, qu'on l'appelle négativité, clivage, part maudite, pulsion de mort, violence libératrice ou castration symbolique, il semble en être libéré. Peut-être même est-il né sans en posséder les moindres propriétés. Il n'est plus *en procès*, comme on disait naguère ; ou si peu ; en tout cas plus de la même façon qu'il y a seulement une trentaine d'années. La division ne passant plus par lui pour le « structurer », seule la collectivité en effervescence, et le « délire » fusionnel qu'elle engendre, peuvent encore le retenir au bord de l'effondrement. C'est l'abolition des différences, et c'est l'effacement de toutes les oppositions qui sont constituants de ce qui lui reste d'« identité ». D'où l'avenir infini de cette ambiance festive dont il a besoin pour disparaître et en même temps pour être ; ou pour croire qu'il est. C'est aussi la raison pour laquelle les plus « cultivés » des DJ ressortent Deleuze de derrière les fagots et invoquent à tour de bras la déterritorialisation, les machines nomades, l'anti-Œdipe, la « bonne nouvelle » de pacotille du délire universel et posthistorique, l'appel (déjà si *new age* en son temps) à se libérer des « frontières » et à s'envoler vers la « ritournelle du Cosmos » : c'est bien là, en effet, la philosophie, et même la mystique, d'Homo festivus. Il n'en mérite pas d'autre. Son délire collectiviste s'étend sur les ruines de l'ancien désir trop individualisant pour être supportable. La réanimalisation de l'espèce est à ce prix. Le délire remplace la société humaine (et, dans ce délire indifférenciant, tout le monde s'accroche à une seule différence *vraie* : je ne suis pas comme le Front national). Baignant dans la non-conflictualité et l'universel, ou y tendant de toutes ses forces, la moindre singularité résiduelle apparaît à Homo festivus comme une provocation. C'est évidemment lorsque plus rien n'existe qu'il devient urgent de se montrer ; et lorsqu'on n'a plus rien à dire qu'il est indispensable de le crier. C'est aussi lorsqu'on n'a plus en soi la moindre trace de négativité que l'on retourne vers le dehors le malheur de cette absence interne en vitupérations systématiques, en procès constants, en organisations routinières de colères sans risques.

Comme de juste, et parce que rien ne peut plus jamais se produire qu'environné d'ennemis plus ou moins fantasmatiques dont il convient rituellement de triompher avec le concours de toutes les bonnes volontés, cette Parade, dans les jours qui la précédèrent, a été annoncée comme une grande victoire sur les forces des ténèbres. Elle marquait, a noté *Libération*, « la fin de l'ostracisme antitechno ».

C'est en malheureux persécutés revêtus de lin blanc et de probité candide, et environnés de l'ensemble des traits victimaires indispensables aujourd'hui pour faire son chemin dans la vie, que se sont présentés ceux que l'on ne peut même pas, hélas, nommer technocrates parce que cette appellation désigne déjà une autre catégorie de personnages antipathiques. Et c'est bien entendu, dans ce domaine comme dans tant d'autres, l'inénarrable cyber-politicien Jack Lang qui a donné le ton : « Quand je sens quelque part des bloqueurs, des censeurs, je m'interpose, a confié ce héros à *VSD*. Je n'accepte pas que l'on puisse empêcher une idée de s'exprimer. » Dans *France-soir*, le même Jack Lang, rhizome lyrique, s'avançait jusqu'à de plus vertigineuses confidences encore : « Tout petit déjà, j'étais épris de liberté et passionné par la création » ; et le manipulateur de sous-préfecture se plaignait derechef : « La techno a été maltraitée en France, entravée par des circulaires punitives. » Mais il s'empressait de rassurer tout le monde : les représentants de cette musique sont « très respectueux, très cool, très bon enfant ». Dans *VSD* de nouveau, le secoueur de tabous institutionnel arrivait à repérer des différences de taille entre l'imbécillité hippie des années 60 et le crétinisme techno de notre fin de siècle : le premier mouvement, se croyait-il en mesure de penser, contestait l'ordre établi et réclamait un autre monde, ce qui n'est aucunement le cas avec les technomanes. On pourrait même dire mieux : c'est de tout ce qui leur reste d'énergie que les enfants du Game-Boy et des friches industrielles approuvent l'affreux univers en bouillie dont Lang et ses semblables sont les artisans depuis si longtemps. Quand ils bougent, ils opinent. Quand ils dansent, ils disent oui. Et c'est tout ce qu'ils disent. Et ils sortent dans la rue pour ne dire que ça. Le moutonnement de vacarme des nuits de *raves* peut être résumé à un bruit d'applaudissement ; et tous les applaudissements se valent quand il s'agit de cautionner une nouvelle « unité sociale » tant bien que mal en cours de rafistolage sur la base d'innombrables désastres, eux-mêmes noyés dans le tumulte légitimant de la *culture jeune*.

La stratégie de néant de toute cette affaire s'enveloppe bien entendu de sentimentalisme. Le sens qui manque à la Parade, c'est aux bonnes intentions qui y président qu'on demande de l'apporter. C'est à la « générosité » arbitrairement proclamée du contenant que l'on enjoint de légitimer la bêtise infinie du contenu. Il suffit d'affirmer, comme dans *Libération*, que tous ceux qui « partagent les mêmes valeurs d'optimisme, de tolérance et de respect des autres » (on se demande quels *autres* cette colonne infernale a bien pu respecter sur son parcours dévastateur) doivent aimer la techno, et le tour est joué. Ces gens-là n'ont même pas le courage de prendre la responsabilité de leur propre vide. Ils ne veulent même pas assumer leur mort. Il faut qu'ils la cachent derrière une vieille emphase humanitariste ; et sous le bluff d'une éthique de brocante dont les slogans de la Love Parade allemande résument assez bien la richesse extrême : « *We are one family* », « *Let the sun shine in your heart* ». La chronique retiendra peut-être, entre parenthèses, que la première Love Parade s'est déroulée à Berlin en juillet 1989, quelques mois seulement avant la chute du Mur : on peut se demander si cette date n'est pas plus décisive que celle de la chute proprement dite du Mur en question ; et si elle ne constitue pas le seul véritable commentaire *préventif* qu'il y ait à retenir, concernant un si grandiose, un si stupéfiant événement que personne, en fin de compte, n'a jamais semblé capable de l'analyser, faute sans doute de le relier à cette Love Parade originaire ; et de le déchiffrer comme sa conséquence immédiate.

L'ère hyperfestive est une interminable *nuit des longues fêtes* ; et cette nuit-là ne progresse vers aucune aube qui promettrait d'en dissiper les fades sortilèges comme d'en saisir les raisons. Elle est inéluctable, fatale, irrésistible, parce qu'elle ne se présente en aucune façon (sauf quand elle ressasse des prétextes sentimentaux purement décoratifs) comme prometteuse d'une signification ou d'une finalité quelconques. Elle ne veut rien d'autre que continuer, s'étendre, s'accomplir, occuper le temps, saturer l'espace de sa présence absurde. C'est en fatiguant tout, c'est en usant tout par harcèlement, redoublement, répétition et multiplication, que le « projet » hyperfestif d'effacement des ultimes différences entre la fête et le reste du temps s'accomplit. Le temps lui-même, à cette occasion, subit sa dernière métamorphose et se retrouve transformé en non-temps, participatif et interactif, qui ne se connaît plus d'au-delà ni d'en deçà. La fête elle-même n'y est plus reconnaissable, et il serait puéril, pour la comprendre, de tenter d'aller lui chercher des antécédents chez les Romains de la « décadence », dans les festivités du Nouvel An babylonien ou dans le Carnaval des Indiens de Cuzco. Insensée mais continuelle, elle ne peut même plus être définie à partir d'un sens que l'on invoquerait de l'extérieur d'elle-même parce qu'elle n'a pas d'extériorité. Elle ne veut pas davantage *dire quelque chose* qu'elle ne veut finir, c'est-à-dire aboutir à quoi que ce soit ; et bien évidemment ces deux propriétés, son illimitation et son aberration, sont liées. Elle n'engendre rien qu'elle-même. En tout point, le festif n'est que festivogène.

Et la pire des illusions serait encore d'imaginer qu'on puisse lui résister.

Dans la nuit chaude d'automne qui suivit cette première rave urbaine, tout Paris s'embrasa de musiques non condamnables. Longtemps, on les entendit qui bondissaient des fenêtres, qui essayaient leurs forces, sortaient des voitures, donnaient des coups de griffes, poussaient leurs têtes, leurs bras, emportaient des quartiers entiers, éventraient les ténèbres, engloutissaient des rues sous leurs gravats de basses géantes.

Le monstre des temps commençants était là, chez lui, il avait très bien compris le message.

Il avait reçu la permission de s'exprimer, de nuire, de persécuter.

DE LA DEMANDE DE PÉNAL

C'est avec un bel ensemble qui ne devrait tromper personne que la plupart des médiateurs se sont brusquement aperçus, ces dernières semaines, sous l'effet des ultimes secousses de l'affaire Clinton-Lewinsky, qu'on était peut-être allé un peu trop loin dans l'exploitation médiatique des mille et une richesses du terrorisme transparentiste, et qu'il convenait pour l'instant, au moins verbalement, et afin de sauver les meubles, de faire machine arrière.

D'un seul coup, on a donc pu voir toute la cléricature, grande ou petite, du « journalisme d'opinion », et les éditorialistes des officines les mieux pourvues en inquisiteurs professionnels, surveilleurs du moindre écart, mesureurs de réticences, sermonneurs démocratiques, soupçonneurs automatiques et dresseurs de listes noires, découvrir avec ingénuité les périls de la Transparence et se mettre à brûler ce qu'ils avaient adoré cinq minutes auparavant ; ou plutôt à oublier qu'ils l'avaient adoré ; et à parvenir généralement à le faire oublier par tous ceux qui les lisent ; donc à se présenter, sans étonner personne, comme les plus lyriques défenseurs de la liberté humaine ; et à faire littéralement, dans les colonnes mêmes où ils donnaient tant de leçons de morale, la surprenante apologie de l'immoralité. C'est à l'amnésie formidable qui s'est emparée de notre époque qu'ils doivent depuis longtemps déjà leurs plus grandes réussites. Cette amnésie demeure encore leur plus sûre alliée.

À les lire maintenant, à les entendre pousser leurs plaintes d'orfraie contre les « effractions abjectes » déclenchées par ce qu'ils avaient eux-mêmes appelé le « Monicagate », à les voir hurler à l'« obscurantisme » et à la « dévastation » médiatique, à les voir se fâcher tout rouge contre les excès de la technique, blasphémer le Web ou CNN, s'emporter contre la « barbarie » d'Internet et découvrir les propriétés épouvantables de la « transparence meurtrière » lorsqu'elle n'obéit plus qu'à ses propres lois, on a du mal à se souvenir que ce sont eux qui orchestraient avec une si belle allégresse tant de lynchages médiatiques ; qui considéraient que la Transparence était « au cœur des principes démocratiques » ; qui applaudissaient à la recherche sadique de coupables lors de chaque catastrophe naturelle, de chaque accident ; qui avaient remplacé la *malchance*, ce vieux truc des anciennes civilisations désormais à la casse, par le *dysfonctionnement*, dont il faut dénicher les causes, et traquer les acteurs ; qui regardaient avec tant de sévérité, et justement dans les débuts de l'affaire Clinton-Lewinsky, les « sournoises complaisances monarchistes » des Français envers la vie privée de leurs hommes politiques ; qui faisaient l'éloge de tous les chasseurs de néo-déviants, jusques et y compris celui des vertueux éradicateurs d'« inégalités grammaticales » ; qui procédaient à un inlassable redressage de conscience des vivants contemporains par l'apologie de nouvelles catégories d'individus qui ne *mentent* pas, eux, qui ne *trichent* pas, qui vivent *sans honte* et dans la *vérité* parce qu'ils n'arrêtent pas de *sortir du placard* et de se rendre *visibles* ; qui appelaient de leurs vœux l'élaboration d'une grisante « entreprise mondiale de moralisation » ; qui se félicitaient que la société se soit « enfin octroyé le droit de pénétrer dans le champ familial » pour y traquer toutes les velléités d'abus sexuels ; qui s'indignaient de ne pas voir encore assez fermement appliquées certaines lois scélérates (celles qui concernent le tabagisme pour commencer, et puis bien sûr toutes les autres) ; qui considéraient que la « morale de la modernité » exigeait que l'on soit « authentique » dans sa vie conjugale, c'est-à-dire que l'on se mette définitivement la ceinture, ou alors que l'on quitte son conjoint pour en chercher un autre et se remettre la ceinture ; enfin qui se réjouissaient encore si bruyamment, il y a moins de trois mois, de la grande campagne épuratrice lancée à l'occasion des affaires de « dopage » du Tour de France, et réclamaient jour après jour de nouvelles têtes.

De cette grande fête sacrificielle aux motivations incriticables, ces correctophiles repentis, et ces ex-adorateurs de la mystique transparentiste font brusquement comme s'il ne restait rien. Leur comédie de table rase est assez pitoyable. Ils balbutient leur profession de foi libertaire avec les accents de l'esclavage. Ils savent d'ailleurs très bien que rien n'arrêtera plus la merveilleuse machine de destruction *de tout* ; et ils protestent avec d'autant plus de véhémence qu'ils n'ont aucun pouvoir et qu'ils s'en félicitent.

DE QUELQUES ANCIENS RENONCEMENTS

La liberté est une vieille chose qui ne dépend plus de nous. Il y a quelques petites années, on s'est brièvement effaré (à propos de la burlesque affaire Tapie notamment) du pouvoir de surveillance et de nuisance fantastique qui venait de se mettre en place grâce aux merveilles de la révolution informatique, laquelle, par le biais des cartes à puce, des ordinateurs de banque, des centraux téléphoniques, des télépéages et de bien d'autres choses encore, rendait tous les individus repérables désormais à chaque instant de leur existence. On feignit alors de découvrir que des « mémoires » lointaines et inconnues de nous, mais prétendument confidentielles et bien sûr toutes interconnectables, nous connaissaient mieux que nous-mêmes, et gardaient bien plus longtemps que nous la trace de ce que nous avions fait, de ce que nous avions vu, de ce que nous avions vécu, de ce que nous avions oublié. Mais il était déjà trop tard pour jeter des hauts cris. Cette situation n'était déjà plus que la conséquence irrémédiable de bien plus anciens renoncements. « Nous savons que, un certain point dépassé, chaque nouvelle usurpation de la technique se paie d'un accroissement du pouvoir de l'État, de la perte d'une liberté », écrivait Bernanos en 1942. Il pensait aussi qu'un individu digne de ce nom, dans un pays digne de ce nom, devrait rester libre de « dissimuler son identité à qui lui plaît, pour des motifs dont il est le seul juge, ou simplement pour son plaisir ». Il prévoyait une période où l'État, pour se simplifier la vie, imposerait aux citoyens de porter une marque extérieure quelconque, pourquoi pas un signe au fer rouge sur la joue, la fesse ou l'épaule. Il écrivait aussi : « Loin de penser, comme nous, à faire de l'État son nourricier, son tuteur, son assureur, l'homme d'autrefois n'était pas loin de le considérer comme un adversaire contre lequel n'importe quel moyen de défense est bon, parce qu'il triche toujours. C'est pourquoi les privilèges ne froissaient nullement son sens de la justice ; il les considérait comme autant d'obstacles à la tyrannie, et, si humble que fût le sien, il le tenait – non sans raison d'ailleurs – pour solidaire des plus grands, des plus illustres. Je sais parfaitement que ce point de vue nous est devenu étranger, parce qu'on nous a perfidement dressés à confondre la justice et l'égalité. Ce préjugé est même poussé si loin que nous supporterions volontiers d'être esclaves, pourvu que personne ne puisse se vanter de l'être moins que nous. » Et encore : « On ne comprend absolument rien à la civilisation moderne si l'on n'admet pas d'abord qu'elle est une conspiration universelle contre toute espèce de vie intérieure. »

Il se souvenait d'une période déjà très lointaine où certains Français s'étaient révoltés devant l'innovation policière des empreintes digitales, et où on leur avait fait honte de leur *frilosité*. « Comment ! leur a-t-on dit. Mais vous n'êtes pas des criminels ! Cette réforme admirable ne vous concerne donc pas ! Au contraire : en visant les malfaiteurs, elle accroît votre sécurité ! » L'ennui, commentait Bernanos, c'est que la notion de « criminalité » s'était alors prodigieusement élargie, « jusqu'à désigner tout citoyen peu favorable au Régime, au Système, au Parti, ou à l'homme qui les incarne ». Cette notion s'élargit encore de nos jours, et bien au-delà des régimes ou des partis, jusqu'à viser tous ceux, par exemple, qui auraient quelque doute sur le fait que l'avenir radieux passe par Euroland et par la mondialisation ; ou encore ceux qui auraient l'idée saugrenue de trouver dangereux, pour ce que les journaux appellent « les libertés individuelles », le projet de création d'un fichier national d'empreintes génétiques dont l'utilisation permettrait pourtant, grâce à la technique de comparaison des traces ADN, l'élucidation ultra-rapide de tant d'affaires criminelles épineuses.

DE LA PSYCHOSE MANIACO-LÉGISLATIVE

On n'arrête pas le progrès ; et on n'arrêtera pas davantage la Transparence, qui en est le carburant efficace. En même temps que le bipède de l'ère hyperfestive affiche dans les rues, et derrière des camions *sound-system*, son inanité la plus sonore, il est devenu aussi de plus en plus irritable et chatouilleux. Un observateur pertinent, en janvier dernier, notait qu'il y a maintenant deux conditions pour accéder au statut de victime (donc susciter en toute légitimité de nouvelles lois persécutrices) : la survenue d'un dommage, et l'absence de consentement. Et il s'étonnait : comment expliquer, disait-il, que le sentiment victimaire envahisse des sociétés où les dommages sont objectivement de moins en moins nombreux ? Il discernait avec raison dans la question du *consentement* le nœud du problème. Le non-consentement à tout (qui se double, bien entendu, d'une approbation générale) est la voie royale pour s'affirmer victime, donc obtenir une consolation aux duretés de la vie. Délirant de sa propre importance, mais ne parvenant plus à accéder au moindre des plaisirs de la vie individuelle d'autrefois, Homo festivus s'enrage et multiplie les officines de chantage qu'il appelle groupes de pression. Ceux-ci n'ont d'autre raison d'être que de demander des lois et des persécutions. Chaque humain, désormais, est, à lui seul ou presque, une association de boycott en permanente surchauffe. Procéduromaniaque, légalophile ou plus exactement maniaco-législatif, Homo festivus est un frénétique amateur de droit. La plainte, les procédures, l'organisation de la répression des infractions et l'amplification des peines sont son érotisme de substitution. La demande de réparation de préjudices est le commencement de la preuve de son existence et de son importance. La lutte pour la victime est sa libido. Toute procédure l'excite. Il en rêve la nuit. Il y pense tout le temps. La liste devient longue, et de plus en plus divertissante, de ces élus municipaux que leurs administrés font mettre en examen parce qu'ils viennent de tomber d'un banc, dans un jardin public, ou parce que leur chien a été électrocuté par les guirlandes électriques du sapin de Noël dressé sur la place du village, et qu'il faut à tout prix qu'ils incriminent quelqu'un. Il y a quelques années, après une crue de l'Ouvèze et l'inondation meurtrière d'un quartier de Vaison-la-Romaine, un juge a même osé mettre en examen un ancien préfet de quatre-vingts ans, *trente ans après les faits*. Pour faire plaisir à la meute des victimes et jeter un os à leur ressentiment.

C'est dans un endiablement que rien n'arrêtera plus que les citoyens se font accusateurs, intentent des actions, poursuivent, assignent, attaquent, imputent, et ne peuvent même plus se sentir *être* en dehors de cette constante activité dénonciatrice. Partout, l'ancien complexe militaro-industriel, encore lié à la période historique, cède la place au nouveau complexe carnavalo-compassionnel, ou festivo-pénitentiel. Les jeunes ou les vieux gâteux de jadis faisaient des collections de timbres pour tromper l'ennui ; ceux d'aujourd'hui font des collections de lois, de propositions de lois, et aussi des relevés de vides juridiques (toute liberté résiduelle encore repérable peut se ramener, aux yeux du bon apôtre contemporain, à un vide juridique à combler, une sorte de scandale à colmater avec des décrets et des règlements). Et comme il existe, paraît-il, une zone orale, une zone anale et une zone urétro-génitale, il faudrait inventer, pour traiter de l'érotisme d'Homo festivus, une nouvelle zone pénale ; dont la caractéristique essentielle, hélas, à l'opposé des précédentes, est de ne pas être localisable ; ce qui signifie qu'elle est sans commencement, sans fin, sans frein, sans limites.

La Transparence est le langage régnant et la nouvelle vision du monde de l'époque qui commence. Elle n'a pas d'autre but, ni d'autre raison, que d'*aller de l'avant*. Il y a quelques mois, une certaine Marie-Victoire Louis s'alarmait dans *Libération* de ce que les socialistes au pouvoir n'avaient rien à proposer *en matière de droits des femmes*. Comme toujours, et selon les bonnes méthodes, admirablement rodées à présent, de l'opportunisme transparentiste, elle usait du prétexte victimal, et d'un cas particulier, en l'occurrence la *violence envers les femmes* (la « violence intrafamiliale »), pour réclamer que disparaisse enfin, *mais d'une façon générale*, la frontière entre « sphère publique » et « sphère privée » : cette infâme séparation, martelait-elle, qui *fait voler en éclats la notion même d'égalité entre les sexes*. On la sentait pressée de venir bientôt, partout, au nom de l'égalité rétablie, se mêler de ce qui ne la regardait pas.

De tels exemples, et on pourrait encore en aligner bien d'autres, rendent futile toute tentative de lutte contre les horreurs de la Transparence. Dans ce temps merveilleux que nous vivons, où les gardes à vue se multiplient, où les mises en examen poussent comme des champignons après l'averse, où les centres des impôts croulent sous les lettres de délation, et où l'autorité judiciaire et les médias *copilotent* une humanité de plus en plus euphoriquement accusatrice, c'est d'en bas aussi bien que d'en haut que jaillit sans arrêt cette griserie jalouse, répressive, contrôleuse, infantilisante et maternifiante (l'obsession légifératrice n'est jamais que le refus de laisser les hommes agir selon leur conscience) à laquelle j'avais donné il y a déjà longtemps son vrai nom, *envie du pénal*, mais que les journaux considèrent préférable de baptiser « dérive procédurière », de manière à faire croire qu'il n'y aurait jamais à déplorer, dans ce domaine, que des dérives. Ce qui ne les empêche pas d'applaudir simultanément à toutes les initiatives n'ayant pour finalité que d'accélérer lesdites dérives et de les rendre irrémédiables. C'est ainsi qu'il y a quelques années, à la satisfaction unanime, et de manière à ce que la Transparence achève plus rapidement de se substituer aux quelques vagues besoins encore en circulation, on a imaginé de reprendre la question à la source, et de commencer l'éducation transparentiste pour ainsi dire au berceau. Rien n'a été alors salué avec plus de faveur que la touchante idée de réunir tous les ans à l'Assemblée nationale cinq cent soixante-dix-sept élèves de CM2, un élève par circonscription, et de les convaincre de se prononcer sur des propositions de loi absolument indiscutables. En même temps que la réalité devient terrain de jeux, et que la classe politique à l'agonie tente avec de moins en moins de conviction de croire et de faire croire qu'elle existe encore, c'est à ces enfants (à ces « députés juniors », pour parler l'abject langage extasié des journaux) qu'est significativement remis le soin, fût-ce une fois par an, d'incarner en même temps une représentation parlementaire en panne, et une action législative qui fonctionne désormais de manière autonome et mène sa propre guerre. Avec ce Parlement redescendu au stade infantile, on peut dire que l'envie du pénal a trouvé ses porte-parole idéaux et réalisé un de ses rêves essentiels ; en attendant mieux encore : ce Parlement *mondial* des enfants qui doit se tenir en 1999, et adopter « une déclaration pour le XXIe siècle » dont on est impatient de connaître la teneur.

DE CE QUI RESTE DE LA LIBERTÉ ET DU LIBERTINAGE

Dans de telles circonstances, tout sursaut indigné contre la Transparence n'est qu'une diversion. Intrigués subitement, et même dégrisés, par des sondages qui paraissent indiquer, à la faveur de l'affaire Clinton-Lewinsky, une désaffection des citoyens vis-à-vis de l'impératif transparentiste, les médiatiques tentent de prendre les devants et d'exprimer cette désaffection qu'ils ne peuvent ressentir qu'au risque même de leur survie. Ainsi découvrent-ils soudain les « effets multiplicateurs » des dernières nouveautés en matière de médias, et parlent de « désastre moral » pour le métier de journaliste. Afin de se rassurer, ils imputent à un « puritanisme » qui serait spécifique aux Anglo-Saxons les excès d'un vertuisme universel dont ils donnaient encore tant de mémorables exemples il y a si peu de temps. Leur zèle de néophytes fait plaisir à voir. C'est ainsi que Jacques Julliard, toujours dans une forme éblouissante, brosse à grands traits dans *Le Nouvel Observateur* une espèce de généalogie sauvage de la tartufferie contemporaine qui le fait remonter à juste titre jusqu'à la « libération des mœurs » des années 60 et le contraint à découvrir qu'entre celle-ci, qui était basée sur l'horreur du mensonge, c'est-à-dire sur la prohibition de la liberté et du secret, et le moralisme persécuteur dont Clinton fait aujourd'hui les frais, il n'y a en réalité que des rapports de cause à effet ; et aussi que la multiplication actuelle des divorces, loin d'être le signe idyllique d'une permissivité accrue, ne traduit qu'une sinistre volonté des humains de faire coïncider par force le désir et le statut social. Avec une fraîcheur remarquable de catéchumène de la duplicité considérée comme l'essence unique des beaux-arts de la vraie vie, il en arriverait presque à faire l'éloge de l'adultère, dont il compare les imbattables avantages, dans le domaine de la vie privée, à ceux de la fameuse « main invisible » d'Adam Smith dans le domaine économique ; ce qui est, au passage, une sympathique effronterie dont on se demande comment elle a pu échapper à la vigilance des contrôleurs idéologiques du magazine « de gauche » dans lequel elle s'étalait.

Il s'aperçoit aussi que l'exigence de transparence dans le domaine sexuel, *via* l'inlassable travail des gays pour faire sortir d'autres gays de leur « placard » par exemple, ou celui des femmes pour dénoncer l'hypocrisie des mâles, aboutit de nos jours à une « véritable criminalisation du désir ». Et il s'écrie, pour finir, dans une sorte d'ivresse : « Nous entrons dans un monde de coupeurs de couilles déguisés en libérateurs. » Cette découverte n'a certes pas le mérite de la nouveauté, ni même de la justesse (nous n'*entrons* pas dans ce monde, nous y sommes plongés sans rémission depuis maintenant longtemps), mais on peut la considérer avec bienveillance. Il faudra sans doute encore un peu plus de temps, peut-être dix ou quinze ans, pour que de supplémentaires lucidités se fassent jour, sur des sujets autrement complexes et terrorisants, comme par exemple les ambitions réelles du programme festiviste et les conséquences pratiques de son application.

Mais la plus surprenante encore est Élisabeth Badinter qui, dans ce même journal, par le biais d'une « lettre ouverte » à Hillary Clinton, se met à piétiner avec ardeur « la bêtise des bien-pensants », la « curée médiatique », les féministes « radicales » américaines qui « portent une lourde part de responsabilité dans ce maccarthysme de la libido » et dans ce « retour à l'ordre moral », à faire l'éloge « de la tolérance et de la liberté sans lesquelles aucune société n'est viable, pour les hommes comme pour les femmes », et à scier en général la plupart des branches sur lesquelles on avait pu, depuis tant d'années, la voir installée. Avec une sorte de sanglot dans la voix, elle s'indigne parce que « n'importe quelle femme peut aujourd'hui convoquer la presse pour se poser en victime de la concupiscence masculine » ; et se dresse au milieu des ruines pour lancer sa clameur de Cassandre à retardement : « La méfiance règne. L'érotisme se meurt. » Elle qui se réjouissait, en juillet, dans les derniers jours de Pompéi de la Coupe du monde, que les hommes n'aient « plus rien en propre », et qui annonçait triomphalement que l'intérêt des femmes pour le football était le merveilleux indice qu'il n'existait plus, désormais, de différenciation sexuelle, la voilà qui paraît s'alarmer des conséquences immédiates autant qu'impitoyables d'une si rayonnante homogénéisation ; et qui s'émeut de la situation du mâle contemporain « paralysé par la loi sur le harcèlement ». Tout à fait à l'étourdie, et sans avoir l'air de soupçonner le moins du monde qu'il faille *deux* sexes *antagonistes* pour qu'il y ait le moindre commencement de sexualité, elle rugit que « c'est la sexualité que l'Amérique assassine ». Et termine en suppliant ainsi Hillary Clinton : « Battez-vous, madame, pour protéger le droit à la vie privée. C'est le douzième article de la " Déclaration universelle des droits de l'homme ". Battez-vous pour défendre haut et fort la liberté sexuelle des hommes, fût-elle celle de votre mari. »

On devrait être ravi d'accueillir, même aussi tardivement, de tels alliés de la liberté et du libertinage ; et on est tenté par la même occasion d'oublier l'énergie avec laquelle ils ont en général approuvé, depuis plus d'une dizaine d'années, l'ensemble des processus tendant à imposer une *indifférenciation de fer* dans la plupart des domaines, ainsi que la progressive entreprise de criminalisation de presque tout, à commencer par la sexualité, bien entendu, ou ce qui en restait encore à l'époque, à travers notamment l'invention et la pénalisation du « harcèlement ». De toute façon, quand il n'y a plus une seule partie du corps humain, *via* la politique de la Santé, qui appartienne en propre à celui qui a peut-être la légèreté de s'en croire l'heureux détenteur, on ne voit pas ce qui pourrait subsister en lui d'autonomie érotique, ni de liberté, encore moins de droit à la vie privée. De telles revendications relèvent alors de la bouffonnerie intéressée, des bonnes intentions les plus creuses, et bien sûr aussi de la récupération la plus plate. Il s'agit, comme toujours, de se faire admirer ; et, cette fois, de se déguiser en organisateurs de rébellion contre les rebelles couronnés des groupes de pression persécuteurs, eux-mêmes déguisés en résistants héroïques lancés à l'assaut de la citadelle des discriminations. Ce sont des prêtres en révolte très provisoire contre le temple qu'ils ont élevé, et sans lequel ils ne seraient rien. Les Journées de l'Indignation qu'ils organisent ne sont qu'un minime symptôme, une crise adolescente, une brève maladie de croissance dans le développement irrésistible de la festivocratie.

Ce sont aussi des pyromanes qui s'affublent en pompiers parce qu'ils trouvent que le feu qu'ils ont allumé va un peu trop loin. Ils en condamnent l'abus, ou l'exagération. Ils ne veulent plus voir que la Transparence est le *projet* même de la société festiviste, à l'expansion de laquelle ils ne peuvent que contribuer (qui les paierait, sinon ?). Elle est sa religiosité, son ciel, sa poésie, son impératif, le facteur essentiel de sa réunification ; et aussi la motivation de fond à partir de laquelle de nouvelles persécutions deviennent possibles, ainsi bien sûr que de nouvelles condamnations sans appel contre les derniers récalcitrants qui pourraient être encore tentés d'avoir quelque chose à cacher, ou de ne pas considérer comme aussi exaltant qu'on le dit de *se mon-*

trer, et qui peuvent donc se retrouver mis en examen pour hypocrisie, tricherie, cachotterie, endurcissement vicieux dans l'inauthenticité. La Transparence est l'aveu sans fard de la finalité que poursuit l'époque qui commence et dont nul n'arrêtera l'infini déchaînement. Et tous ceux qui se font les défenseurs tardifs de la vie privée sans avoir au préalable abjuré l'ensemble, ou plutôt la *totalité*, de cette époque comme de ses sinistres acquis, ne font jamais que justifier celle-ci ; et supplier ridiculement que l'on aménage l'impensable en réservant, de-ci de-là, quelques poches de survie, quelques mini-réserves d'Indiens, quelques cellules d'isolement pour ce qui resterait encore, chez les hommes, de traces d'humanité.

Face à toutes ces naïvetés plus ou moins préméditées et calculées, le décret du furibond Éribon, dans *Libération*, en juin dernier, à propos du Pacs, paraît beaucoup plus décisif dans la mesure où il a au moins l'avantage rafraîchissant de la franchise néobureaucratique : « Il n'y a pas de frontières entre la politique et la vie privée. Les vies privées sont régies par le droit, et le droit institué par la politique. » Qu'on se le dise : de la lutte incontestable contre l'odieuse intrusion de la collectivité dans les vies individuelles pour y faire régner les ravages du jugement moral, on voit comment il est possible de glisser sans même crier gare, et sans volonté de retour, à la confusion officialisée du domaine privé et du domaine public.

Les progrès du système transparentiste sont maintenant beaucoup trop étendus pour que l'on puisse imaginer le moindre retour en arrière, non seulement dans le domaine du sexe (on a vu en France, ces dernières années, les cours d'assises prononcer des peines de plus en plus lourdes pour les violences sexuelles, et celles-ci sont maintenant deux fois plus longues que celles infligées pour des homicides ; quant aux affaires de pédophilie, significativement, elles révulsent aujourd'hui bien davantage les populations que le parricide, considéré pendant des siècles, dans les sociétés anté-festives, comme le crime des crimes, et pratiquement dévalué aujourd'hui), mais aussi dans tous les autres domaines. Et cela avec l'accord de la plupart des êtres actuellement vivants. Tous ces agents d'entretien polyvalents qui ont paradé quelques jours contre la Transparence avaient cru découvrir soudain une filière inédite d'*emplois jeunes* correspondant à de nouveaux *besoins émergents* dans la population : ils se sont donc métamorphosés en agents d'ambiance de l'Espace débauche et dévergondage ; ou en coordinateurs perversion ; en agents de convivialité luxurieuse ; en accompagnateurs polyvalents du Vice restauré ; en développeurs des sept péchés capitaux considérés comme un élément essentiel de notre patrimoine en péril. Ce n'était évidemment que leur peau qu'ils tentaient de sauvegarder. Mais, en fin de compte, ils n'ont condamné que la conséquence la plus voyante d'un ensemble qu'ils approuvent. Et ils sauvegarderont leur peau tout aussi bien demain, lorsque cette affaire sera oubliée, et le balancier retourné à son point de départ, en redevenant ce qu'ils n'ont jamais cessé d'être : les Mères Teresa virtuelles et multiples de la bonne pensée universelle. L'éloge tardif d'un « libertinage » devenu depuis longtemps, et pour des raisons aussi nombreuses que précises, rigoureusement impraticable, n'est jamais, chez l'imbécile qui l'entreprend, que la preuve de sa lâcheté ; et de son incapacité corrélative à regarder en face le monde concret ou ce qui en reste. Ce sont toujours les pires complices de l'univers d'aujourd'hui qui tentent de vous faire croire que l'on peut encore, ici et maintenant, s'amuser avec les femmes *comme autrefois*.

Ils ont d'ailleurs recommencé sans tarder à bien penser ; et on peut déjà les voir frétiller de plus belle, à propos de nouvelles et croustillantes affaires de « dopage », cette fois dans le monde du football. Ils vont pouvoir se remettre à réclamer des têtes. Entre deux fêtes.

NOVEMBRE 1998

DE LA CROISADE PAR TEMPS FESTIF

La franche irréalité, depuis déjà longtemps maintenant, a remplacé partout la franche hilarité. Et c'est bien dans un climat de franche irréalité que s'est déroulée pendant quelques mois toute cette petite campagne de rééducation des mentalités, de recalibrage des sentiments communs et de reformatage des sensibilités consistant à rendre acceptable par presque tous le fameux Pacte civil de solidarité.

    Une fois de plus, cette comédie s'est déroulée selon un rituel où les rôles étaient parfaitement distribués. Quelques associations familiales ou religieuses se sont dévouées, comme d'habitude, pour incarner l'ennemi irrécupérable, le conservatisme enkysté, l'ancien monde fossilisé, vitrifié, plastifié dans sa propre caricature, enfin cet ensemble plus ou moins noir d'adversaires sans la présence négative desquels aucune fête ne serait véritablement réussie ; et aucune non plus n'aurait tant de vertus actives et positives. Ce sont les obscurantistes, on le sait bien, qui font exister pour ainsi dire mécaniquement les novateurs porte-lumière, dont ils savent transfigurer, par leur simple présence, les moindres initiatives en libertés menacées. De l'autre côté, c'est avec cette extraordinaire assurance, avec cette bonne conscience inébranlable et cette indignation de victimes professionnelles qui caractérise tous les groupes aujourd'hui impatients de se saisir d'une partie du pouvoir en bénéficiant d'un climat favorable et en usant de tous les moyens possibles pour y parvenir (la provocation, la culpabilisation, le chantage à la persécution, l'exigence de protection, la revendication catégorielle camouflée sous la rhétorique de la liberté, de l'autonomie et de l'égalité), que les gays militants, qui sont devenus les plus efficaces porte-parole en France de l'idéologie correctiste américaine, ont défendu un Pacs que seuls quelques fantoches faisaient mine de menacer, à travers des arguments si vite réfutables qu'ils en devenaient puérils. C'est presque de toutes pièces qu'il a fallu inventer une « croisade anti-Pacs », des réactionnaires « haineux », des homophobes déchaînés et persécuteurs, enfin une poignée de *croyants* de l'ancienne religion, de souteneurs de l'ancien monde, pour donner un semblant d'héroïsme à leur cause gagnée d'avance ; et camoufler qu'ils ne voulaient plus être eux-mêmes, en fin de compte, que les restaurateurs de la famille, les releveurs du couple en charentaises, les futurs panégyristes de la paix au foyer et de la quiétude des chaumières garantie par l'assurance maladie, la retraite, les acquis sociaux et tant d'autres choses dont nul n'a plus le moindre droit de rire, sauf à risquer d'encourir les sanctions les plus sévères. Tout cela est sérieux, en effet, on ne rit pas, c'est très sérieux, infiniment sérieux : ne dit-on pas, d'ailleurs, *sérieux comme un Pacs* ?

La plupart de ceux qui se sont prononcés en faveur de ce Pacs ont protesté de leur bonté, de leur fidélité, de leur sens de la conjugalité, de leur passion de l'engagement et de la solidarité. Certains ont confessé de manière touchante qu'ils vivaient avec le même partenaire depuis plus de quinze ans ; d'autres ont affirmé que le sida n'aurait jamais fait de tels ravages si les homosexuels n'avaient été aussi longtemps condamnés à l'« instabilité relationnelle » et au « vagabondage sexuel ». Ainsi ont-ils reconnu, par la même occasion, leur désir d'en finir au plus vite avec ce qu'il pouvait y avoir de sexualité (d'imprévisibilité, de déviance, de jeu, de perversion, d'indéfinition) dans leur sexualité particulière ; et leur sympathique et conviviale envie de mettre cette dernière, dépouillée de tout, au service de la communauté. Celle-ci le comprend d'ailleurs si bien qu'elle approuve en général le projet de Pacs (plus d'un Français sur deux, selon les sondages, y est favorable) ; ce qui rend encore plus mystérieux que tant de députés de gauche se soient défilés, lors d'un fameux « vendredi noir », pour ne pas avoir à le voter, ce Pacs, ni même à en discuter.

DU MONDE SANS AUTRUI

Les homosexuels militants, convaincus de se lancer dans une grande « aventure », ne rencontrent donc en face d'eux, comme prévu, aucune force véritablement organisée ni résolue à maintenir contre vents et marées on ne sait quel *statu quo* au milieu de la dévastation actuelle. C'est exactement, dans un autre domaine, ce qui vient de se passer pour les lycéens, dont les protestations ont aussitôt reçu la bénédiction de presque tout le monde (quatre-vingt-huit pour cent de sondés ont approuvé leur action, mais à condition que celle-ci ne dure pas trop longtemps, c'est-à-dire qu'elle n'empiète pas sur les vacances de la Toussaint, *the feast must go on*), et dont le mouvement, comme l'a noté la presse, s'est du même coup « essoufflé ». De cette façon, regrettait l'éditorialiste de *Libération*, « cette nouvelle génération militante a été mise dans l'incapacité de " tuer le père " ». Le ridicule d'une telle formulation saute aux yeux pour toute personne n'ayant pas choisi d'utiliser, jusqu'à l'exténuation des âges, un vocabulaire et des expressions qui ne décrivent plus aucune réalité. Quelle génération ?

Quel militantisme ? Quelle incapacité ? Quel meurtre ? Quel père ? Par temps hyperfestif, c'est tout le vieux lexique de l'affrontement, du conflit, des antagonismes et de la négation qui devient caduc puisque ne subsiste plus aucune altérité à laquelle s'opposer, plus aucun *autre* vivant à « tuer » éventuellement dans la perspective d'être.

Le « père » est un espoir sur lequel personne, aujourd'hui, ne peut plus compter. La « domination masculine » elle-même, effacée depuis longtemps, n'est plus qu'un de ces dieux devant lesquels on se prosterne, en hurlant qu'on les exècre, parce qu'on les sait irrémédiablement et dramatiquement absents. Homo festivus, l'éradicateur furieux de toutes les différences, aurait mauvaise grâce à se plaindre d'une telle situation, à l'établissement de laquelle il œuvre depuis tant d'années. Mais c'est seulement aujourd'hui que commencent à lui en apparaître les premières conséquences ; et qu'il s'en trouve surpris. La destruction savante des moindres résidus d'antagonismes, jusque dans les ultimes fondements anthropologiques de la société (identité sexuelle, langage, etc.), induit un effacement de l'autre de toute évidence sans exemple à aucune époque ; et c'est alors qu'Homo festivus se découvre non seulement cloné, ou clonique, mais également clownesque : on ne peut pas avoir le beurre de l'indifférenciation et l'argent du beurre de l'individualité. Que l'on devienne, par la même occasion, insignifiant, vaguement touchant, un peu dérisoire, peut-être risible, n'est que le résultat d'une telle situation. Le comique ne vient d'ailleurs plus, de nos jours, que du spectacle des néo-individus veufs de l'autre sous toutes ses formes (veufs de l'adversaire, de l'ennemi), mais continuant, pour se sentir exister (comme idée, comme projet, comme projection), à en combattre le fantôme avec des postures de matamores.

Les lycéens qui manifestent ne rencontrent plus personne en face d'eux parce qu'ils ne sont plus eux-mêmes vraiment des « personnes » ; et c'est surtout de cela, bien sûr, qu'ils sont « en colère ». Un ministre a cru pouvoir déceler dans leur mouvement « l'esprit Coupe du monde », ce qui constituait un éloge plus meurtrier que n'importe quelle diatribe puisque ainsi se trouvait mis en relief l'aspect exclusivement festif de l'événement ; et son absence d'esprit. Et quand *Le Monde* titre que le mouvement lycéen est « en quête d'identité », on peut comprendre qu'il n'est pas près, pour les mêmes raisons, d'en découvrir une parce qu'il faudrait d'abord qu'il trouve des ennemis à haïr. Mais il ne croise, dans les prétendues hautes sphères du supposé pouvoir, que des récupérateurs plus ou moins empressés qui voudraient bien exaucer tous ses souhaits sans avoir à en affronter les inconvénients. Les roi mages Allègre et Ségolène Royal, sur les plateaux de télévision, ne cessant d'apporter aux jeunes « en colère » la myrrhe de leur approbation, l'encens de leur bénédiction, l'or de leur protection, et les jeunes eux-mêmes, complètement déréalisés, ne cessant de leur réclamer du « concret », comme si cette denrée existait encore quelque part, voilà sans doute l'une des comédies que seul notre temps pouvait nous offrir. Et les lycéens en sont réduits, pour espérer encore entrer en contact avec un semblant de réel, à se contenter de leurs doubles maléfiques : ces casseurs enragés qui ont parasité leur première manifestation, et l'ont du même coup fait exister, à la façon dont, au début de la Coupe du monde justement, les exactions des hooligans ont conféré une sorte de densité à un événement qui n'avait pas encore trouvé sa raison d'être intégratrice, sa vitesse de croisière intégrante et son catéchisme métisseur. En incarnant une fois de plus, à travers des scènes de pillage, de vandalisme ou de dépouilles, la fête qui tourne mal, les casseurs lui ont prêté une splendeur signifiante éphémère que la police elle-même, jadis, au beau temps des derniers affrontements réels, par sa violence et ses « bavures », avait la charité de donner, mais qu'elle ne peut plus du tout offrir à personne depuis qu'elle a fusionné avec les multiples catégories de populations « en colère » qui « descendent dans la rue ». Le roman de l'absence d'autrui est la seule aventure humaine qui puisse désormais être contée.

Dans ce monde sans autrui, sans affrontements illuminants, sans marges significatrices, sans possibles multiples, dans ce monde sans oxygène, c'est-à-dire expressément sans différence sexuelle, dans ce monde irrespirable des doubles et de l'androgynat, dans cet univers où Homo festivus ne peut et ne pourra survivre que parce qu'il s'est doté d'organes respiratoires nouveaux (peut-être des espèces de branchies ?), il n'y a plus de possibilités d'illusion ou de distance (il n'y a plus non plus de passé ou d'avenir) ; il ne reste, pour être, ou pour le croire, que l'exhibition de soi sans contenu, purement et simplement publicitaire : la *pride*. Les lycéens « en colère » (mais contre quoi, et contre qui ?) ne se seront en somme donné que le plaisir amer d'une School Pride. Se montrer, s'afficher, s'exposer, sortir du placard, faire son *coming out*, être reconnu, sont les seules activités qui restent à l'individu quand il ne rencontre plus de résistances. L'ostentation de soi-même, mais en masse, et avec la bénédiction de tout le monde, à commencer par les pouvoirs publics, est le destin de ceux qui n'ont plus de destin ; et il faut la niaiserie hebdomadaire de cet éditorialiste du *Journal du dimanche*, dont les mémorables articles devraient être un jour recueillis sous le titre de *Dictionnaire des idées reçues*, pour croire que les lycéens ne demandent à la société que ce qu'elle leur doit : « une assurance sur leur vie, sur leur avenir, la promesse et, plus que la promesse, la certitude d'un emploi et d'une insertion sociale ». Loin de ce charabia, il ne s'agit en réalité que de *reconnaissance*. L'ère de l'hyperfestif s'annonce comme un interminable défilé de la *fierté*. Nous avons, paraît-il, dans la nuit des temps, connu l'âge du fer ; nous entrons aujourd'hui, et de plain-pied, dans l'âge du fier.

La fierté poursuit maintenant ses propres fins, mais sans que l'on puisse véritablement les connaître ni les apprécier. Elle mène sa propre guerre, et pour son propre compte. Elle ne se lie à rien de précis, elle n'appelle aucun complément d'objet. Elle est intransitive. Le seuil qu'elle a franchi lui permet de ne même plus avoir à répondre à la question *de quoi* (ou *pourquoi*) *être fier*, que d'ailleurs personne ne lui pose. C'est une fierté autonome, libérée, et qui n'a aucun besoin de se connaître elle-même parce qu'elle est déjà quantitativement légitimée. Ce qui explique que tous ces défilés, toutes ces démonstrations de « fierté » sans véritable objet, n'ont même plus de commentateurs, fussent-ils favorables. Toutes ces choses se déroulent sans étonner apparemment personne, même de façon positive ; et sans être pour ainsi dire doublées par aucune conscience bonne ou mauvaise. À la rigueur note-t-on parfois que la *pride*, inséparable de la fête moderne, est également indissociable du mouvement homosexuel actuel ; ou que ce sont les homosexuels à qui l'on doit en Occident le redémarrage de la fête, c'est-à-dire les mille et une merveilles du néo-festivisme. Il arrive que l'on dise aussi, mais sans jamais s'aviser d'en tirer la moindre conséquence, que, « révolutionnaire » dans les années 70, le mouvement gay, devenu exhibitionnaire, n'a plus pour ambition que de s'installer dans la société telle qu'elle est. Mais personne n'ajoute que, justement, telle qu'elle est, cette société est en ruine ; et que cette interminable coulée de fêtes, cette nappe, ce magma de happenings robotisés, ce tissu sans coutures, ce fastidieux texte sans ponctuation qui nous est imposé depuis maintenant quelques années, peut être considéré comme un très long rituel de passage, comme une procédure d'acclimatation aux ruines mêmes ; ou à la société en tant que ruines. De tout cela, nul ne dit plus jamais rien. Au roman de l'absence d'autrui, correspond une absence de pensée critique qui, elle non plus, n'étonne personne.

À la fierté, s'oppose la honte, et tous ceux qui ont fait de cette fierté un système de pouvoir se retrouvent en guerre immédiate contre ceux qui ne s'y soumettent pas, ou pas assez vite, ou pas complètement, et sur lesquels est alors jeté ce manteau de honte. Dans cette perspective, il est logique qu'après le premier échec du Pacs, les députés de gauche aient été qualifiés de « honteux » par ceux qui les avaient pris en otage avec leur consentement, et leur rappelaient à juste titre leurs « engagements électoraux » ; et aussi que le rejet passager de cette loi ait été considéré comme une trahison, autant que comme un échec de la « gauche morale » (la « gauche immorale » ne connaissant, elle, que des succès), ainsi qu'une défaite, pour parler comme l'inégalable Jack Lang, ex-hyperbole ministérielle, « du spirituel et du culturel », par contraste bien entendu avec « l'économique et le social ». L'opposition n'est plus entre l'être et le néant, mais entre l'être et la *pride*. Cette *pride* remplace à merveille l'ancienne existence ; ou plutôt elle est la première longue lutte de l'ère post-historique pour faire accepter l'identification de l'existence et de la fierté. Le désir de reconnaissance hégélien, désir du désir des autres, connaît là son aboutissement impensé ainsi que son prolongement irrésistible. Certes, la volonté de reconnaissance coïncide avec le processus d'hominisation : c'est elle qui a fait de l'homme quelqu'un qui, à la différence de l'animal, ne réalisait pas dans la seule procréation la totalité de ses possibilités existentielles. Mais qu'elle soit désormais presque seule à survivre sur les décombres de toutes les autres volontés, devrait au moins laisser penser à quelques-uns que la fin de l'Histoire est aussi cette période à partir de laquelle la sexualité dite infantile, ou encore partielle (l'exhibitionnisme n'est qu'un des moments *normaux* de cette sexualité infantile), occupe enfin, toute seule ou presque, le haut du pavé ; et dicte à l'ensemble social ses lois immatures. Ce qui est d'ailleurs peut-être la seule manière de rendre la sexualité enfin « bonne », c'est-à-dire neutre, ou encore *naturelle* (dépourvue de jeu, d'affrontement, de violence), donc d'en éliminer tout ce qui la détournait jusque-là vers le « mal » (vers l'âge adulte), c'est-à-dire d'en finir une bonne fois avec tout ce qui est, ou était, réellement sexuel. De cette façon, la montée en puissance des gays sert admirablement ce que *Le Nouvel Observateur*, quelques jours après avoir lancé ses meilleurs croisés contre la Transparence, et revenant aussitôt dans les bonnes ornières vertuistes, appelait en s'en réjouissant la « glasnost à la française » ; et, batteries de sondages à l'appui, comme de bien entendu, montrait que les Français considèrent comme « très grave » (à cinquante-deux pour cent) le « mensonge conjugal » : ce qui signifie, si on consent à faire semblant de prendre cinq minutes une galéjade sondagière au sérieux, que cinquante-deux pour cent d'hommes et de femmes ont désormais, dans ce pays, la plus grande répulsion pour l'infidélité, donc pour ce qui constitue (ou plutôt constituait) l'essence inévitable de la sexualité adulte. Il faudra sans doute encore un peu de temps pour voir ces mêmes sondés se déclarer, à soixante-dix ou quatre-vingt pour cent, hostiles au langage même, lequel n'a été inventé, comme on sait, que pour cacher sa pensée ; et trahir éventuellement ceux avec qui on « communique ». Ainsi commencera-t-on enfin à discerner le bout et le but de toute cette histoire.

DE L'INTERDIT DE L'ALCESTE AU PERMIS DE L'INCESTE

L'hétérosexualité, autrement dit l'ancienne sexualité adulte de l'âge du concret, a largement fait son temps. Elle n'intéresse plus énormément de gens, à commencer par les hétérosexuels eux-mêmes. « En Grande-Bretagne, la pub s'affiche gay pour séduire les adolescentes », fanfaronnait *Le Monde* il y a quelques mois. Et le responsable d'une eau de toilette de justifier une si délectable mutation : « Le thème garçon-fille-bouquet de fleurs est vieillot aux yeux de nos clientes, les onze à vingt-deux ans. » Les commis-voyageurs du marketing généralisé n'ont pas été les derniers, on s'en doute, à découvrir que ces « onze à vingt-deux ans » réagissaient avec de plus en plus d'entrain à l'« humour » de situations mettant en scène des gays. Les médiatiques aussi en savent quelque chose ; et ils ne cessent de l'exprimer dans leur langue de bois enthousiaste qui ne décrit plus rien d'autre que leur désir éperdu d'appartenance. C'est ainsi qu'un article de *Libération* concernant *Jeanne et le garçon formidable,* film sur l'amour et le sida, saluait la colère « intelligente » qui s'y manifestait, laquelle ne manquait pas pour autant, on l'aurait parié, d'être « dérangée et dérangeante ». Quant au film lui-même, il participait d'un « tourbillon protestataire contemporain dont la singularité est de faire de la politique de manière embarrassante et minoritaire ». On ne voit là rien, à vrai dire, de réellement embarrassant, en dehors de la truculente bêtise de ce qui cherche à s'exprimer ; quant à ce qui y est minoritaire, et même inexistant, ce n'est bien sûr que l'intelligence. Mais comme il s'agissait, si j'ai bien compris, des amours d'une fille hétérosexuelle et d'un jeune homo, on atteignait presque à l'extase. L'actrice elle-même était jugée, oxymoriquement, « libertaire et charnelle ». On aurait même pu la qualifier d'*hétéroflexible* puisque c'est, paraît-il, et si j'en crois un animateur de radio versé dans la techno qui se vante d'avoir conquis un auditoire d'*hétéros à l'aise avec les homosexuels,* le qualificatif admirable par lequel on désigne ces nouveaux êtres souples, élastiques, caoutchouteux, c'est-à-dire obéissants à la voix du temps, dociles, consentants, malléables, qu'en d'autres âges plus francs on aurait simplement nommés collaborateurs de l'autorité dominante.

Notre univers ne cesse de se remplir d'excellentes nouvelles. Récemment, *Le Nouvel Observateur* félicitait France Culture pour une émission par laquelle cette station de radio osait l'ébouriffant exploit de « sortir de l'ombre, et d'une relative marginalité, les hommes qui aiment les hommes ». « Au bout d'une dizaine d'années de gaytitude et de virilisation [...], beaucoup de gens ne se gênent plus pour se parler au féminin alors qu'ils sont très très virils. » La même semaine, une autre feuille de chou nous apprenait qu'en Allemagne, « dans les milieux alternatifs », les femmes apposent sur les portes des toilettes des panneaux représentant un mâle en train d'uriner debout et barré à gros traits rouges : « jugés incapables de pisser debout sans inonder les toilettes, les hommes sont sommés de s'asseoir sur la cuvette ». Quelques mois plus tard, un entrefilet de quotidien nous informait qu'une compagnie théâtrale de Manchester avait été méchamment empêchée par les héritiers de Beckett de faire jouer les deux rôles principaux d'*En attendant Godot* par des femmes. Bien qu'évoquée sur un ton relativement neutre, cette opposition des héritiers de Beckett ne pouvait qu'être très mal appréciée, comme l'indice d'un conservatisme tout à fait dépourvu d'à-propos. La compagnie théâtrale en question affirmait d'ailleurs que « la portée du texte se situait au-delà des sexes ». On ne saurait mieux dire. C'est en effet la découverte puérile de cet au-delà des sexes (qui est en réalité un en deçà) qui constitue l'espèce de Terre promise fantoche de toute notre époque. L'idée que tout sujet, homme ou femme, « porte en lui une " bisexualité " variable » (comme la géométrie des avions du même nom), que nous sommes donc tous « hommes et femmes conjoints, avec des proportions inégales », que les homos sont donc aussi bisexuels que les autres, et par conséquent aussi *différents*, court les néo-loges de concierges psychanalysées qui ont appris par cœur, dans l'un ou l'autre de leurs bulletins paroissiaux, le B-A BA de la bisexualité universelle et refoulée ; lequel ne masque que la volonté de refixer la sexualité de tous au stade de la bisexualité psychique infantile ; et la claire intention d'effacer à jamais l'antique et maudite division des sexes.

L'ouragan de l'indifférenciation parcourt à une cadence de plus en plus rapide tous les domaines d'activités humaines, et comme cet ouragan propage une doctrine de néant, ou d'acceptation de ce qui est, il est irréfutable. À la lettre, il décourage toute pensée critique ; il en est la fin. C'est dans un étonnant climat d'allégresse hallucinée que se multiplient les films qui ne sont que des éloges du transformisme et de la confusion des sexes. La bonne nouvelle que « l'homme est une femme comme les autres » se répand à la façon d'une traînée de poudre. L'indécision sexuelle devient la seule forme de neutralité acceptable par rapport à une *bonne cause* que nul ne saurait mettre en doute sans se situer *de facto* du mauvais côté de la barricade. Quand les individus ne sont plus définissables par leurs traits différenciateurs (par leurs caractéristiques discriminantes), alors il ne reste plus rien en eux que l'on puisse réfuter. La critique n'est plus de mise ; l'esprit libre non plus : ils n'ont plus d'objet. Ce qui tombe d'autant mieux que les homosexuels pensent généralement *bien* ; et que les transsexuels ont un formidable message d'espoir à délivrer. Si Dana International par exemple, la chanteuse israélienne lauréate de l'Eurovision, apparaît si exaltante selon *Libération*, c'est bien sûr qu'elle est « maudite par les bigots de Jérusalem ». Être maudit par les bigots (de Jérusalem, de Rome, de Paris, de Tombouctou) équivaut de nos jours à un titre de noblesse ; et à un programme complet de régénération de l'espèce humaine. Dana International, en outre, est animée d'une « méfiance instinctive pour les particularismes religieux ou cocardiers ». Ce qui ne peut que rehausser encore d'un cran son prestige. Elle portait d'ailleurs, le soir de l'Eurovision, un « inestimable paletot à plumes », confectionné par le non moins inestimable Jean-Paul Gaultier, et il se trouve que ce paletot était une « idée d'union entre les peuples », et qu'il incarnait à merveille « la liberté révélatrice de la jeunesse israélienne malgré le poids de l'intégrisme religieux ». Il y a toujours et encore quelque chose d'extraordinaire, quoique cela soit à présent de l'ordre de l'irréalité quotidienne, à voir combattre avec énergie, dans des pleines pages de journaux, des ennemis que l'on entend si peu ; à voir dénoncer de manière aussi routinière qu'assourdissante un « silence pesant » sur certains sujets dont on ne cesse de parler ; à croisader contre une « censure » qui ne s'exprime plus nulle part ; à être universellement applaudi pour avoir terrassé des « préjugés sociaux » qui ne sont plus que des souvenirs ; à occuper tout le devant de la scène pour se plaindre d'être nié ; et à entretenir le feu sacré d'un « combat » qui rencontre de si rares opposants. Mais c'est la première fois, je crois bien, que l'on peut voir un paletot devenir une « idée », et même se transformer en drapeau chargé de rallier à sa cause les meilleures volontés. Rien que pour ce trait hilarant, qu'aucun de nos ancêtres n'aurait pu imaginer, la post-Histoire ne méritait-elle pas, franchement, d'être vécue, ne serait-ce qu'une demi-heure ?

La différence des sexes n'est plus qu'une survivance de la souveraineté masculine, un débris de l'ancien régime machiste. Le « phallus » se retrouve insulté comme un tyran à liquider, et la plus primaire, donc la plus *correcte* de toutes les post-pensées actuellement en circulation, celle du revenant Bourdieu, est portée aux nues parce qu'elle dénonce, avec quel courage, avec quelle pertinence, la société androcentrique. Dans ce temps précis où les socialistes remettaient leur Pacs sur le métier, et où le ministre Allègre, pur exemple de bureaucrate-anarchistecouronné ou de bouffon-subversif[1], félicitait si chaudement les lycéens qui manifestaient contre lui de faire ainsi leur « apprentissage de la citoyenneté » et se proposait de défiler avec eux déguisé (mais il ne disait pas en quoi), le débarquement du Viagra sur le marché a déchaîné dans *Libération* une sorte de bref mais extraordinaire pamphlet contre « la suprématie du pénis », accompagné d'un appel à tous les mâles pour qu'ils laissent tomber au plus vite cet organe odieux en tant qu'instrument érotique ; et même, dorénavant, qu'ils s'interdisent l'usage de ce membre trop vilainement sexué, trop différenciateur, trop dominateur, trop aristocratique en somme (donc trop anarchiste, mais ce n'était pas dit, et ça ne pouvait pas être pensé dans un tel cerveau en déroute), et lui préfèrent la bouche ou les

---

[1]. Mais il ne va tout de même pas à la cheville de son maître, le socialiste préraphaélite Jospin, qui, à quelques jours de là, jugeait héroïque de saluer la mémoire des mutins de 1917, devenant lui-même, à cette occasion, le plus exemplaire de ces mutins de Panurge dont j'ai dit ailleurs qu'ils étaient désormais au pouvoir ; à la façon très exacte, mais transposée aux dimensions microscopiques d'un pays entré en agonie, dont tant d'empereurs fous et comiques, de Caligula à Héliogabale, furent à la tête de l'Empire romain tout le temps de sa décomposition. En quoi cette petite affaire, et la polémique futile qu'elle a suscitée pendant quarante-huit heures, sont-elle amusantes en même temps que significatives ? Parce qu'elles nous montrent, sous les traits d'un « chef de gouvernement » idéalement reformaté, l'Anarchiste couronné en pleine action. À Fiestaland, l'empereur ne peut plus être qu'un bouffon triomphant qui *récupère* d'anciennes dénonciations isolées du bourrage de crâne patriotique (celles de Céline, de Giono, des surréalistes, etc.) et les transforme bassement en méthode de gouvernement (tandis que d'ailleurs, avec la victoire de la France en Coupe du monde de foot par exemple, se développe parallèlement un néo-chauvinisme de carnaval). Le nouveau maître-subversif ne cesse jamais pour autant d'être subversif, et c'est sur cette subversivité officielle et garantie qu'il assoit principalement son néo-pouvoir très particulier. Selon la terminologie oxymorique de la civilisation hyperfestive, il est désormais possible de définir ce nouveau maître comme un rebellocrate (*novembre 1998*).

mains (il oubliait de parler de ce qu'on peut faire aussi avec les oreilles), c'est-à-dire en terminent avec l'univers préhistorique du coït au profit du nouveau « monde des caresses et des baisers » dans lequel s'« abolit » précisément « la différence masculin/féminin » : perspective d'autant plus idyllique que vaporeusement *newageuse,* et dont la désirabilité ne semble même plus pouvoir être mise en cause. De même que les dieux des anciennes religions sont voués à devenir des démons dans les nouvelles, il faut évidemment que le pénis symbolise le « pouvoir » à abattre pour une autre instance qui a déjà pris le pouvoir, mais qui tient à cacher le plus longtemps possible son triomphe en se donnant les apparences du provisoire par le fait qu'elle continuerait à lutter contre un adversaire toujours présent. Le dénommé Gabriel Cohn-Bendit, qui signait ce libelle coïticide, et se présentait comme « professeur en retraite », mais, tout au long de son texte, confondait phallus et pénis, et prenait son Pirée pour un concept, semblait franchement courroucé du renfort chimique déloyal que le Viagra apportait au dit pénis, alors même que tout semblait si bien organisé pour en programmer le déclin puis la chute ; et rétablir dans sa splendeur le vague état paradisiaque autant qu'immature des soporifiques *préliminaires.*

Il peut se rassurer : une molécule ne fait pas le printemps ; et il est dans la logique implacable des choses que la fin de l'Histoire, c'est-à-dire l'établissement de la matriarchie, coïncide avec la fin de la problématique œdipienne, dans laquelle l'organe du pénis jouait un rôle essentiel ; et que le monde posthistorique s'accompagne de l'apparition d'une humanité postgénitale. La fin de l'Histoire n'est rien d'autre, dans ce domaine, que le résultat du processus de désexualisation du monde ; et l'annonce du saut décisif dans le Royaume des merveilles de l'univers sans autrui, sans principe de contradiction (« où s'abolit la différence masculin/féminin »), dans cette espèce de marécage où les sexes se confondent comme l'eau et la terre, où l'homme et la femme ne sont plus que des éléments parmi d'autres, et où l'énergie cosmique substitue son *inconscient* consolateur à l'ancienne libido négative, inégalitaire, hiérarchisante, injuste et conflictuelle.

Si l'hétérosexualité a fait son temps sur la terre, c'est qu'elle était peu *citoyenne* ; ou, du moins, pas assez ; pas autant, en tout cas, que l'homosexualité. Le sophisme néo-cubiste consistant à affirmer que l'hétérosexualité place les sujets sous la loi de la différence, de l'opposition, et donc légitime les inégalités, alors que l'homosexualité, fondée sur la valorisation du même, conduit à la dévaluation de la différence, qui ne serait plus qu'un supplément résiduel et inoffensif au même, et ouvrirait à l'altruisme, à la générosité, à l'égalité, à la solidarité, est devenu le credo d'à peu près tout le monde. Et tout le monde s'y soumet. Et tout le monde s'y convertit. Clint Eastwood lui-même, autrefois si fort détesté par les belles âmes, et considéré comme une sorte de prototype du fasciste-machiste irrécupérable, vient de recevoir l'absolution générale parce qu'il a fait tourner un travesti de Savannah dans son dernier film. Il est vrai que l'homophobie, dans cette œuvre, se trouve démagogiquement associée au racisme ; et que donc ces deux tares peuvent être balancées sans regrets, de conserve, dans les poubelles de la post-Histoire contemporaine. Quant à la démonisation ultime de l'hétérosexualité, elle semble avoir été esquissée récemment, dans *Pour le pire et pour le meilleur*, et sans que personne ne trouve rien à y redire, par la stupéfiante assimilation de l'hétéro-raciste au misanthrope. Ainsi toute critique, tout dénigrement des conditions existantes sont-ils du même coup prohibés sans appel : qui oserait encore émettre la moindre réserve sur les choses comme elles vont se trouverait illico ravalé parmi les pires ennemis du néo-genre humain tel qu'il se voit si beau dans son miroir. À cette nouvelle avancée, d'ores et déjà, on peut donner un nom : *l'interdit de l'Alceste*. Cet interdit vise bien entendu toute pensée négative ou critique, même non suspecte d'homophobie. La pensée négative ou critique est ce qui est susceptible, à tout moment, de se voir mis en examen pour *incivisme*. La pensée négative ou critique est maintenant le contraire de la pensée citoyenne (si tant est que ces deux derniers mots puissent cohabiter, même de force, sans susciter de grincements de dents). Tout regard un peu sceptique sur la façon dont on transforme notre monde est passible de se retrouver taxé de misanthropie. Et cette accusation rejette automatiquement celui qui en est chargé dans les ténèbres extérieures. La moindre réticence est une atteinte aux droits de la néo-cité. Pendant nos grands travaux de reformatage, proclame le festivocrate, nous n'entendons pas être dérangés par de quelconques manifestations de la liberté de pensée.

Ce qui ne signifie d'ailleurs pas que les conversions soient impossibles. Dans ce film précisément, *Pour le pire et pour le meilleur*, Jack Nicholson incarnait un type affligé de tous les défauts puisqu'il détestait aussi bien les Noirs que les femmes et les homosexuels : il souffrait, d'après *Libération*, d'une « constante acrimonie misogyne, antipédé et raciste » ; ce qui n'est vraiment pas bien du tout. Mais il finissait par emprunter le chemin de la rédemption, et le film racontait la « difficile mutation d'un type odieux en mec à la coule », d'après le critique de ce même journal ; lequel remarquait tout de même, peut-être visité soudainement par l'idée que ce genre d'œuvre édifiante rappelait d'un peu trop près les horreurs sulpiciennes du siècle passé où l'on voyait des pécheresses se convertir après une longue existence de débauche : « *A priori*, on aurait préféré le processus inverse. »

Peut-être. Mais c'est trop tard.

C'est au milieu de cet imbroglio (parfaitement analysable, au demeurant, pour qui veut analyser), qu'a lieu le tortueux accouchement du Pacs, cette espèce d'ersatz, ce monstre légal si admirablement accordé à notre époque dépourvue de sens, et que ses détracteurs ont bien tort de traiter de « mariage bis », de « copie » du vrai mariage ou de « sous-mariage », alors qu'il ne s'agit que d'un post-mariage correspondant à merveille à notre post-Histoire. Comme tel, mais comme tel seulement, il s'agit bien d'un « objet juridique non identifiable », ainsi qu'on l'a parfois qualifié aussi ; mais ce n'est que parce qu'il est destiné à s'appliquer à une humanité également très peu identifiable ; et sexuellement de plus en plus indéterminable (dans l'univers de la disparition des différences sexuelles, le féminin et le masculin peuvent d'ailleurs être très avantageusement remplacés par une nouvelle dichotomie à la fois néo-diviseuse et néo-structurante du néo-sujet : le fier et le honteux).

Les ennuyeux adversaires de cette chose étonnante ne fondent en général leur hostilité que sur une définition cafardeuse du mariage, qu'ils déclarent irrémédiablement associé à la procréation. La faiblesse d'une telle base argumentative, déjà réfutée par trente ans de joyeuses innovations scientifiques, depuis la pilule (le coït sans l'enfant) jusqu'à la procréation *in vitro* (l'enfant sans le coït), sans compter le bouleversement général des mœurs (la multiplication des divorces, les adoptions, l'accroissement des couples sans progéniture, etc.), n'a même pas besoin d'être démontrée. Ils disent aussi qu'il faut aux enfants un père et une mère, un homme et une femme, pour les « structurer » ; ce qui prouve qu'ils n'ont pas regardé autour d'eux depuis bien longtemps ; et qu'ils s'imaginent qu'il peut exister encore des pères sur cette planète ; et qu'il peut exister encore des hommes. Que l'on se rappelle seulement les néo-mâles allemands, dans les milieux « alternatifs », sommés de « s'asseoir sur la cuvette » ; ou que, tombant sur un article qui dénonce le crime de chanter « des chansons qui glorifient une virilité dont l'exaltation est outrageante pour les femmes », on s'amuse à essayer de retourner cette phrase sidérante (« des chansons qui glorifient une féminité dont l'exaltation est outrageante pour les hommes » ?) ; ou encore qu'au hasard d'un zapping à la télévision, on entende, comme cela m'est arrivé un soir récent, une jolie Suédoise exposer, avec cette arrogance typique des jeunes gallinacées modernes, ce qu'il en est concrètement désormais des relations entre les sexes dans son pays : « C'est très simple, les hommes sont devenus des femmes et les femmes sont devenues des hommes », disait cette ravissante sacristaine de la nouvelle religion. Tout cela suffit, il me semble, pour être éclairé sur la question.

De tels arguments ne font donc que révéler la pathétique indigence intellectuelle de ceux qui, voyant l'ancien monde achever de s'écrouler, voudraient quand même en retenir ici ou là, au petit bonheur la chance, un pan de mur encore plus ou moins debout, ou un fragment de fenêtre, quand il faudrait plutôt aller de l'avant, et favoriser sans relâche l'accélération du cataclysme. Par-dessus le marché, ils font de la reproduction l'exclusif noyau de la vie amoureuse, ce qui indique à quel point ils nourrissent, eux aussi, une idée infantile et sinistre de ce qu'est la vie amoureuse. Ils n'ont, de toute façon, pas les moyens de leurs ambitions. Cramponnés à un ordre disparu, ils offrent une cible facile à tous ceux qui ne paraissent pas le moins du monde écœurés de livrer des batailles gagnées d'avance, mais qui ont besoin d'ennemis pour que l'on ne voie pas qu'ils sont devenus les contrôleurs exclusifs du nouvel univers. Dans tous les domaines, les « conservateurs » ne sont plus que les esclaves révoltés de ces maîtres-là ; et donc leurs complices malgré eux.

En même temps que, *dans la rue*, défile l'idéal qui est *au pouvoir*, dans tous les autres secteurs se manifeste aussi une idéologie qui a fait de la différence sexuelle encore prétendument dominante son bouc émissaire. La « norme » pénienne est dénoncée comme norme mauvaise par une nouvelle et bonne norme indifférenciatrice (fusionnelle, neutre, post-verbale et fatalement matriarcale) qui retarde, par cette incessante dénonciation, le moment où elle apparaîtra comme nouvelle norme (et comme police). Elle espère bien, d'ailleurs, ne jamais avoir à se dévoiler devant personne sous cet éclairage, et c'est pour cela qu'elle mobilise toutes ses forces afin de re-fixer l'espèce humaine à son ancien stade d'immaturité (et accessoirement d'imbécillité). Ce processus de mutation est en très bonne voie. Et il est remarquable que l'humanité se précipite si librement vers une infantilisation dans laquelle Tocqueville, il y a bien longtemps, voyait l'un des plus efficaces instruments de domination du nouveau pouvoir de l'égalité (l'autre étant justement le festif, entrevu aussi par lui sous le nom de « réjouissance ») :

« Ce pouvoir est absolu, minutieux, régulier, attentif et doux. Ce serait comme l'autorité d'un parent si, à l'image de cette autorité, son objet était de préparer les hommes à l'état d'adulte ; mais il cherche au contraire à les maintenir dans une perpétuelle enfance ; il est parfaitement content que les gens puissent se réjouir, pourvu qu'ils ne pensent à rien d'autre qu'à se réjouir. »

Un spectre hante néanmoins tout ce méli-mélo ; et c'est bien entendu devant ce spectre, même s'ils ne le savaient pas sur le moment, qu'ont battu en retraite tant de députés de gauche, lors du fameux « vendredi noir » d'octobre où s'est d'abord vu rejeté un projet dont on nous contait par ailleurs les mirifiques vertus. C'est que, pour une fois, il ne s'agissait plus de routine, d'augmentations de crédit, de réforme du nombre d'heures de cours ou d'efforts budgétaires. Il ne s'agissait même pas d'un « problème de société » (quelle société ?), ni d'un « débat sur les mœurs » (quelles mœurs ?), comme disent les plats penseurs à la bouche en sucre, mais de la question la plus vertigineuse qui soit, celle des fondements anthropologiques ; celle de la définition ultime de l'espèce humaine. Et c'est avec l'espoir, misérable autant qu'obscur, de la contourner, cette question, tout en l'apprivoisant, que l'on a enrôlé dans le projet du Pacs des concubins qui s'étaient jusque-là si peu fait entendre pourtant (qui n'avaient même rien demandé, mais que l'on se propose, au passage, d'enfermer dans la camisole de force du droit), puis qu'ont été déposés, pour faire bonne mesure, des amendements suggérant d'élargir le champ d'application de cette loi abracadabrante aux frères et aux sœurs ou aux cousins se prêtant assistance.

Ainsi, par de multiples rideaux de fumée, a-t-on piteusement cru que l'on allait masquer le « problème » homosexuel, alors qu'il s'agissait déjà d'un tout autre problème. L'incroyable débilité ordinaire des « élus du peuple »[1] ne les a tout de même pas empêchés de deviner qu'ils jouaient avec le feu, même s'ils ne savaient pas exactement quel feu. Maintenant que l'incendie est partout, ils sont obligés de le regarder en face. Pour la première fois, peut-être, depuis qu'il existe, le progressisme se retrouve affronté à sa limite ultime, le nez sur son secret le moins visité, sur son utopie la plus métaphysique. Ce secret, ou cette utopie, ont un nom : l'inceste. C'est le nom du spectre qui hante toute cette affaire et plane autour d'elle. L'époque qui commence, en même temps qu'elle se refonde sur l'interdit de l'Alceste (et parce qu'elle se refonde sur l'interdit de

---

1. Ce jugement peut être tempéré, ne serait-ce qu'en hommage à la clairvoyance d'un de ces élus qui, au moment où reprenaient les débats sur le Pacs à l'Assemblée nationale, définissait ainsi les nouveaux rapports de force entre la droite, à laquelle il appartenait, et la gauche : *nous*, disait-il en substance, *nous allons incarner le Moyen Âge, et eux ce sera la science-fiction*. On ne saurait dire mieux ; ni mieux établir ce que deviennent les anciennes forces de droite et de gauche dans la civilisation hyperfestive ; où ce qui fait défaut, bien entendu, c'est le présent, c'est-à-dire ce qui n'est ni le « Moyen Âge », ni la « science-fiction » (*novembre 1998*).

l'Alceste, c'est-à-dire sur la prohibition de la liberté critique, automatiquement qualifiée, au mieux, de négativisme stérile), entreprend la lente mais irrésistible levée du tabou de l'inceste, dont le mariage exclusivement hétérosexuel, et même d'une façon plus générale l'exogamie, n'étaient que les conséquences implicites, en même temps qu'ils constituaient la base de la plupart des sociétés humaines et l'origine de leur acquisition du langage. Il est divertissant que la gauche, à la fin de son histoire, se retrouve contrainte d'organiser *par les voies juridiques* le retour à l'osmose primitive, au babil endogame, au bonheur sans phrases, au silence des amibes, à la caverne originaire de l'amour-fusion avec le maternel ; et qu'elle ait d'abord reculé devant cette perspective qui ne s'était jamais, jusque-là, offerte à personne ; alors qu'elle tient une occasion qui ne se reproduira plus d'accélérer sans retour un désastre qui, de toute façon, et chacun le sait bien, et tout le monde le nie, est inéluctable.

E PERPENDICULOSO SPORGERSI

Quand il œuvre comme adjoint de sécurité dans l'espace Culture, Homo festivus n'a pas trop de ses journées et de ses nuits pour surveiller, encadrer, dénoncer, museler tout ce qui lui paraît encore s'écarter d'une droite ligne citoyenne dont il détient les clés et dont il semble absolument persuadé qu'elle a une valeur éternelle autant qu'universelle. La liberté de pensée, dans ces conditions, doit être bien entendu située au tout premier rang de ces libertés résiduelles dont j'ai déjà dit plusieurs fois que les moutons enragés du vertuisme s'occupent activement, exclusivement et quotidiennement à les réduire. Cette réduction s'effectue sans rencontrer la moindre protestation dans la mesure où elle a l'habileté d'emprunter les masques du progrès social ou de la juste lutte contre les périls les plus incontestables. Se sentant les coudées franches, Homo festivus peut alors se laisser aller à accumuler les plus honteuses diffamations, les ragots les plus dérisoires et les calomnies les plus décousues ; et trépigner de joie, devant son jeu de construction bancal, en n'hésitant pas à affirmer qu'il s'agit d'une analyse aussi complète que circonstanciée de la situation politique et intellectuelle.

C'est ainsi que dans *Le Monde*, début octobre, s'étalait un long article cosigné par six anodins en sursis se présentant comme membres du comité de rédaction d'une petite revue niaise de littérature besogneuse, *Perpendiculaire*. Pour d'obscures raisons que la raison ne connaît pas, ces candidats au néo-kagébisme de l'ère hyperfestive croyaient bon de me dénoncer, parmi bien d'autres, comme faisant partie d'un vaste et mystérieux complot dont certaines publications, par exemple *L'Atelier du roman* et *Immédiatement* (où je suis fier, en effet, de compter quelques amis splendides), seraient les chevilles ouvrières. La création de complots est toujours une sorte de gage d'existence pour ceux qui les forgent. C'est leur prix de consolation : ainsi espèrent-ils se tirer, très provisoirement, mais collectivement, de leur propre néant en faisant croire pendant quelques jours qu'ils ont été investis d'une mission de salut public.

En parcourant la navrante étendue de cet article sablonneux, il serait presque impossible de comprendre à quoi ils s'en prennent si l'on ne savait la vérité : bouleversés par la totale réussite esthétique des *Particules élémentaires*, le roman de Houellebecq, ces pitoyables explosent en haine jalouse, répandant sur de multiples têtes les affreux éclats de leur rancœur impuissante. Ils voudraient nous informer qu'ils vont sortir du « flou », mais ils ne parviennent même pas à dissiper leur propre confusion. Ces gens qui se plaignent de « patauger dans l'approximatif » des autres ne devraient en faire le reproche qu'à eux-mêmes. Le seul exercice par lequel ils brillent, en réalité, c'est le flicage approximatif. Ce sont aussi des virtuoses de l'incognito. Tout se passe, quand on tente de déchiffrer leur texte, comme si on lisait une lettre de corbeau. C'est même, de ce point de vue, une sorte de réussite : ils se mettent à six pour signer leurs calomnies, et elles restent anonymes, ils n'y peuvent rien. Ces chacals de garde, entre autres exploits, prétendent se souvenir du « rôle » que j'aurais joué « à la fin des années 70 » au *Figaro magazine*, alors même qu'Alain de Benoist (ne cherchez pas, c'est l'Emmanuel Goldstein de *1984* aux yeux de ces Big Brothers pour parc d'attractions) y faisait régner, comme chacun sait, son idéologie délétère.

Le perpendicule, hélas, ne tue plus. De si surprenantes et poisseuses imbécillités m'obligent donc à riposter ; et à parler brièvement de moi, ce dont je me suis abstenu dans ces chroniques jusqu'à présent. Je ne voulais pas répondre directement à de si tristes hères ; ni m'abaisser jusqu'à les contredire dans le quotidien où s'étalait leur jalousie tâtonnante de jeunes roquets de l'angélisme ; encore moins réclamer des excuses à de si dégoûtants amalgameurs. Au surplus, le journal en question étant à mes yeux disqualifié pour avoir publié de telles « informations » sans même avoir pris la peine d'en constater la fausseté lamentable, je ne tenais pas à ce qu'y paraisse une seule ligne signée de mon nom, même dans un simple but de rectification. Il me semblait bien plus intéressant d'enrôler ces six idiots du village global dans mon projet de description de la nouvelle société posthistorique ; et de les transformer en personnages de la désastreuse comédie moderne dont j'indique ici, et sans relâche, les pires traits. Ainsi les rédacteurs de la revue *Perpendiprécaire* gagneront-ils une sorte d'existence de seconde main qui les sauvera de l'oubli auquel ils sont destinés, et qui leur apportera peut-être aussi une relative consolation, même s'ils n'apparaissent dès lors que pour ce qu'ils sont : des menteurs et des falsificateurs.

En les contredisant aisément sur les points où ils me mettent en cause, je leur octroierai par la même occasion la cohérence qui leur manque. La négation que je leur opposerai les gratifiera, pour employer leur bredouillant babil de bêtes à Bourdieu, d'une sorte de « colonne vertébrale » en creux, ce qui est toujours mieux que rien. De se savoir à un tel point incompatibles avec la vérité concrète, enfin, devrait également guérir ces belles âmes de l'illusion qu'elles auraient quelque chose à faire avec la littérature (sauf en tant que matière première, bien sûr, ainsi qu'elles apparaissent ici même).

Fidèles à leur réputation déjà établie de petits procureurs moscoutaires, les six perpendiculés me recréent donc un passé qui leur convient mieux que ma propre réalité, et parlent du « rôle » que j'aurais joué au *Figaro magazine* vers « la fin des années 70 ». Iront-ils jusqu'à inventer les faux documents, et soudoyer les faux témoins, qui leur permettront d'asseoir définitivement une imposture cousue d'un si gros fil blanc ? Certes, *Le Figaro magazine* a commencé à exister en octobre 1978. On pourrait donc imaginer, à la rigueur, que j'ai tenu un « rôle » dans ce journal « à la fin des années 70 » ; et même que certains s'en « souviennent ». Mais le fait est que je n'y ai publié quelques articles qu'*en 1985* ; jamais avant ; jamais non plus après. Je ne m'en excuse pas. Et je ne le regrette pas. C'est ainsi, et ce n'est pas autrement, n'en déplaise aux sombres argousins de la revue *Perpendigrégaire*, ainsi qu'à tous les sbires obscènes et aux mouchards incompétents dont ils ont apparemment consulté les fiches trafiquées pour composer leur rapport de truqueurs. La police, on le sait bien, est une maison très mal tenue, et ses archives se trouvent dans un état épouvantable : on en a ici un indice parmi d'autres.

Non contents de ne rien comprendre aux grandes choses, ces six piteux falsifient les petites. À ce compte-là, il devrait être aussi possible de dénicher dans les sommiers du flicage culturel des preuves indubitables que j'étais au Camp du Drap d'or, ou que j'ai trouvé le moyen, vers 1840, de composer quelques notules dans la *Reinische Zeitung* de Marx, ou encore que j'ai fait partie de l'une ou l'autre des fournées de « suicidés » de la secte du Temple solaire. Pourquoi pas, n'est-ce pas, si c'est écrit dans *Le Monde* ?

À de telles assertions, en vérité, on ne devrait jamais répondre autrement que par des gifles. Cet article ignominieux étant cosigné par six anchois croupis dans la saumure du Bien, cela fait malheureusement trop d'imbéciles à tarter. La police a tout son temps ; pas moi. Je dois me borner à les corriger par écrit ; et en une seule fois. Je ne collaborais donc pas, je le répète, au *Figaro magazine* à la fin des années 70, mais à *Art Press*, dont l'un de mes insulteurs actuels, le nommé Jouannais, se trouve être précisément le rédacteur en chef. Mon premier article pour cette revue d'avant-garde date de décembre 1976. Avant « la fin des années 70 », pour parler comme les cafards susdésignés, j'y avais déjà publié une bonne dizaine de textes. J'en ai encore fait paraître bien davantage dans les années 80 et jusqu'à la moitié des années 90 ; et si j'ai joué un « rôle », pour m'exprimer encore comme les pénibles dromadaires de *Perpendisciplinaire*, c'est là, non ailleurs. Mais j'ai publié aussi dans tant d'autres journaux et revues de l'époque, *Tel Quel*, *L'Infini*, *L'Idiot international*, *Le Matin de Paris*, *Le Quotidien de Paris*, *Globe*, *La Quinzaine littéraire*, que je ne pourrais les citer tous. C'est donc en 1985 seulement que j'ai écrit cinq articles, et peut-être même six, pour *Le Figaro magazine*. Le dernier, si je ne me trompe, paru en janvier 1986, concernait le peintre Gustav Klimt (on suppute, rien qu'au choix d'un tel sujet, les contours du complot). Ma collaboration s'est achevée à ce moment-là. De quoi viennent donc se mêler ces vicieuses vigiles ? Que me veut ce troupeau de bourricots et de Bourriaux de Béthune ? À qui servent la soupe ces salauds qui susurent ?

Je n'ai pas non plus, contrairement à ce qu'affirment ces minuscules Zorros du dimanche de la vie, envoyé une « lettre d'insulte » à la rédaction d'*Art Press* après la parution, fin mars 1997, d'un mémorable n° 223. Si j'avais réellement écrit une « lettre d'insulte », comme le prétendent ces chiens de garde, ces chiens d'avant-garde, ces clébards d'après-garde, on peut croire qu'elle aurait eu une autre tenue. Celle-là était simplement vive, il me semble, enlevée, et d'un bonheur libératoire dont la prose de ces perpendiculés, qui ne valent même pas la corde pour les perpendre, n'a aucune idée. Il est vrai que ces obsédés, en toute occasion, manifestent une impuissance à *lire* ce qu'ils ont sous les yeux qui ressemble à de l'endurcissement. Comment, dans de telles conditions, pourraient-ils *voir* les clichés dont ils font tant d'abus ? Ainsi s'imaginent-ils, pour s'en irriter derechef, que *L'Atelier du roman* m'a consacré un « dossier complet ». La réalité, une fois de plus, est tout autre : *L'Atelier du roman*, en septembre dernier, a consacré un dossier à mon roman *On ferme*, et non à ma personne. La vérité, décidément, est un luxe que ces six piteux ne peuvent pas se payer.

Et, par-dessus le marché, qu'est-ce qu'un dossier *complet* ? Quels moyens ont-ils de le savoir, qu'un dossier est *complet* ?

Ma lettre à *Art Press*, en 1997, n'était pas non plus adressée à la « rédaction » de cette revue, comme le chevrotent ces matons de Panurge. Il s'agissait d'un *courrier privé* par lequel je demandais à mon ami Jacques Henric de bien vouloir retirer mon nom de l'« ours » de son journal. Ce courrier privé fut aussitôt, et contre mon gré, rendu public ; mais sous une forme si partielle qu'il s'en trouvait dénaturé. Puisque six minifonctionnaires de la police des néomœurs se mêlent de ressortir de pareils fantômes, je me vois forcé maintenant de restituer ma lettre *dans sa totalité*. Il va de soi que je n'en désavoue pas la moindre virgule.

« Cher Jacques,

Je viens de prendre connaissance du dernier numéro d'*Art Press* et de la misérable campagne de dénonciation qui s'y étale. Pourrais-tu donner des consignes pour que mon nom disparaisse au plus vite de l'" ours " de cette revue ? Je désire vivement qu'il ne soit plus associé – de si loin que ce soit – aux grenouilles de bénitier qui y coassent des leçons de vertu qu'elles n'ont même pas inventées.

Merci d'avance. Et bien cordialement. »

C'est le mot *inventer*, ici, on le devine, qui est important. Si les perpendiculoïdes, un jour, par miracle, inventaient quelque chose, ils seraient guéris par enchantement : ils n'auraient même plus besoin de diffamer pour croire qu'ils existent.

DÉCEMBRE 1998

QUARANTE-TROIS POUR CENT DES FRANÇAIS
PENSENT SOUVENT OU ASSEZ SOUVENT À LA MORT

La mort ne se cache plus, et les journaux n'ont pas hésité, autour de la Toussaint, à manifester leur satisfaction devant un phénomène aussi réconfortant. Il y aurait en ce moment, d'après les plus perspicaces des observateurs, et les analystes les plus clairvoyants des tendances actuelles, un « renouveau de la mort ». Et ce renouveau passerait, comme de juste, par le fait que celle-ci « intéresse de plus en plus les médias » ; et que l'on publie de plus en plus de livres à propos de la mort et du *vécu du deuil*. Une preuve supplémentaire de cette étonnante résurgence thanatophilique se trouve encore contenue dans certains sondages effectués récemment par les Pompes funèbres, au terme desquels « quatre-vingts pour cent des Français pensent à la mort ». La mort, en somme, est à la mode. Elle est florissante. Elle a le vent en poupe.

D'une façon générale, la plupart des statistiques sont trop évidemment et trop traditionnellement enveloppées de ridicule pour qu'on s'y arrête. Mais celles-ci, par-dessus le marché, sont franchement morbides, ce qui les rend presque rafraîchissantes par rapport à tant d'autres. Selon ces mêmes sondages, si quatre-vingts pour cent des

Français pensent à la mort, il y en a quarante-trois pour cent qui y pensent « souvent ou assez souvent », contre trente et un pour cent seulement en 1996. Deux petites années auraient donc suffi pour que douze pour cent de Français nouveaux viennent comme un seul homme rejoindre une élite déjà respectable de méditants assidus et de cogitateurs essentiellement préoccupés par l'idée du trépas. Une si fantastique mutation, s'ajoutant à tant d'autres du même métal, méritait en effet d'être signalée. Au passage, on ne nous précise évidemment pas ce qu'entendent par « penser », et plus encore par « penser souvent », les sondeurs aussi bien que ceux qui leur répondent ; ni ce que signifie encore le mot « mort » dans les conditions d'existence actuelles. Quoi qu'il en soit, ce fantastique mouvement d'opinion et cet accroissement spectaculaire sont présentés comme indiscutables : nous sortons de la longue période de dénégation qui a commencé par caractériser les sociétés où c'est à l'hôpital qu'on rend son dernier souffle. Les Salons du funéraire eux-mêmes connaissent, paraît-il, un regain de succès sans précédent. La civilisation hyperfestive ne veut plus mettre la mort sous le boisseau. Elle ne veut plus du tout qu'on enterre la mort. Elle veut au contraire la faire accéder à ce monde de la Transparence qui lui paraît si délectable dans tous les domaines. Cette honte qu'elle éprouvait encore, dit-on, il y a une dizaine ou une quinzaine d'années, envers les agonisants et les trépassés, elle ne la ressent plus. Les vivants retrouvent le chemin des cimetières, et le scandale de la disparition physique, par le biais de rites nouveaux, semble maintenant en cours de réapprivoisement.

    Il est surtout en cours de festivisation. D'une façon générale, l'époque qui commence se réapproprie le calendrier, et réinterprète à sa façon l'ancienne durée humaine. Au besoin, elle apporte son correctif à certaines dates trop usées, auxquelles elle en substitue aussitôt de plus fraîches.

C'est ainsi que le 12 juillet, jour de la victoire de l'équipe de France en Coupe du monde, semble désormais avoir toutes les chances de rivaliser très avantageusement avec un 14 juillet qui commence à sentir assez fort le moisi parce qu'il se réfère à un ancien monde de conflits, de tensions et de dialectique avec lequel nous ne nous découvrons plus la moindre affinité. De la même façon, depuis cette année, on peut avancer que le 31 octobre, jour d'Halloween, a de bons atouts pour supplanter dans un avenir proche l'ancien jour des Morts, c'est-à-dire le 2 novembre ; ou, du moins, pour englober celui-ci dans de nouvelles réjouissances avec lesquelles Homo festivus nourrit des accointances beaucoup plus étroites puisqu'elles sont résolument débarrassées de toute négativité.

Cette négativité a été si bien pourchassée, traquée, proscrite jusque dans son réduit auparavant inexpugnable, et pour ainsi dire irréductible par définition (le royaume des morts), que c'est la singularité, ou le caractère sacré de la mort elle-même, qui se meurt à présent. De sorte qu'il ne nous reste, pour en déplorer les ravages, et leur trouver un semblant de signification, que de les assimiler à la seule malfaisance sur laquelle nous croyons encore posséder des lumières : le fascisme. C'est là, et là seulement, que nous avons réfugié tout ce que nous pouvons encore appréhender concernant le négatif. Une petite annonce de décès, publiée il y a quelques mois dans le « Carnet » de *Libération*, était exemplaire à cet égard, et symptomatique d'un appauvrissement de sensibilité qui gagne tous les domaines, mais dont on aurait pu imaginer qu'il épargnerait celui-là. Il ne l'épargne pas. Celui qui signait cette annonce y parlait de la disparition de sa mère tuée par un cancer. N'ayant visiblement presque plus rien *en propre*, et en tout cas pas les moyens d'exprimer son chagrin *à lui*, il transformait cette maladie et cette mort en dénonciation virulente du seul Mal radical (mais aussi général, global, communautaire) que nous nous connaissions encore. Ainsi peut-on observer que la langue de bois anti-Front national devient le véhicule d'un style tout à fait inédit d'oraison funèbre à travers lequel se déchiffre aisément ce que veut dire aujourd'hui « penser à la mort » ; et, d'abord, penser à un mort précis.

> « Par son caractère totalitaire,
> son pouvoir de nuisance,
> sa hargne morbide à vouloir
> éliminer l'Autre, son dégoût
> de l'Humain, le cancer ne peut
> s'apparenter qu'au fascisme.
> La réciproque
> est tout aussi vraie.
> Je les vomis l'un et l'autre.
> " Ma tourterelle, ma toute belle,
> ma frangine d'amour,
> ma maman "
> est décédée à l'âge de quarante-cinq ans.
> Ses cendres seront inhumées en Corrèze
> aux confins des Millevaches.
> Il n'y aura pas de curé. »

D'innombrables civilisations avaient trouvé, pour mettre en relief l'altérité épouvantable de la mort, son horrible majesté et l'effroi qu'elle suscitait, de non moins innombrables métaphorisations. Certaines en avaient aussi conjuré la hantise par l'espoir de la métempsycose, et d'autres par la foi dans la résurrection ; par l'entrée dans l'éternité et par la perspective du Jour du Jugement. Mais notre civilisation est la première à ne plus rien posséder que le misérable fascisme pour donner encore une signification à ce scandale suprême. L'enfer, sous diverses apparences, avait représenté l'*autre* superlatif pour la plupart des humains qui nous précédèrent ; il ne nous reste plus, à nous, même devant la mort, qu'une seule altérité pertinente, une seule différence *vraie*, une seule parcelle de part maudite par le biais de laquelle nous espérions encore avoir accès à la malédiction fondamentale. Et cette référence, comme par hasard, est puisée dans le passé *historique* (même s'il est tout proche) de l'humanité. Comme cette référence donne sa signification à l'existence actuelle, elle donne aussi son sens à la mort actuelle. Et de cette façon, bien entendu, la mort et le chagrin *concrets*, aussitôt sortis du placard, se retrouvent enfouis sous une nouvelle dénégation ; ou sous une nouvelle abstraction.

C'EST LA FÊTE À LA CITROUILLE

Dans ce domaine du trépas, comme dans tous les autres, l'époque qui commence entreprend de résoudre les problèmes qui se posent à elle par la seule médecine qu'elle connaisse : la festivothérapie. Elle remplace la splendeur incontestable mais si démodée des têtes de mort par d'obsédantes citrouilles au rictus en zigzag dont l'abjecte présence, dans les vitrines des commerçants les plus saugrenus, semble avoir désormais remplacé les *Vanités* funèbres des siècles révolus. C'est ce que *L'Événement du jeudi*, l'une des publications les plus pitoyables de notre époque, appelle sans rire « le bon côté de la globalisation ». Que la France ait attrapé avec tant d'aisance la peste halloweenique peut donc apparaître à quelqu'un, fût-ce à une seule personne, comme une chose positive. Et nous savons bien, naturellement, qu'elle ne l'apparaît pas qu'à une seule personne.

En quelques années, cette hideuse *fête à la citrouille* a été adoptée avec tant de naturel qu'on a déjà du mal à se souvenir qu'il ne s'agit pas d'une festivité *sui generis*. Ce phénomène de contagion ne peut encore étonner que ceux pour qui la Machine festiviste demeure un mythe, ou une curiosité facilement localisable ; et qui ne savent pas que l'époque qui commence s'élabore sur l'unification festive de toutes les anciennes réalités jusque-là dispersées ; et qui n'ont pas encore compris, par exemple, que lorsque s'élève un répugnant « débat de société » autour de l'euthanasie (à la faveur du cas de l'infirmière de Mantes-la-Jolie qui aurait aidé à mourir une trentaine de patients incurables), c'est une nouvelle fois le concret que l'on entreprend de planquer, par le biais de ce « débat », sous une forme parmi d'autres de festivisation (en l'occurrence morbide) ; et que lorsque le pénible Kouchner, édulcoreur ministériel, raconte qu'il préférerait remplacer le mot détestable d'« euthanasie » par l'expression « accompagnement des fins de vie », cet éloquent modérantiste ne poursuit aucun autre but que de voler à ceux qui meurent, ou à ceux qui décident de se tuer, le peu de réalité qui leur restait ; et, à terme, les dissuader franchement de penser, s'ils se suicident par exemple, qu'ils *se foutent en l'air* ; qu'il *se font sauter le caisson* ; qu'ils *s'envoient de l'autre côté* ; ou, plus simplement et crûment, qu'ils *se tuent*. L'euphémisation, dans ce domaine encore davantage que dans tout autre, est bien entendu en inflation constante. L'euphémisation étant au cœur de la vie posthistorique, elle doit aussi se trouver au cœur de ce qui y reste de mort. Et c'est elle, et elle seule, qui est criminelle. L'« accompagnement », les « soins palliatifs », l'hôpital qui devient « lieu de vie », le « carnet douleur » remis à chaque patient lors de son entrée à l'hôpital, et les « sites douleur » sur Internet (!), constituent autant d'assassinats impunis de la réalité humaine et de la douleur concrète. Au nom d'un impératif qui peut s'exprimer de mille façons obscènes (« Le plan Kouchner pour adoucir la mort », titrait par exemple *Le Monde* récemment ; et l'éditorial de ce journal affirmait que la médecine pouvait « permettre de mieux vivre sa mort »), c'est toujours la festivothérapie dont on accélère l'expansion dévastatrice.

Cette festivothérapie, qui a déjà fait naître quelques nouveaux métiers pleins d'avenir (promoteurs de soins palliatifs, thanatologues, thanatopracteurs, psys spécialisés dans le conseil en deuil, etc.), ne nourrit qu'une vocation : s'étendre. L'« unification des provinces », dont parlait Kojève autrefois, et où il voyait le travail essentiel de l'Histoire finissante, se prolonge maintenant, et se déploie, selon un programme toujours plus minutieux à travers lequel il s'agit de construire l'ultime Confédération festive planétaire qui sera en quelque sorte la réalisation bouffonne, et le retournement, de cet État universel dont Hegel prévoyait l'avènement après l'Histoire. L'accumulation des festivités est l'arme principale de cette Confédération pour homogénéiser la vie quotidienne et la transformer en Empire sur lequel son soleil ne se couchera plus jamais. France Télécom, l'année dernière, n'avait encore osé inviter les pauvres gens à récolter des citrouilles que dans les jardins parisiens du Trocadéro ; cette année, c'est sur sept villes de France, non seulement Paris, mais aussi Lens, Lille, Nice, Rennes, Strasbourg et Tours, qu'ont été déversées quatorze mille citrouilles ; et c'est avec fierté que l'on fait état d'une escalade aussi dérisoire. La chose paraît d'autant plus sympathique, d'ailleurs, que cette cucurbitacée, nous apprend *Le Monde*, « est une plante qui a le sens de la fête » ; elle est aussi, on s'en doutait un peu, « en parfaite adéquation avec les valeurs montantes ». Celles-ci, pour une fois, ne sont pas énumérées, mais c'est bien entendu parce qu'elles vont de soi : puérilité, stupidité, convivialité, écologie, gastronomie ; le tout enveloppé, comme il se doit dans un monde où l'on n'a pas de droit de rire, d'« humour » prétendument « décalé ».

Désireux de se masquer qu'ils croupissent dans une réalité d'épouvante, les Français, après bien d'autres peuples, entreprennent aujourd'hui de se convaincre qu'ils vivent dans le crétinisme d'un film d'horreur. C'est ainsi toute une société qui *se représente* festiviquement à travers des squelettes de pacotille, des ersatz de monstres, des morts-vivants dégoulinants d'hémoglobine et des néo-danses macabres. Les sorcières *réelles* et les vampires *concrets* qui nous entourent, ou que nous sommes nous-mêmes devenus, se retrouvent transposés au *second degré* dans des fêtes *hard gore* qui ont aussi l'avantage de faire marcher le commerce. « Les producteurs de citrouilles et de farces et attrapes se frottent les mains », annonce *VSD*. De son côté, et sans tenter un seul instant de dissimuler son infernal cynisme, un distributeur de jouets reconnaît qu'auparavant, entre les achats terminés de la rentrée scolaire et ceux de Noël pas encore tout à fait commencés, octobre était une « période un peu triste » : il faut comprendre, bien entendu, qu'elle était surtout un peu triste pour ce genre de canaille, c'est-à-dire assez pauvre en cochonneries festives ; et qu'elle constituait, comme l'écrit si gracieusement *Libération*, une pénible « traversée du désert » (ce qui nous indique ce qu'est devenu un désert pour les mentalités contemporaines : une durée sans fêtes). Mais tout cela est changé. Et Halloween n'en est qu'au commencement de son atroce carrière. « La Coupe du monde de football nous a montré à quel point les Français voulaient faire la fête et s'amuser », constate à peu près au même moment un autre observateur profond dans *Le Journal du dimanche*. Elle a surtout montré que l'autonomie et l'individuation avaient fait leur temps sur cette terre ; et qu'il n'est plus du tout question que nous échappions, fût-ce une pauvre petite semaine par an, à l'impératif festif, lequel a désormais fusionné avec l'impératif moral (n'oublions pas les citrouilles, plantes idéalement collabos puisqu'elles possèdent « le sens de la fête » en même temps qu'elles se trouvent « en parfaite adéquation avec les valeurs montantes »). Halloween, par ailleurs, est un formidable exutoire, comme l'explique un « psy » comblé d'aise : « En jouant avec la mort, on se familiarise avec elle. Se moquer de l'au-delà entre copains est toujours plus salutaire que d'avoir peur tout seul dans son coin. » Ce qui fait le plus peur, bien entendu, à cet expert festiviste comme à presque tout le monde, ce sont les gens qui oseraient encore rester isolés, « dans leur coin », même et surtout si ce n'est pas pour avoir peur ; et qui, par-dessus le marché, plutôt que de « se moquer de l'au-delà entre copains », pousseraient le vice jusqu'à se moquer tout seuls de l'en deçà, c'est-à-dire de notre nouveau monde indéfendable.

J'ai déjà signalé le slogan terroriste sur lequel cette civilisation désolante fonde la plupart de ses espoirs, mais il faut toujours le rappeler : « Si tu ne viens pas à la fête, la fête viendra à toi. » C'est l'exacte traduction moderne, ou la paraphrase candidement actualisée, et géographiquement amplifiée, de ce qu'annonçait je ne sais plus quel dignitaire nazi juste après l'arrivée de Hitler au pouvoir : « À partir d'aujourd'hui, plus personne en Allemagne ne sera seul. » À cet avertissement infâme, on s'est simplement chargé, comme au reste, de mettre un nez rouge. Dans la langue de l'embrigadement festivomaniaque et de l'injonction participatrice, cela donne, par exemple, ce gros titre de *VSD* : « Halloween : vous n'y échapperez pas ! » Le point fondamental est en effet, désormais, que plus personne n'échappe à rien, qu'il n'y ait plus nulle part où décamper, que toutes les retraites soient coupées ; et que chacun se le tienne pour dit. Qui songerait d'ailleurs, on se le demande, à s'éloigner si peu que ce soit d'un monde aussi parfaitement désirable ?

La question du contenu n'a bien évidemment qu'un caractère très accessoire. Ici comme partout, la fête ne reçoit sa valeur finale que du succès qu'elle obtient ; et on ne s'interroge pas au-delà de ce succès. Halloween est bien, Halloween est le Bien puisque Halloween marche. « Succombant comme des Gremlins à tout ce qui vient d'Amérique, les Français y trouvent aussi un nouveau prétexte à s'éclater, note encore *VSD*. Ce besoin de grandes émotions collectives n'est pas sans rappeler les mouvements de foule spontanés et festifs qui ont suivi la Coupe du monde ou ceux de la Techno Parade. » Et, croyant bien sûr comme tous les médiateurs à l'existence de ce qu'il n'avait fait qu'inventer, le journaliste conclut à la mort de la période précédente, comme si celle-ci avait jamais eu d'autre réalité que journalistique : « La génération cocooning est oubliée. »

DU NÉCROFESTIF

La petite Roque est une nouvelle de Maupassant qui commence par la découverte d'un cadavre, celui d'une adolescente d'une douzaine d'années, une jeune paysanne nommée Louise Roque que l'on retrouve allongée nue dans une clairière, au bord d'une rivière, violée et étranglée. Renardet, le maire du village, est aussitôt prévenu par Médéric, le facteur qui a découvert le corps de la pauvre enfant. Très vite, le médecin, le garde-champêtre et le secrétaire de mairie rejoignent le maire sur les lieux du crime. Mme Roque elle-même, la mère de la gamine violée et assassinée, accourt et s'abandonne à sa détresse. Peu à peu, les gens du village débarquent à leur tour. Puis ce sont les gendarmes et le juge d'instruction.

Les vêtements de l'adolescente ont disparu, mais, dès le lendemain, on apprend que ses sabots ont été mystérieusement déposés durant la nuit sur le seuil de la maison de la mère Roque. L'enquête commence, elle va durer tout l'été sans que l'on parvienne à mettre la main sur le coupable. Arrive l'automne. Renardet, le maire, fait abattre la futaie sous laquelle le cadavre de la petite Roque a été trouvé et qui est devenue un lieu redouté de tous les villageois. Le maire lui-même se conduit de manière de plus en plus étrange. Il a, comme on dirait aujourd'hui, des pulsions suicidaires. Bientôt, Maupassant nous apprend que c'est lui qui a violé puis étranglé Louise Roque. En la voyant se baigner nue dans la rivière, il a succombé à une violente bouffée de désir et perdu la tête. Depuis, il est harcelé par la vision de son crime. La petite fille qu'il a possédée et assassinée ne cesse de le hanter. Après plusieurs tentatives vaines pour se tuer, il décide de se dénoncer par lettre au juge d'instruction, puis de mettre une bonne fois fin à ses jours. Mais, aussitôt sa lettre jetée à la poste, il se ravise et entreprend de la récupérer. Plus question de mourir ; et encore moins, bien sûr, de s'accuser. C'est compter sans les scrupules de Médéric, le facteur, et sans la haute idée que celui-ci se fait de ses fonctions. Médéric, qui vient justement de relever le courrier, ne veut pas rendre sa lettre au maire. Une lettre c'est sacré, pas question de l'égarer, elle doit coûte que coûte être acheminée à son destinataire. Renardet s'emporte, crie, menace Médéric. Celui-ci reste inflexible. La lettre va donc suivre son chemin, inexorablement, et atterrir sur le bureau du juge d'instruction. Renardet, pris à son propre piège, n'a plus qu'à se supprimer en se précipitant du haut d'une tour.

Ce qu'il y a de plus intéressant dans ce bref récit publié en 1885, c'est bien entendu ce qui le différencie de manière extraordinaire de tout ce que l'on peut lire à longueur de temps dans les journaux, ou voir à la télévision, chaque fois qu'une petite fille est violée et massacrée, chaque fois qu'un petit garçon tombe entre les mains d'un sadique, chaque fois qu'un enfant, pour résumer, est victime d'un *pédophile*. Les médias, pour commencer, sont totalement absents de la nouvelle de Maupassant. Il n'y a personne, pas le moindre petit journaliste local, pour propager, donc aussi pour effacer le plus vite possible, en le transformant en *événement à thèmes*, ce qui vient de se passer. Il n'y a pas non plus d'*opinion publique*, même restreinte aux dimensions du minuscule village normand où l'histoire se déroule, dont on puisse noter les manifestations de *solidarité*, d'*indi-*

gnation et de *douleur*. Il n'y a pas, enfin, de deuil collectif, ou plutôt de collectivisation du deuil, et de tribalisation des souffrances de la mère de Louise Roque. Il n'y a même pas, à proprement parler, de deuil ; ou, du moins, ses manifestations sont escamotées parce qu'elles vont de soi. L'indignation des belles âmes, concernant un crime si répugnant, ne se fait même pas entendre.

Et personne ne se demande non plus, c'est extraordinaire, si ce fait divers sordide ne va pas nuire gravement à *l'image de la commune*.

Toutes ces absences sont fortement significatives. Elles pourraient même apparaître troublantes, et vaguement scandaleuses, à des mentalités contemporaines. Si on fait aujourd'hui appel aux écrivains du passé, il ne faut pas tant se demander ce que veulent dire leurs œuvres, qu'étudier en quoi elles se différencient de tout ce qui arrive *maintenant*. Et ce qui arrive maintenant, quand d'autres petites Roque sont violées et assassinées, ce sont ces rituels bien connus, ces cérémonies de deuil ostentatoire et ces accès de lynchage virtuel, tous ces comportements surprenants, tous ces phénomènes que décrivent les médias (après les avoir en partie fait naître) et que l'on peut regrouper sous les noms de festif de repentance, nécrofestif, festif de lamentation ou festif funèbre.

Toutes ces appellations peuvent d'ailleurs être elles-mêmes rassemblées sous le label lacrymocratie. En régime lacrymocratique, le problème de savoir *où* poser son chagrin, et aussi celui de savoir *comment* l'exprimer, se présentent à chaque instant. Il est évident que de telles questions sont parfaitement étrangères aux personnages de Maupassant : le chagrin, à l'époque, il y a les églises pour ça. Que Maupassant lui-même ait été athée ne change rien à cette affaire : ses personnages, eux, ne le sont pas ; ils n'ont aucune raison de penser à l'être ; ni d'expliquer pourquoi ils ne peuvent pas l'être. Une religion est là pour prendre en charge leur malheur. Ce qui fait que l'auteur peut porter son attention sur ses personnages (en l'occurrence, principalement, le maire criminel et son drame de conscience, puis ses démêlés comico-tragiques avec l'incorruptible facteur entraînant sa décision finale de se suicider). Ce qui n'est plus du tout le cas, bien entendu, en régime lacrymocratique. Un romancier, aujourd'hui, serait amené à se concentrer sur bien d'autres choses : par exemple, pour commencer, sur les grandes manifestations de révolte et de solidarité que le viol puis l'assassinat d'une nouvelle petite Roque susciteraient ; sur les défilés qu'un tel événement déclencherait dans les rues, et sur les débats qui s'ensuivraient dans les médias ; sur les propositions de lois, aussi, qui ne manqueraient pas de faire surface à cette occasion, et sur tous les décrets qu'on s'empresserait de mijoter afin que de telles horreurs ne se produisent plus ; sur bien d'autres choses encore, par exemple l'évocation de réseaux éventuels et mystérieux de pervers, de « monstres », de trafiquants d'enfants, de pédophiles assoiffés de l'innocence des anges. Un romancier d'aujourd'hui, à partir du récit de la mort d'une nouvelle petite Roque, serait par conséquent très vite obligé d'oublier celle-ci, et même de se désintéresser quelque peu du destin de son bourreau, pour étudier en détail la surprenante amplification de l'affaire, et la grande campagne épuratrice qu'elle déclencherait *chez les autres*, le grand rêve collectif de nettoyage et de purification qui se lèverait en tornade dans son sillage. Là comme ailleurs, il serait conduit à observer que les manifestations de la douleur, bien au-delà de celle des parents ou des proches de la victime, se développent désormais comme une *pride*, dégénèrent et se démesurent en *Sorrow Parade*, et que tout finit en fête, même s'il s'agit en l'occurrence de fêtes de deuil, noires et vengeresses. Il pourrait donc nous faire assister à un nouveau processus de dépossession de la mort, du deuil et du chagrin ; et aux longs défilés *publici-*

taires que cette dépossession suscite et accompagne. La gigantesque confusion mentale que le festif contemporain est chargé de recouvrir de son manteau d'effervescence ne s'est jamais mieux manifestée que dans ces « marées blanches » de Belgique qui ont suivi l'affaire Dutroux, où tout un peuple s'est chargé de faire la *publicité* de son propre deuil, ainsi que de son désir de vengeance et d'épuration. Le chagrin lui-même, et la soif de justice, se sont dissous, au long de ces défilés, dans la fierté unanime de n'être pas pédophile. C'est tout ce qu'une société occupée à sa revirginisation a été capable de penser ou de ressentir.

L'humanité hyperfestive et infantilisée se retrouve maintenant devant une tâche à laquelle il lui est impossible de se dérober : elle doit inventer la nouvelle *idole* à son image et ressemblance, c'est-à-dire infantile et festive, autour de laquelle, à l'avenir, lors de chaque fait divers un peu spectaculaire, elle pourra se recueillir, et grâce à laquelle il lui sera possible d'unifier tous ses mouvements de dévotion, ses chagrins collectifs et ses demandes de lynchage. Cette idole nouvelle, il semble que l'humanité hyperfestive soit en passe de la trouver ; ou, en tout cas, qu'elle s'en approche. Moins popularisée, moins « médiatisée » que l'affaire Dutroux, celle de la petite Cynthia, près de Bordeaux, l'année dernière, a débouché sur une sorte de dénouement néoreligieux significatif, quoique apparemment inaperçu. Peu de gens, sans doute, se souviennent encore de la mort de cette malheureuse gamine de onze ans, tuée d'ailleurs par un Homo festivus de la plus belle eau, un jeune homme qui n'a pas très bien su dire pourquoi il avait tué, mais dont les activités quotidiennes, et les centres d'intérêt (moniteur de voile, musicien amateur, randonneur en montagne, astronome du dimanche), ainsi que l'immaturité (« il a vingt-cinq ans mais il a l'air d'un enfant qui a fait une grosse bêtise », devait dire un des policiers qui l'ont arrêté), fleuraient bon l'hébétude contemporaine culturo-sportive la plus approuvée. Quelques jours après le crime, et sous le coup de l'émotion, trois mille habitants du quartier où vivait Cynthia se sont rassemblés devant les portes du collège que celle-ci fréquentait. La presse a donné une description assez intéressante de ce rassemblement. Certains portaient une bougie, d'autres tenaient à la main un ballon blanc (symbole désormais, comme l'expliquaient les journalistes au cas où on ne l'aurait pas déjà compris, de tous les rassemblements consécutifs aux meurtres d'enfants). En silence, ce cortège a glissé longuement entre les immeubles du quartier, puis tout le monde a pénétré dans un gymnase où était organisée une veillée *autour d'une poupée habillée de blanc*.

Autour d'une poupée habillée de blanc.

Il existe une photo de cette étrange assemblée réunie dans un gymnase pour communier dans la douleur autour de ce fétiche surprenant, lui-même environné comme il se devait de ballons blancs. Cette photo a été publiée dans plusieurs quotidiens. À ma connaissance, elle n'a été accompagnée d'aucun commentaire. Les événements les plus significatifs, de nos jours, deviennent eux aussi, et qui s'en étonnerait, des morts sans sépulture.

Si la littérature du passé a encore le moindre sens, c'est là qu'il se trouve. En face de cette poupée habillée de blanc, on peut placer les différents épisodes de la nouvelle de Maupassant ; et se demander ce qui, précisément, de cette nouvelle au meurtre de la petite Cynthia, en une centaine d'années, s'est transformé ou a disparu.

DU NOUVEL ART NÉCROFESTIF

Ceux qui feignent de s'étonner du succès d'Halloween, ou même de se scandaliser du déferlement de cette festivité supplémentaire, ne font encore, et comme toujours, qu'égarer le public dans des critiques de détail qui se ramènent toutes, en fin de compte, à des approbations globales. Le phénomène, à vrai dire, ne peut être compris qu'à partir de l'hypothèse festiviste. Il est logique et normal, en effet, qu'à l'ère hyperfestive corresponde un nouveau chapitre des attitudes humaines et sociales devant la mort, et même que ces nouvelles attitudes déterminent en quelque sorte une nouvelle période de l'histoire de l'art funéraire en Occident ; et aussi, dans ce mouvement, de nouvelles pratiques sarcophagiques.

Tandis que les obsèques religieuses et l'observation du rituel du jour des Morts ne cessent de perdre de leur importance, des comportements inédits apparaissent, de nouveaux protocoles funèbres se créent. Les professions du funéraire, à la pointe de ce changement ainsi qu'il se doit, proposent aux familles des formules personnalisées et des rites « à la carte ». Comme toujours, bien entendu, il ne s'agit que de tenter de conjurer le non-sens du trépas, et d'essayer de briser cet infini silence. Ne pouvant rien sur le contenu (le mort), on fignole le contenant (le cérémonial d'accompagnement du défunt, puis son tombeau ou son caveau). L'inchangeabilité du fond est compensée par une nouvelle sophistication de la forme ou du style. Ce qui différencie néanmoins le néo-« discours » funéraire de l'ancien, qui s'opposait par son immobilité à un monde en proie au changement, c'est que ce « discours », désormais, est lui aussi la proie du changement général. Il s'offre au devenir festif. La mort n'est plus ce passage dans une autre vie qu'elle avait été si longtemps, ni la séparation du corps et de l'âme, ni le plongeon dans le néant, ni la transformation d'une existence particulière en destin ; elle n'est qu'une fête supplémentaire. Quelques générations récentes, et comme par hasard celles qui avaient eu, ou qui ont toujours, pour la « jeunesse » un culte véritablement immodéré, avaient non seulement planqué la mort, mais elles avaient aussi rêvé sa fin, ou son évanouissement, et même son *dépassement*. Autant de solutions qui ne sont bien entendu que des illusions, et auxquelles se substitue maintenant l'issue esthétique la plus délirante : la dissolution de la *question* de la mort dans la *réponse* festive ; ou dans son exhibition carnavalesque.

Au fur et à mesure, en effet, que ces générations actuellement dominantes se rapprochent de leur impensable disparition, elles affublent celle-ci du costume de guignol qu'elles ont préalablement imposé à peu près dans tous les domaines à la civilisation ridicule qu'elles ont façonnée. Il est d'ores et déjà possible de dire, en balayant tous les futiles à-côtés économiques ou commerciaux de cette affaire, qu'Halloween joue maintenant ce rôle global de Death Pride, ou de Macchab'Parade, que l'ancien jour des Morts ne semble pas du tout, et pour cause, en mesure de remplir. De cette façon, l'époque qui commence, bien loin, comme le prétendent les observateurs, de regarder à nouveau la mort en face, a au contraire trouvé un moyen supplémentaire de la refouler : elle la gratifie du nez rouge qu'elle met à tout le reste. Elle la socialise de la seule manière qui lui soit accessible : en la festivisant, c'est-à-dire en la faisant tomber au plus bas stade anthropologique qui ait jamais été. Pour s'en débarrasser, elle la clownifie. Ainsi l'inhumain rejoint l'inhumain.

D'une certaine façon, l'époque qui commence animalise la mort. Elle la bestialise en la reconduisant, par les voies qui lui sont habituelles, au giron de l'indifférencié ou de l'immanent, qui est le vaste cimetière des éléphants de toutes les différenciations des temps historiques. C'est d'ailleurs probablement le seul moyen que se connaisse l'homme mutant de maintenant pour remettre ce phénomène au centre de la vie ; et la seule façon qui lui reste d'immortaliser encore ses morts.

Il demeurait une dernière frontière à faire tomber, une ultime ségrégation : celle qui séparait les vivants des défunts ;

et la cité des morts de celle des survivants. Dans certaines civilisations anciennes, les morts revenaient se mêler à la société lorsque cette dernière était en proie à une crise quelconque, à une perturbation fondamentale, à un renversement des interdits. Les morts, alors, hantaient les vivants. Les vivants, aujourd'hui, non seulement se déguisent en morts, mais ils déguisent leurs morts en clowns. Et il ne semble plus vraiment très loin, le moment où les fonctionnaires de la lacrymocratie et les industriels du festif de lamentation proposeront des journées Cimetières en fête (à la façon dont il existe une journée Bistrots en fête), des week-ends Découverte-corbillards, ou des opérations Caveaux portes ouvertes, des semaines Rage de mourir et des Nécro-Folies. Au cœur des villes muséifiées, c'est-à-dire devenues des cimetières en fête, il était logique qu'à leur tour les cimetières, devenus friches ludiques, soient au diapason.

L'objet funéraire lui-même, qui n'était déjà plus, depuis bien longtemps, signe de résurrection, devient signe de festivisation à travers sa nouvelle esthétisation. Il y a quelques mois, dans ce style jovial et laborieusement humoristique derrière lequel l'époque sait si bien masquer, d'ordinaire, qu'elle ne s'adresse à vous que pour vous intimider et vous donner des ordres (l'ordre d'admirer et de participer en tout premier lieu), *Le Nouvel Observateur* annonçait qu'il y avait du nouveau dans les cimetières ; et que l'art funéraire se mettait à la page. « Finis les garages à tombes et les urnes en marbre reconstitué façon pot de chambre, voici venue l'ère de la nouvelle mort, avec ses stèles en forme de motos, ses colliers de cendres et ses urnes en forme de nounours. » Le delirium tremens moderniste, comme on voit, n'épargne aucun domaine. À la façon dont il existe, paraît-il, une « culture techno », on peut dire maintenant qu'apparaît une « culture nécro » ; et elle n'a rien à envier, bien entendu, quant à la splendeur de ses réalisations, au style des mausolées de Rome ni aux pyramides d'Égypte ; encore moins, cela va de soi, aux nécropoles chrétiennes.

Cet art sarcophagique à part entière est d'autant plus significatif qu'il est *citoyen*. Il représente même, si on y songe bien, le comble de la citoyenneté en matière esthétique puisqu'il a pour ambition de faire s'épanouir le « sens de la fête » jusque sur le terrain des « valeurs montantes » de la compassion. On peut donc voir maintenant des artistes spécialisés sculpter des « cercueils-luges » (pour les ci-devant fondus de la glisse ?), des « pierres tombales dont surgit un poing levé » (pour les derniers électeurs du parti communiste ?), des cercueils « téléguidés avec roue de secours en forme de couronne » (pour les défunts accros de la bagnole en même temps que de l'électronique ?), et d'autres encore qui affectent l'allure de « boîtes de sardines à moitié ouvertes », et même des tombes *iconoclastes* dont jaillissent « deux jambes de french-cancan ». Ça bouge sérieux, en effet, dans le monde du funéraire. Ça bouge et ça bouffonne. L'*esprit créatif* s'en donne à cœur joie. On peut aujourd'hui se faire dresser sur sa tombe une moto en bronze, un piano à queue, un œuf d'autruche, ou encore la reproduction fidèle de son téléphone portable favori, gigantesque et en marbre et avec les touches. Le monde de la mort est en effervescence. Il s'agit, explique un de ces artistes de bonne volonté, d'« aider à relativiser la douleur par l'humour et une certaine dérision ». C'est le cimetière qui rigole ; ou l'urne qui se marre. Le deuil se hausse jusqu'à la dignité du poisson d'avril. Une autre artiste s'aventure encore à analyser en finesse cette demande toute neuve de personnalisation funèbre : les gens se rebiffent, dit-elle, « ils veulent reprendre en main un destin dont ils se sentent de plus en plus dépossédés. On leur vole leur vie ? Ils se réapproprient leur mort ».

Il pourrait sembler étrange, cependant, que cette reprise en main, ou ce vigoureux projet d'autogestion, se réalise à travers des cercueils-luges, des tombes en forme de boîtes de sardines ou de motos en bronze, si l'on ne comprenait aussitôt qu'il s'agit là d'un indice parmi tant que l'on ne peut plus rien se « réapproprier » autrement qu'en le festivisant. La mort, comme disait l'autre, n'est pas un événement de la vie ? Elle le devient à partir du moment où la vie elle-même n'est plus qu'un événement de la fête. À la piété funéraire de jadis, succède, comme dans tous les autres domaines, une lourde et vaniteuse carnavalisation. Si l'homme d'avant la grande mutation était un être-pour-la-mort, le mort d'aujourd'hui est un être-pour-la-fête. Le festif n'est plus seulement le code régissant les moindres aspects de l'existence telle qu'elle a été récemment métamorphosée ; il loge aussi au cœur de toute l'entreprise moderne de *changement* de la mort. Et Nécropolis n'est plus, dans ces conditions, qu'un des mille quartiers de Festivopolis.

JANVIER 1999

DU TOURISME CITOYEN

Quand Homo festivus part en voyage, ce pèlerin opiniâtre de la nouvelle sensibilité incriticable ne saurait le faire qu'avec l'intention d'imposer partout où il va, et même s'il ne cesse de raconter le contraire, l'ensemble de ses « valeurs ». Sous ses pas, aucune cité, aucun pays, aucun peuple, aucune civilisation, aucune coutume ne peut prétendre continuer à bénéficier de la moindre immunité. La plus insignifiante bourgade est sommée d'en finir avec ses comportements particuliers, dans le cas où ceux-ci auraient le malheur d'entrer en conflit avec les règles dont Homo festivus s'estime le détenteur. Rien de ce qui lui est étranger ne doit demeurer humain, c'est-à-dire imparfait, capricieux, redoutable, imprévisible. Tout ce qu'il ne comprend pas doit être éradiqué. Tout ce qui prétendait appartenir encore à l'ancien monde historique doit être supprimé.

Aucune singularité, sous son contrôle, ne peut bénéficier du moindre droit d'asile, même aux antipodes, et même dans l'enclos de ses propres frontières. Il serait inconcevable, en effet, que les pays du monde ne soient pas soumis au principe d'abolition systématique de toutes les distances, de toutes les séparations, de toutes les individuations et de toutes les oppositions qui s'exerce par ailleurs avec tant de virulence et d'efficacité, et dans tant de domaines. Qu'Homo festivus se rende à Pékin, dans le bush australien, en Andalousie ou en Tasmanie, en Sicile, en Floride ou en Tanzanie, ce sont ses propres impératifs catégoriques dont il entend retrouver la sourcilleuse application ; ou, sinon, les y installer. Les pays qu'il visite, et leurs habitants, doivent promptement se bonifier pour qu'il y existe. Homo festivus est ce nouveau touriste, d'un genre encore jamais analysé, qui a résolu d'*être tout*, partout où il se rend ; et que ceux qu'il côtoie n'y soient presque plus rien, sauf à y ressembler à son autoportrait. Il n'entend aucunement se soumettre, ou s'adapter, à ce qu'il voit. Et les territoires qu'il parcourt n'ont d'espoir de survie que s'ils cessent d'être au service d'eux-mêmes pour se mettre à son service.

L'Afrique ou la Chine à travers lesquelles pérégrine Homo festivus ne doivent plus être l'Afrique ou la Chine selon les Africains ou selon les Chinois, mais l'Afrique ou la Chine selon lui-même ; et selon sa morale. Et tout ce qu'il ne pourra modifier et recalibrer, ou folkloriser, rejoindra le musée ou l'asile de fous ; ceux-ci devenant du même coup les conservatoires de l'ancien monde concret. Dans ces conditions, on imagine mal que puissent se poursuivre très longtemps encore, comme en Haïti par exemple, ces procès pourtant « légaux », mais également odieux, bien sûr, où on condamne un animal à mort parce qu'il a été reconnu coupable de possession par un mauvais esprit ; et ces « fêtes des vierges » de Bangkok où, dans le quartier chinois, des petites filles sont déflorées au nom d'une croyance selon laquelle leur espérance de vie sera ainsi prolongée. Il est même plus que probable que la vigilance touristique saura en finir, un de ces jours prochains, avec les fastes sanglants de la tauromachie. Ce n'est plus la Terre qu'arpente Homo festivus, c'est la touristosphère ; et il réclame d'elle cette

Transparence qu'il exige du reste, des intrigues de l'État comme des plages ou des montagnes, et de la mort elle-même sommée de s'exhiber dans ses atours de fêtes et sous des pierres tombales redesignées.

Les maîtres du nouvel univers excursionnaire sont eux-mêmes les premiers *penseurs*, et les premiers *doctrinaires*, de ce nouveau vertuisme de plaisance à prix fracassés. Il y a déjà bien longtemps, les très redoutables voyagistes de Nouvelles Frontières déclaraient avec fierté que leur but n'était nullement mercantile : il s'agissait, au contraire, de « changer les rapports entre les pays riches et les pays pauvres ». Le marchand de tourisme est l'un des principaux marchands de sommeil de l'époque qui commence. Et ce sont aujourd'hui tous les éditeurs de guides touristiques qui se veulent, comme un seul homme, à l'avant-garde de ce grand mouvement de propagation du Bien en charter et de la philanthropie en camping-caravaning. À ceux qui naguère déclaraient refuser de « bronzer idiots », répondent les nouvelles générations de zélotes qui ont résolu de « bronzer vertueux » ; et, pour commencer, de chanter à travers tous les pays les acquis occidentaux les plus incontestables des dernières décennies. « Il n'est plus question, aujourd'hui, de faire l'impasse sur les minorités sexuelles, ethniques ou simplement exotiques qui animent certains quartiers des grandes métropoles et qui représentent parfois un des buts du voyage », déclare ainsi courageusement un éditeur de néo-guides. En d'autres termes, il s'agit d'indiquer au nouveau touriste, lorsqu'il se trouve ailleurs, ce qui existe déjà chez lui. Le même, ici encore, ne rencontre que le même ; à ceci près que ce même, désormais, est repeint aux couleurs héroïques de l'excentricité (minorités sexuelles, ethniques, etc.), donc de cette marginalité, devenue centre tout en continuant à se prétendre marginalité, sans laquelle aucun consensus efficace ne saurait régner. En revanche, poursuit ce même éditeur de néo-guides avec une soudaine et incorruptible sévérité, nos ouvrages « peuvent de moins en moins donner le sentiment qu'ils cautionnent certains régimes ou pratiques contestables, voire inadmissibles ». C'est en effet dans un climat typiquement hyperfestif de concurrence humanitaire que toutes les collections de livres touristiques rivalisent de bonnes intentions, préviennent leurs éventuels acheteurs au cas où ceux-ci, par exemple, auraient le projet de se rendre dans un pays écrasé par une dictature militaire ou dominé par un quelconque fanatisme résiduel, et leur déconseillent d'aller conforter ces insupportables régimes en leur donnant de l'argent. Il ne s'agit plus seulement de voyager loin ; il s'agit, lorsqu'on sera loin, de marcher dans le Bien ; et de ne marcher que là-dedans ; et que loin et Bien soient enfin synonymes. Ainsi, non content d'avoir privé le voyage de la réalité de l'espace, se flatte-t-on de lui ôter la réalité humaine *autre* (si détestable qu'elle puisse être dans certains cas) qui était son but. Les guides *Lonely Planet,* qui peuvent se féliciter de promouvoir un « tourisme responsable », ont reçu l'année dernière d'unanimes applaudissements après la publication de leur ouvrage sur la Birmanie parce que, d'entrée de jeu, ils mettaient en garde les lecteurs contre la junte qui y règne ; et les conjuraient de ne pas s'en rendre complices, fût-ce involontairement. À quoi d'ailleurs un autre fabricant d'ouvrages de piété, les *Guides du Routard,* ripostait aussitôt : « Dire en trois mots que les colonels birmans sont des tyrans, tout le monde le sait et le fait déjà. En revanche, il me semble beaucoup plus courageux d'évoquer les manquements aux droits de l'homme dans des pays très proches de nous. » Un vertueux trouve toujours un vertueux plus vertueux. Et ainsi, au fil de ces épisodes touristomachiques, se raffine à chaque instant ce projet d'Inquisition suave, ou de Vigilance universelle, auquel les maîtres de l'univers excursionnaire ne sont pas les derniers à apporter leur concours, même s'ils le font les uns contre les autres, et selon les principes d'une très roborative compétition.

DES VÉRITABLES MOTIFS
DE LA DISPARITION DE L'ESPACE

Le tourisme n'est plus seulement, comme il y a une trentaine d'années, l'encouragement à aller voir au loin « ce qui est devenu banal » ; il est d'abord l'injonction d'aller se prosterner devant ce qui est devenu moral ; ou de dénoncer ce qui ne l'est pas encore suffisamment ; et une chasse ouverte en permanence pour débusquer le négatif partout où il aurait encore l'audace de subsister sous une forme ou une autre. Le néo-touriste de l'ère hyperfestive ne peut que juger inconciliables avec lui-même certaines mœurs qui n'ont perduré que tant qu'il ne s'en est pas mêlé. Il y a quelques années, tombant au fin fond de l'Espagne sur une fête villageoise cruelle au cours de laquelle on battait sauvagement un âne avant de le chasser de la commune, deux ou trois Homini festivi d'origine américaine s'indignèrent d'un tel traitement, et, revenus chez eux, en appelèrent à la conscience universelle ; laquelle, par le moyen de relais multiples, d'efficaces interventions et de propices chantages, obtint l'abolition, ou du moins l'adoucissement (on ne bat plus l'âne émissaire, on se limite désormais à l'injurier), de ce rituel inhumain dont l'origine plongeait dans la nuit des temps (*un jour*, un étranger monté sur un âne avait débarqué puis, toujours sur son âne, était reparti en enlevant la plus belle fille du village), et qui tenait *ensemble* tant bien que mal, sans doute aussi depuis la nuit des temps, les habitants de cette cité perdue. L'histoire, pour édifiante qu'elle soit, ne dit cependant pas ce qu'il est advenu des habitants de ladite cité depuis que leur a été ôté le droit de régler, avec tant de stupide mais efficace barbarie, et par le biais d'une malheureuse victime expiatoire, le délicat problème de leur vivre-ensemble. C'est ici que l'imperfection des hommes concrets, une fois de plus, entre en conflit radical avec la transcendante perfection hyperfestive ; et, comme de juste, se trouve vaincue dès le premier round.

Le tourisme avait d'abord été une agréable manifestation de l'ancestrale curiosité des êtres humains ; et une démonstration sympathique de leur capacité d'émerveillement. Le tourisme, alors, ne consistait qu'à aller voir ailleurs ce qui ne pouvait être que radicalement différent d'ici. De cette façon, et sous cet éclairage, il s'apparentait à l'envie élémentaire de l'enfant de se glisser sous une robe pour y faire l'apprentissage du spectacle de la différence des sexes ; envie dont il a été dit, mais c'était en d'autres temps désormais parfaitement incompréhensibles, qu'elle était à l'origine de toute activité intellectuelle.

Un peu plus tard, avec l'ère des masses, le tourisme est naturellement devenu un crime approuvé contre la planète, et aucune des multiples diatribes élevées contre ce crime n'a pu faire la moindre preuve de son efficacité. Mais c'est seulement aujourd'hui, et alors qu'il envisage d'étendre son cauchemar presque à l'infini, que le tourisme invente de se rendre impunissable, et de manière imprescriptible, en couvrant ses forfaits grandissants du discours de la morale occidentale de l'époque qui commence. Cette morale étant sans sexe, comme il se doit de toutes les choses *correctes* de notre temps, et de toutes ses activités dûment homologuées, il est logique qu'elle croisse et embellisse sur l'exclusion de cette curiosité envers le différent qui était la seule légitimation du déplacement touristique. C'est au contraire du même, et toujours du même, et partout du même, qu'exige avec une croissante véhémence le pérégrineur contemporain, au gré des navettes d'acheminement et des congés scolaires. À la détérioration achevée, succède une forme plus subtile de déterritorialisation. Le monde hyperfestif n'a pas seulement perdu l'autre, en se lançant dans une guerre victorieuse contre tout ce qui lui apparaissait comme discordant, divergent, contradictoire ou antagoniste ; il est aussi cet univers très particulier qui a perdu tout ailleurs, et qui a égaré la notion même d'espace extérieur en tant que contrepartie à ce qui est ici ; et c'est sans doute pour conserver à travers un mot le souvenir de ce qui a été concrètement détruit que notre temps fait un abus aussi démentiel, et dans tous les domaines, de la notion d'*espace* (jusqu'au parti communiste qui a rebaptisé « Espace Marx » son ancien centre d'études marxistes désormais disneylandifié). Mais il ne suffit pas, comme le constatait *Libération* il y a quelques mois, de remarquer platement que la « géographie publicitaire » efface désormais les continents, que « chaque publicité de voyage se confond, à s'y méprendre, avec quantité d'autres qui couvrent un autre continent, une tout autre contrée, à des milliers de kilomètres de chez soi » ; ou que les candidats au déplacement se laissent avec de plus en plus de soumission catapulter indifféremment, et à la dernière minute, « en Asie ou en Afrique, dans l'Océan Indien ou aux Antilles, au Proche-Orient ou en Amérique » : si l'indifférence règne aussi dans ce domaine, c'est parce que toutes les différences concrètes qui existaient entre tant de pays si éloignés les uns des autres, et à l'intérieur même de ces pays, ont été préalablement éliminées. Ici comme ailleurs, il s'agissait de faire place nette. Et de réhabiliter l'univers concret pour le transformer en *cercle vertueux*. La carte, comme dans la vieille fable bien connue, ne recouvre plus le territoire ; ce sont les droits de l'homme qui s'en chargent. À prix soldés, et selon les offres du marché.

DU TOURISTE ET DE SA BÊTE NOIRE PROVIDENTIELLE

Déterritorialisateur et convertisseur tyrannique, Homo festivus, qui est en même temps et toujours un adulte retombé en enfance, ne saurait donc avoir le moindre goût pour ce qui ne lui ressemble pas. Et comme ce qui ne lui ressemble pas a été définitivement classé par lui dans la rubrique « archaïsmes et autres divagations malfaisantes », il ne peut qu'en demander la disparition ; et avoir gain de cause. Le retournement de la prédation touristique en catéchèse des droits de l'homme est le coup de force par lequel le touriste contemporain assoit une légitimité dont on peut être certain qu'elle lui survivra. Que ce soit en charter, par bateau ou en car, tous ses déplacements se font sous le couvert du droit d'ingérence. Partout où il se trouve, ce convertisseur si satisfait de lui-même a la loi pour lui ; et tout ce que ce prêcheur pourrait rencontrer qui ne s'accorderait pas avec sa perpétuelle homélie devrait être bien entendu éliminé d'office.

À la curiosité pour la planète, succède son annexion. Homo festivus, lorsqu'il part en voyage, se veut bien sûr, et comme toujours, aussi jeune que possible, ouvert, tolérant, joyeusement accessible à tous les particularismes. Il se définit aussi avec fierté, sans que personne ne songe à lui contester ce titre, et parce qu'il ne saurait exister, dans ce domaine comme dans les autres, sans le label de l'« anti-conformisme » ou de la « rébellion », comme *anti-touriste* ; mais ce que ce militant de la sécurité mondialisée poursuit d'un bout du monde à l'autre, c'est le roman de sa conquête et l'extension colonialiste de ses « idéaux », dont il ne lui vient jamais un seul instant à l'esprit qu'ils ressuscitent à nouveaux frais l'ancien impérialisme ; et aussi qu'ils pourraient n'être que de nouveaux préjugés qui n'auront qu'un temps (et que déjà menace de délégitimation une critique elle-même imprévisible).

Le plus astucieux des guides bénisseurs de notre époque, celui du *Routard*, dont la collection forme déjà une sorte de compendium de tous les clichés replets de notre temps, et qui ne manque jamais une occasion de protéger le lecteur de toutes sortes de dangers, jusques et y compris en Bretagne (à La Trinité-sur-Mer, par exemple, dont il n'omet pas de signaler que l'air en est empuanti par le fait que Le Pen y est né), se commémorait lui-même, il y a quelques mois, et faisait ainsi sa publicité dans une petite brochure : « Ça fait vingt-cinq ans qu'on y croit », commençait-il. Et à quoi donc croyait ce conquérant inattaquable qui se flatte, en honnête séditieux de synthèse, ou en vociférateur institutionnel, de ne jamais avoir eu peur « de proclamer ses jugements, ses coups de cœur et de gueule » ? La réponse venait illico sous la forme d'une litanie qui se voulait probablement drôle, décontractée et poétique : « Les voyages, l'avenir, l'andouillette, les fous rires, les galères, la générosité, les surprises, l'humanité, l'indépendance, les bistrots, l'honnêteté, l'air pur, la tolérance, les duvets, la confiance, l'humour, la résistance, la marche à pied, les baskets, la musique, les sandales, les escales, la solitude, la multitude, l'énergie, l'envie, les droits de l'homme, les rencontres, l'été, la terre, les musées, les couettes, les paysages, les visages, le hasard, la nécessité, les villes, les langues, les coups de foudre, l'insolite, le soleil, l'éternité, l'espace, le respect, la curiosité, les doigts de pied, l'intensité, le cœur, la liberté. » Et ce bric-à-brac qui ne devait rien au hasard, mais tout au bréviaire de la foi moderne du rebelle bedonnant, se concluait ainsi : « Merci à tous les Routards qui partagent nos convictions. »

Ce serait un plaisir pour l'esprit d'inventer, un de ces jours, un roman dont les personnages seraient des enquêteurs employés par un de ces nouveaux guides citoyens, et qui patrouilleraient à travers le globe avec pour mission de traquer, dans ses moindres repaires, tout manquement à la nouvelle positivité définitive. Les aventures de ces examinateurs inédits, et de ces missionnaires d'une planète *zéro défaut*, éclaireraient à la fois ce qu'il reste du monde et ce que la nouvelle humanité entend que ce reste devienne.

Le tourisme de masse, en unifiant la Terre, l'avait anéantie. La mise à mort des distances, de l'espace, de la géographie et de toutes les discordances qui allaient avec, l'a du même coup privé de sa valeur d'usage. La morale le rhabille et se charge de lui donner un sens de seconde main ; et une valeur d'échange qui flottera désormais comme une brume au-dessus de cette planète gommée parce que festivisée. La dislocation déjà ancienne de la famille, où les individus étaient formés, modelés, éduqués, protégés, conduit à une tentative désespérée de reconstruction de celle-ci à un niveau supérieur et collectif. Mais la famille universelle ou planétaire, à l'inverse de la vieille institution familiale de type patriarcal, n'a pas pour but de fabriquer des individus qui deviendront des adultes : elle n'est capable de produire que des « jeunes » ou des enfants, et sans doute le touriste lui-même, si adulte qu'il puisse paraître, n'est-il qu'un condensé ambulatoire de ces deux états, précipités dans le mixer festif de la touristosphère. Comme tel, il incarne l'apologie sans fin d'un univers dépourvu de sens où la suppression des distances a entraîné le dépérissement de la réalité, et où la fête est devenue l'au-delà d'un en deçà presque effacé, ou encore le « ciel » d'une Terre désormais presque inexistante.

Une nouvelle fois, le monde se retrouve transformé, mais cette fois à l'image du rêve pieux qu'Homo festivus veut imposer à tout ce qu'il touche. Le voyage dévastateur du touriste moderne se soutient d'une image de vertu qui n'est que l'autre nom de la mise à mort de l'altérité. Barthes notait, il y a quarante ans, que dans le *Guide bleu* la réalité humaine disparaissait au profit des paysages pittoresques et des monuments ; lesquels, privés de leur dimension historique (humaine), devenaient eux-mêmes indéchiffrables. L'ère hyperfestive a su remédier à cette carence. Le monde des néo-guides est de nouveau habité. Et les mœurs, dans chaque pays, en sont de nouveau la cible ; mais c'est pour en dénoncer les derniers particularismes, et réclamer leur suppression lorsque ceux-ci ne cadrent pas avec notre programme de purification générale des rapports humains. Ainsi, dans l'époque qui commence, le voyage redevient-il pleinement, mais sur de nouvelles bases, et au nom de nouveaux idéaux dominants, l'expression de ce système appropriatif qui régnait déjà il y a quarante ans.

C'est dans ces conditions que le marchand de tourisme, de même que les troupeaux qu'il est chargé de cornaquer dans toutes les directions, se sont trouvé une bête noire providentielle dont la montée en épingle les protège miraculeusement contre toute critique. Cette bête, ce monstre, cet être inconcevable, ce vampire odieux dont on se refuse presque à écrire le nom, c'est le *touriste sexuel* ; et plus celui-ci sera noir, plus les autres touristes apparaîtront gris, ou même peut-être blancs comme l'innocence même.

Devant le touriste sexuel, le crime touristique ordinaire et massif, ou encore le tourisme ordinaire en tant que crime de masse, perdent presque toutes leurs caractéristiques criminelles ; ou, du moins, celles-ci pâlissent. Elles gagnent même une légitimité. Tant qu'il y aura des touristes vertueux, le touriste sexuel, de son côté, jouira d'une sorte de garantie de l'emploi, ou d'inamovibilité, parce qu'il est indispensable pour que, par contraste, le touriste ordinaire apparaisse immaculé, presque nécessaire. Bien mieux, bien plus talentueusement que tous les militaires dictatoriaux encore en activité ici ou là, bien plus efficacement que tous les intégristes massacreurs que compte encore notre planète, le touriste sexuel concentre et représente cette *jungle* que le touriste ordinaire occidental, dans ses meilleurs moments, se charge de faire reculer à grands coups d'indignations et de pétitions pour que le monde qu'il entend arpenter jusqu'à la fin des siècles ne soit que la réserve protégée ou le parc national à son image et ressemblance dont il estime qu'ils lui sont dûs. En un mot, le touriste sexuel est un salaud utile ; et même indispensable. S'il n'existait pas, il faudrait l'inventer. Et, par-dessus le marché, hélas, il existe. Quand il ne se contemple pas dans les miroirs abstraits où il se trouve si beau, Homo festivus descend, pour se faire peur, jusqu'à regarder dans les bas-fonds malsains des Philippines, de Thaïlande, d'Indonésie, de Colombie ou de Malaisie, dans tous les quartiers « chauds » et glauques de ces contrées effrayantes (auxquelles il faut d'ailleurs ajouter maintenant les anciens pays de l'Est), où grouille le touriste sexuel en quête de proies à dévorer ; et où le business de la pédophilie voyageante (des prostituées ou prostitués aux médecins qui les examinent en passant par les caissiers, serveurs, restaurateurs, portiers d'hôtel, employés de sauna et bien sûr clients) représenterait près de quinze pour cent du Produit intérieur brut ; et il se demande comment éradiquer toute cette horreur.

Une semblable lutte de Titans ne saurait demeurer étrangère à l'Union européenne, qui n'est elle-même, sous cet angle, qu'une vaste agence de voyages pour peuples en congé illimité d'aventures historiques. En novembre dernier, à Bruxelles, et dans l'espoir d'accélérer la *prise de conscience* de tout un chacun, des Organisations non gouvernementales, réunies au Salon international du tourisme, ont fini par accoucher d'une trouvaille : elles ont lancé la distribution de trente mille « étiquettes bagages » destinées aux passagers d'avions et appelant à « cesser l'exploitation sexuelle des enfants ». Lutter contre le Mal à coups d'étiquettes est une invention qui mériterait de demeurer dans les mémoires. Les voyagistes eux-mêmes, dont on peut désespérer qu'ils soient jamais traînés devant des tribunaux pour planéticide, et tous les industriels de la « mort qui vit une vie humaine », c'est-à-dire tous ceux qui vivent du tourisme *normal,* ne manquent plus une seule occasion de faire savoir qu'ils sont en guerre contre un pareil fléau. Ils se disent même résolus à cesser de signaler à leurs clients Patpong, la « rue du sexe » de Bangkok, qui est de toute façon mondialement connue. Quant au *Guide du Roublard,* dans son édition « Thaïlande 98-99 », il a comme de juste pris une position dont *Libération* écrit qu'elle « l'honore » puisqu'il vitupère contre le « véritable esclavage moderne » qui règne dans ce pays. Malheureusement, à la rubrique « massage », il paraît que ce même guide se laisse très coupablement aller jusqu'à indiquer comment négocier avec les masseuses, ainsi que les pièges à éviter lorsque vous avez affaire à de telles personnes. On ne saurait être parfait. Un vigilant trouve toujours un vigilant plus vigilant. Et la vertu est un ouvrage qu'il faut sans relâche remettre sur le métier. Ce n'est d'ailleurs plus par le vice, comme jadis, que la vertu est menacée, mais par une sur-vertu en perpétuel éveil, et dont l'inlassable mansuétude ne veut rien négliger. La benoîte collection *Lonely Planet* elle-même, dans ce domaine épineux, n'est pas sans reproches puisque, après avoir signalé le risque pénal encouru par les pédophiles, elle oublie de rappeler que l'on peut aussi être poursuivi, de retour en France, et pour ce même crime. En effet, il ne saurait y avoir de liberté, ni d'immunité, ni de droit d'asile, pour un tel ennemi.

Dans ce pédophile touristique, dont il a tant besoin pour apparaître lui-même sous le masque de la belle âme, Homo festivus n'est donc pas près de reconnaître son double maléfique, ou une caricature un peu poussée de lui-même. Ce sinistre personnage, qui ne traverse des frontières et ne survole des continents que pour transgresser incestueusement des interdits élémentaires, ne fait pourtant qu'aller jusqu'à l'extrême bout du nouveau programme *religieux* d'indifférenciation et de promiscuité dont notre époque poursuit la réalisation, et dont elle semble avoir tant de raisons d'être fière. En ce sens, il est l'*aveu* de ce qu'elle ne dit pas.

NAZIZANIE

Le brutal commencement de décomposition du Front national, le spectaculaire crêpage de chignon de ses chefs, et l'ébauche de débâcle inespérée que l'on voit souffler sur toute l'extrême droite, constituent une de ces bonnes nouvelles comme l'année qui s'achève en a compté si peu. Et ce qui subsiste encore d'esprits libres ne devrait avoir qu'à s'en féliciter.

La perspective d'être débarrassés enfin, par étripage mutuel de ceux qui le distillent, du poison lepéno-mégrétiste, aurait dû être accueillie avec des cris de joie. Il est du plus haut intérêt, dans ces conditions, qu'un pareil événement (et, pour le coup, il s'agit d'un événement : même s'il n'est encore qu'embryonnaire, il a de l'événement *en soi* toutes les caractéristiques, la soudaineté, la violence, l'imprévisibilité, etc.) ait été salué avec tant de réserves par la plupart de ceux qui se sont fait une sorte de spécialité professionnelle de combattre sans cesse le néofascisme ; et qui ne brillaient que par cette noirceur à laquelle ils avaient déclaré la guerre.

Qu'est-ce qui leur arrive ? Pourquoi tant de fines bouches ? On dirait que cette affaire ne fait pas leur affaire. Pourquoi tant de prudences et tant de réticences ? À peine ont-ils feint de s'amuser du bout des lèvres de la bouffonnerie de la situation, des trahisons familiales qu'elle engendrait, de l'odeur de mafia ou de guerre des gangs qu'elle révélait, et de la vulgarité des acteurs de ce « combat de loups ». Les plus honnêtes ont observé que ce n'était finalement pas l'indignation des militants du Bien qui avait raison de la « peste brune », mais le ridicule même que cette dernière s'était mise brusquement à produire à jets continus, et pour s'en étouffer. Mais l'allusion pittoresque à Brutus et à César, mille fois reproduite, a masqué quelque chose de bien plus significatif. Aucun analyste, en effet, ne semble avoir même discerné l'aspect le plus paradoxalement comique de tout ce rififi fascistoïde : que les frères ennemis n'aient rien trouvé de mieux, lorsqu'ils ont voulu s'insulter mutuellement, que d'utiliser les mots de leurs adversaires : « extrémiste », « raciste » ou « putschiste », autant d'injures, en effet, qui ne relèvent bien entendu nullement du lexique de l'extrême droite, mais qui sont au contraire puisées dans celui de la gauche ; ou, d'une façon plus générale, dans celui des défenseurs de la démocratie quand ils veulent stigmatiser ceux qui la menacent.

L'inquiétude des commentateurs les a-t-elle à ce point aveuglés qu'ils n'ont même pas été capables de voir qu'en utilisant ce langage, Le Pen, Mégret ou leurs acolytes reconnaissaient qu'ils ne possédaient rien *en propre*, et sans doute qu'ils n'avaient jamais rien possédé en propre, et pas même un vocabulaire spécifique, c'est-à-dire les possibilités d'exprimer une vision du monde à nulle autre pareille, et prouvaient par là, sans même le savoir, qu'ils n'avaient jamais cru à eux-mêmes ; et qu'aucune *valeur* fondamentale ne les séparait réellement de ceux (leurs ennemis) qui les ont créés à l'image et à la ressemblance de leur exécration utile ? Les mégrétistes sont même allés jusqu'à se servir des arguments de la gauche en matière pénale, par exemple lorsqu'ils ont accusé Le Pen d'« enrichissement familial » et d'« abus de biens sociaux » : autant de délits que leur libéralisme économique plastronné ne devrait même pas les conduire, logiquement, à tenir pour des peccadilles. Quand il leur a fallu se faire entendre des médias, ils ont donc employé le vocabulaire de ceux dont ils sont supposés depuis si longtemps réfuter les moindres concepts ; et ils ne s'en sont même pas aperçus ; et la majorité de leurs adversaires, d'habitude si sourcilleux en matière de lexique comme de « dérapages », n'y a vu que du feu.

C'est pourtant là, et d'abord là, qu'ils exhibaient l'essentiel de leur immense misère ; et les raisons pour lesquelles ils représentaient, depuis des années, l'un des phénomènes les moins *intéressants* de notre époque (et cet inintérêt évident jugeait déjà, par lui-même, tous ceux que *passionnait*, fût-ce réactivement, et mobilisait corps et âme, un si piètre phénomène). Que devient, dans de telles circonstances, le courage de tous ces croisés qui n'écoutaient que leur héroïsme et jetaient de formidables cris de colère contre le *ventre encore fécond* ? Que devient *Charlie-Hebdo* ? Que deviennent tant d'acteurs, de médiateurs, de metteurs en scène engagés depuis si longtemps dans cette juste lutte ? Que devient, pour ne choisir que cet exemple, la grande *campagne de promo* du chanteur Pierre Perret, et son CD-brûlot par lequel, il y a quelques semaines, on nous annonçait qu'il partait en guerre contre la « valse des croix gammées » ? Que deviennent tous ceux qui ne se connaissent plus depuis si longtemps d'autre *raison d'être* que l'antilepénisme ?

Certes, pour le moment, il ne s'agit encore que d'une timide étape dans le processus de dégonflement du ventre en question. Les électeurs qui avaient sorti l'extrême droite de l'ombre ne se sont pas résorbés comme par enchantement, et les causes pour lesquelles ils en étaient devenus les électeurs n'ont pas disparu ; mais l'affaiblissement, si modeste soit-il, de cette formation, et le léger recul de sa nocivité, ne devraient que faire exulter ceux qui la combattaient. Si Le Pen et son parti représentent ce danger absolu qu'ils ne cessent de désigner, comment ne pas se réjouir de les voir commencer à rejoindre le néant, et pour ainsi dire de leur plein gré ? Pourquoi tant de prudence devant ce premier échec de la peste et du choléra réunis ? Serait-ce parce que, comme devait l'écrire *Libération* avec une curieuse ingénuité, « Jean-Marie Le Pen est devenu bizarrement indispensable au bon fonctionnement de la démocratie française » ; et que, « sans lui, on en serait réduit aux livres d'histoire pour avoir un avant-goût du caractère tragique de ses thèses ». Ce qui amène l'éditorialiste à conclure que Le Pen, en fin de compte, et même si cela paraît le comble du paradoxe, « rend vraiment beaucoup de services à la démocratie » ? On ne pourrait que trembler, à lire ces lignes, pour l'avenir d'un régime qui ne se connaîtrait plus d'autre soutien que négatif, ni d'autre salut que dans l'agitation de l'épouvantail néofasciste ; et qui n'espérerait plus être aimé que contre ce danger. On peut aussi se demander si, en l'occurrence, il s'agit réellement de la démocratie ; et s'il ne s'agit pas plutôt de la façon dont elle est instrumentée par ceux qui n'ont le pouvoir qu'en fonction de ce qui est supposé la menacer ; et qui ne peuvent garder ce pouvoir qu'à condition que cette menace perdure. Le pire service que pourrait leur rendre Le Pen, dans ces conditions, ce serait en effet de disparaître. Et maintenant, voilà qu'à force de crier au loup, c'est le loup lui-même, justement, qui commence à crever. Comment ne pas en être heureux quand on sait que ce loup, depuis tant d'années, ne servait en réalité qu'à interdire toute pensée, toute sensation, tout propos non conformes à ceux des adversaires du loup ? Dans ce sens, ce sont les Vigilants du Bien, et toutes les milices vertuistes, qui ont le plus à perdre à cet effondrement. Si ce dernier se confirme, c'est une bouffée d'oxygène qui va peut-être s'offrir à tout ce qui avait été réprimé si longtemps par les matons de Panurge au nom de la lutte indispensable contre la « bête immonde ». Le Pen était le verrou permettant de tenir éternellement fermée la porte derrière laquelle avaient été relégués par ses adversaires l'irrespect, la dissidence, l'humour, la négativité, toutes les autres figures de la liberté de pensée, et jusqu'à la plus simple lucidité. C'était le Saddam Hussein de ces Clinton de poche : ils avaient besoin qu'il existe pour lui taper dessus, et ainsi faire oublier ce qu'ils étaient, donc écarter la menace de séances d'*impeachment* qui leur auraient été fatales. Toute mise en cause, par exemple, et si modérée fût-elle, de l'art contemporain, était encore rangée, il y a quelques mois, parmi les choses que l'on n'a seulement pas le droit d'esquisser *lorsque le Front national fait quinze pour cent*. Prohibition derrière laquelle il était facile d'entendre à la fois un ordre (*tant que le Front national fait quinze pour cent, vous ne penserez rien d'autre que ce que nous pensons*), un souhait (*pourvu que le Front national continue éternellement à faire quinze pour cent*), et même peut-être une terreur (*qu'allons-nous devenir si le Front national, un jour, ne fait plus que dix pour cent ?*). C'est sans même s'en rendre compte, sans doute, que tous ces transgresseurs honoraires et ces vociférateurs institutionnels avaient lié leur destin de terroristes minuscules à celui du néofascisme français. Entre eux et le Front national, il ne devait plus rien y avoir ; ni personne bien sûr. Le Pen était le chien enragé, le pitbull déchaîné chargé d'interdire l'accès à toute expression éventuelle de l'esprit critique, de façon à ce que se fassent entendre exclusivement les bonnes intentions de la bien-pensance et de l'humanisme le plus consensuel. S'il n'y a plus de Le Pen, comment ceux qui ne s'étaient fait respecter que parce qu'ils étaient contre lui vont-ils continuer à exister, et surtout tétaniser encore suffisamment de monde avec la menace lepéniste de manière à s'assurer la neutralité tremblotante de ceux qui, sans Le Pen, ne se seraient peut-être pas gênés, depuis des années, pour dire ou écrire ce qu'ils pensaient d'eux ? Comment vont-ils conserver une puissance qu'ils ne tenaient que de leur rhétorique, et qu'ils entendaient bien élargir sans fin ?

C'est en lepénisant d'autorité, et à tour de bras, n'importe quel individu qui avait l'audace de ne pas s'aligner sur leurs positions, que ces obsédés de la « lepénisation des esprits » ont maintenu depuis quinze ans leurs prérogatives. Déjà, à la première occasion, et pour rester dans le coup, on les voyait prêts à remplacer cette « lepénisation des esprits » par leur « mégrétisation ». Il semble que même cette dernière solution de rechange soit en train de leur faire faux bond ; et que l'excès de Mal sur lequel ils comptaient pour légitimer indéfiniment leur pieuse dictature soit sur le point de les lâcher. Cette solution de facilité, pour nourrir répulsivement leur appétit de domination, il ne faut plus qu'ils y comptent trop. Le Front national n'était, de ce point de vue, que la ceinture de sécurité dont ils s'étaient entourés pour se rendre inattaquables. Que celle-ci disparaisse, et ils se retrouvent nus. Cet effondrement bienheureux est donc aussi leur déroute en rase campagne ; et sans doute un premier échec de la police hyperfestive.

« N'oublie jamais que ton ennemi est imaginaire », disait avec humour je ne sais plus quel homme d'esprit, du temps où il y avait de l'humour, du temps où il y avait de l'esprit.

EURO ET THANATOS

D'année en année, les festivités dites de fin d'année se développent avec plus de virulence et d'efficacité. On voit bien qu'elles n'ont pour vocation que de recouvrir les années, de bouffer le temps et d'ahurir l'espace. Il devient de plus en plus difficile de les isoler du reste de l'existence. Noël, la Mère des fêtes, est une catastrophe de plus en plus irrésistible qu'il faudrait évoquer à la façon dont on décrit généralement les plus monstrueux phénomènes naturels. Si ses réjouissances ont précédé de très loin l'avènement de l'ère hyperfestive, c'est seulement avec celle-ci qu'elles ont commencé à prendre les dimensions qu'on les voit atteindre aujourd'hui ; de sorte que même les optimistes les plus incurables se mettent à ressentir une obscure épouvante.

C'est une inondation, Noël, et c'est un éboulement. Les guirlandes sont des muscles démesurés qui s'enroulent et gonflent pour étouffer le peu qui restait de la réalité. Les lumières clignotantes rampent vers les immeubles et les escaladent pour les aveugler. Des éboulis de boules hétéroclites deviennent des giboulées de grêlons impitoyables. Les vitrines se couvrent de mille chiures d'étoiles. Des étages sans fin de fausse joie pétillante s'empilent au-dessus des rues. Il n'y a plus d'autre géographie que celle du cataclysme. Qui peut se vanter d'avoir surpris, à l'aube ou en pleine nuit, les malfaiteurs municipaux grimpés dans leurs nacelles pour accrocher toutes ces décorations terrifiques ? Lorsqu'on les aperçoit, il est déjà trop tard. Noël vous saute dessus comme une bête féroce. Chaque façade reçoit ses coups de griffe. Des sapins hystériques fument comme des feux d'enfer. Dans les centres-villes meurtris de sonorisations, il ne reste plus qu'à marcher courbé entre des magasins fardés de neige empoisonnée et remplis de post-humains qui se ressemblent tous parce qu'ils sont habités de la même peur qu'ils camouflent en allégresse. Un peu plus tard, à minuit, le 31 décembre, ils viendront hurler leur panique devant les télés sur les Champs-Élysées. Ce sont des jours louches où on peut rencontrer des gens perdus qui rasent les murs, au milieu de forêts de stupidités, et les bras chargés de cadeaux avec lesquels ils espèrent apaiser la Bête. Noël est un effroi. Noël est une vieille peur mythique toujours jeune. Noël est une colère des cieux qui s'étale lourdement comme un orage de plomb.

Et on en annonce l'arrivée, chaque année, comme si c'était quelque chose qui pourrait ne pas survenir. Et on intime à chacun de s'en émerveiller. Dans le même temps où s'achève l'éradication méthodique de l'imprévisible, s'affirme la nécessité de transformer l'inéluctable, ou le fatal, en événements ; et de faire croire que l'inéluctable ou le fatal seraient de l'événement. C'est alors que la routine se travestit en surprise, et que le retour cyclique du même prend le masque du différent. La retombée en enfance de la durée humaine, liée à l'avènement de la festivisation de la société, elle-même consécutive de l'extrême ralentissement ou de la fin de l'Histoire, a conduit à ce gonflement des fêtes, qui sont l'expression de plus en plus privilégiée, et maintenant presque unique, du temps réimmobilisé. C'est par elles que l'époque qui commence fait entendre sa voix ; et tente encore de maintenir l'illusion, dans tous les domaines, qu'il pourrait y avoir du hasard. C'est ainsi que l'inévitable surgissement de l'euro a été salué, lui aussi, comme s'il eût pu ne jamais avoir lieu. Encore déplore-t-on qu'il n'éveille d'enthousiasme que chez les eurocrates, et que les peuples demeurent inertes en face d'une telle nativité. C'est d'ailleurs presque en fraude, et comme pour en récolter la plus-value magique, que cette apparition de la monnaie unique s'est glissée au milieu des effervescences de la Saint-Sylvestre, s'entourant par précaution de tous les signes extérieurs du panfestivisme. Qui n'a pas vu, le 31 décembre, à la télévision, trente mille ballons bleus marqués du symbole jaune de l'euro lâchés par des enfants au-dessus des têtes chauves des maîtres du monde en costumes croisés, ne sait pas encore tout ce que l'âge qui commence est prêt à faire pour nous, et par tous les moyens ; ni tout ce qu'il nous prépare pour les années qui viennent.

Il n'y a pas de Noël. Il n'y a pas de jour de l'an. Il n'y a pas de lâchers de ballons ni de Père Noël. Il n'y a pas de Techno Parade ni de Gay Pride. Il n'y a jamais eu de victoire de la Coupe du monde. Il n'y a pas de fêtes. Il n'y a, sous tous ces mots, qu'une obéissance inconditionnelle à la plus calamiteuse des déconfitures, généralement envisagée comme la plus exquise des positivités.

L'ennemi, ici comme ailleurs, est imaginaire ; et il est l'ennemi.

TABLE DES MATIÈRES

Avant-propos 7

JANVIER 1998
DE L'ÉPOQUE QUI COMMENCE 9
D'HOMO FESTIVUS ET DU FESTIVISME 15
DE LA FALSIFICATION 19

FÉVRIER 1998
DE LA VILLE FESTIVISÉE 26
DES CATASTROPHES 32
DE LA MODERNITÉ 34
DE LA FÊTE QUI TOURNE MAL 37
DU FESTIVISME COMME LANGAGE
ET COMME IDÉOLOGIE 40

MARS 1998
HOMO FESTIVUS DEVANT SES ENNEMIS 49
VALEUR ET FONCTION DE « ON »
EN LITTÉRATURE PAR TEMPS FESTIF 55
DE L'ART CONTEMPORAIN 63

AVRIL 1998
DES ÉVÉNEMENTS 76
DES PROFESSEURS DE VERTU 78

LE PÈRE NOËL ET LE PÈRE PÉNAL 81
DE L'ÉVÉNEMENTIEL 89
DE QUELQUES ANTICIPATIONS MAGNIFIQUES 90
DES ÉVÉNEMENTIALISTES 92

MAI 1998
MEURTRE AU TAMAGOSHI 100
HOMO FESTIVUS FACE À LA HAINE 108
DU NOUVEL ORDRE MUSICAL 116
LA GAUCHE CAVIARDE 122

JUIN 1998
HOMO FESTIVUS DEVANT MAI 68 126
ON LIQUIDE 131
DE LA RÉCUPÉRATION 134

JUILLET-AOÛT 1998
HOMO FESTIVUS MARQUE DES BUTS 138
DES NOUVEAUX HORS-LA-LOI 144
LA FÊTE, CET IMPENSÉ 148
HOMO CRITICUS EST LE PASSÉ D'HOMO FESTIVUS .. 151

SEPTEMBRE 1998
DE LA GUERRE DES FÊTES 163
DE L'ACTION PARALLÈLE 173
LE TEMPS FESTIF 178
IL N'Y AURA PAS DE BOSSUETLAND 183

OCTOBRE 1998
DE LA TECHNO ET DE SES TECHNICIENS 186
DE LA DEMANDE DE PÉNAL 193
DE QUELQUES ANCIENS RENONCEMENTS 195
DE LA PSYCHOSE MANIACO-LÉGISLATIVE 197
DE CE QUI RESTE DE LA LIBERTÉ
ET DU LIBERTINAGE 201

NOVEMBRE 1998
DE LA CROISADE PAR TEMPS FESTIF 207
DU MONDE SANS AUTRUI 209
DE L'INTERDIT DE L'ALCESTE
AU PERMIS DE L'INCESTE 215
E PERPENDICULOSO SPORGERSI 228

DÉCEMBRE 1998
QUARANTE-TROIS POUR CENT DES FRANÇAIS
PENSENT SOUVENT OU ASSEZ SOUVENT À LA MORT . 235
C'EST LA FÊTE À LA CITROUILLE 239
DU NÉCROFESTIF 244
DU NOUVEL ART NÉCROFESTIF 249

JANVIER 1999
DU TOURISME CITOYEN 255
DES VÉRITABLES MOTIFS
DE LA DISPARITION DE L'ESPACE 259
DU TOURISTE ET DE SA BÊTE NOIRE
PROVIDENTIELLE 262
NAZIZANIE 268
EURO ET THANATOS 273

Cet ouvrage,
publié aux Éditions Les Belles Lettres
a été achevé d'imprimer
en avril 1999
par Normandie Roto Impression s.a.,
61250 Lonrai

N° d'éditeur : 3631
N° d'imprimeur : 990949
Dépôt légal : février 1999

LIBRAIRIE L'ECUME DES PAGES
174 BD ST GERMAIN
75006 PARIS
Tél:01 45 48 54 48

1 MAYES L'HISTOIRE   120.00 F

Caisse : 6   12:09:21
TLC: 49 du 9 7 99 total   120.00 F

Règlement
en LIQUIDE   :   120.00 F

=====================================
        TOTAL en EURO = 6.55957 FF
        1 EURO   18.29
=====================================

MERCI DE VOTRE VISITE

n 520